商务礼仪教程

实训·实务·实例

肖冬平◎主编

Business Etiquette Course

Training Practice Instance

中国经济出版社
CHINA ECONOMIC PUBLISHING HOUSE
北京

图书在版编目（CIP）数据

商务礼仪教程：实训·实务·实例 / 肖冬平主编 . --
北京：中国经济出版社，2023.1
ISBN 978-7-5136-7071-5

Ⅰ. ①商… Ⅱ. ①肖… Ⅲ. ①商务-礼仪-高等学校
-教材 Ⅳ. ①F718

中国版本图书馆 CIP 数据核字（2022）第 154184 号

责任编辑　焦晓云
责任印制　马小宾
封面设计　久品轩

出版发行　中国经济出版社
印 刷 者　北京艾普海德印刷有限公司
经 销 者　各地新华书店
开　　本　787mm×1092mm　1/16
印　　张　15.75
字　　数　324 千字
版　　次　2023 年 1 月第 1 版
印　　次　2023 年 1 月第 1 次
定　　价　78.00 元
广告经营许可证　京西工商广字第 8179 号

中国经济出版社 **网址** www.economyph.com **社址** 北京市东城区安定门外大街 58 号 **邮编** 100011
本版图书如存在印装质量问题，请与本社销售中心联系调换（联系电话：010-57512564）

序 言

孔子曰：不学礼，无以立。荀子曰：国无礼则不宁，人无礼则不生，事无礼则不成。礼仪是尊重他人和赢得他人尊重的行为方式，是一个人的立身之本、处世之道，也是现代社会塑造形象的良方、赢得人脉的法宝、竞争制胜的利器。

中国历来就有“礼仪之邦”的美誉。讲礼貌、懂礼仪一直是中华民族的优良传统。

随着社会经济的极速发展，人们的社会交往日益频繁，礼仪作为人与人之间沟通交往联系的桥梁，显得尤为重要！

礼者，敬人也。只要与人打交道，就必须掌握礼仪这个交往利器。可以毫不夸张地说，在现代生活中，礼仪无处不在、无时不有、无人不用。

作为新时代的大学生，要更好地适应这个快速发展的社会，礼仪是一门必修课，应该认真学习、努力实践。

这部《商务礼仪教程》可谓应运而生，刚好能满足这一需要。本书作者从事礼仪教学工作已近十年，书稿的形成既是他对自己教学经验的总结，也是他的人生感悟的升华。我相信，本书对大学生适应和融入当今社会、掌握相关商务礼仪，一定会起到很好的指导作用！

是为序！

云南民族大学管理学院院长

目录

第一章 礼仪与商务礼仪

实际案例

杨澜：我为什么相信以貌取人

01

1995 年的冬天，我如果再找不到工作，灰溜溜地回国就会成为唯一的选择。可我再一次被拒绝了。想起那个面试官的表情，我就很抓狂。

她竟然说我的形象和我的简历不相符，拒绝继续向我提问。我低头看自己的打扮，很明显，因为穿着问题，我被她鄙视了。我发誓，我可以用我的能力让她收回对我的鄙视，但我没有得到表现能力的机会。

02

我的房东莎琳娜太太是一个很苛刻的中年女人。她规定我必须晚上 12 点之前熄灯睡觉，规定我必须在 10 分钟之内从浴室出来，规定我如果不穿戴整齐就不准进入她的客厅，不准我用她的漂亮厨房做中餐，她甚至规定我在她有客人来访的时候必须涂口红！

我非常讨厌莎琳娜这种所谓的"英伦女人"的尊严，但所有人都说，莎琳娜是最好的寄宿房东。我看不出她好在什么地方。每次我面试失败回来，厨房里一点吃的都不会有，并且如果我上楼发出声音，她就会站在卧室门口很大声地指责我。

我刚刚洗完头发，坐在床上，一边翻看报纸上的招聘信息一边吃我带回来的面包卷。这很是违反了莎琳娜的原则。她冲上前来，一把夺过我的面包卷和报纸，用英文大吼："你这个毫无素质的中国女孩儿！你滚出我的家！"

于是我披散着头发，在睡衣外裹上大衣冲出了门。

03

25 年来，我以非常漂亮的成绩和能力一路所向披靡，从来没有人说过我没有素质。我们家并不贫穷，但 25 年来我的妈妈一直告诉我，能力才是最重要的。我不能明白“以貌取人”在这里居然成了一个正义的词语。这简直是对我 25 年人生观的侮辱！我愤怒地冲进一家咖啡馆，天气实在太冷，我也很饿。

咖啡馆的人很多。侍者以一种奇怪的眼神把我引到一个空座位边，那是咖啡馆里唯一的空位。我的对面是一个英国老太太，她看起来比莎琳娜更讲究，就像伊丽莎白女王一样尊贵与精致。我下意识地收起自己宽松睡裤下的运动鞋。然后，我看到她裙子下穿了丝袜和漂亮高跟鞋的脚，以她这样的年纪，却仍然把这样的鞋子穿得非常迷人。

在欧洲的很多高级餐厅里，衣衫不整是被拒绝进入的。我想我能进来的原因大概是我穿了价值不菲的大衣。我暂时收起自己的愤怒，说：“给我一杯热咖啡，谢谢。”

侍者走后，对面的老太太并不看我，而是从旁边拿了一张便笺写了一行字递给我，是非常漂亮的手写英文：“洗手间在你的左后方拐弯。”我抬头看她，她正以非常优雅的姿势喝咖啡，没有看我半眼。我的尴尬难以言明，第一次觉得不被尊重是应该的。

我的头发被风吹得非常凌乱，我的鼻子旁边甚至沾了一点面包屑！虽然我的大衣质地非常好，但是我的睡裤被它衬得很老旧。我第一次有点看不起自己。这样的打扮，我有多不尊重自己，以致别人觉得我也不尊重他们。我想起下午去面试时自己的日常便装，那应该也是对一个高级经理职位的不尊重吧？

当我回到座位的时候，那个老太太已经离开了。那张留在铺了细柔格子餐桌布上的便笺多了另一句漂亮的手写英文：“作为女人，你必须精致，这是女人的尊严。”

04

我逃也似的走出了那家咖啡馆。莎琳娜竟然坐在客厅里等我，一见我就对我说，我超过晚上 12 点 10 分钟才回来，所以明天必须去帮她清洗草坪。我答应了她，并向她道歉。

我发现莎琳娜教了我许多同样有用的东西：晚上 12 点之前睡觉能让我第二天精力充沛，穿戴整洁美观能让别人首先尊重我，穿高跟鞋和使用口红使我得到了更多绅士的帮助，我感觉自己很自信且非常有底气，我不再希望别人通过看我的简历来判断我是不是有能力。

我最后一次面试，是一家大牌化妆品公司的市场推广。我得体的着装打扮为我的表现加了分。那个精致干练的女上司对我说：“你非常优秀，欢迎你的加入。”

我没有想到，我的上司居然就是我在咖啡馆里遇到的那个英国老太太。她非常有名，是这个化妆品品牌的“销售女皇”！

我对她说：“非常感谢你。”是真的非常感谢她，非常感谢她那句“作为女人，你必须精致，这是女人的尊严”，虽然她没有认出我。

是的，没有人有义务必须透过连你自己都毫不在意的邋遢外表去发现你优秀的内在。"作为女人，你必须精致，这是女人的尊严。"我在后来，一直记得！

资料来源：https：//www. sohu. com/a/66316997_ 108806。

案例思考

礼仪对我们普通人而言，到底有多重要？

第一节 礼仪概述

中国自古以来就是礼仪之邦。早在3000多年前的西周时期，我国的古代礼仪就基本成形了。到了春秋时期，更是由孔子集其大成，并发扬光大。此后，由孔子构建的礼仪体系一直影响中国社会长达两千年。

著名史学家钱穆先生认为，"中国的核心思想就是礼"，"礼"是中国人一切行为的准则。

张岂之等学者也认为，中华优秀传统文化根于礼，"礼"是中华民族共同的文化形态。

那么到底什么是礼仪呢？我们可以从"礼"和"仪"两个字的构造与演变入手来寻找答案，因为说文解字是追根溯源了解一个字或一个概念很好的方式。

一、"礼"字的由来

中国的文字属于象形文字。据考证，"礼"的甲骨文是""，造字的本意是"击鼓献玉，敬奉神灵"，该字由上、下两部分构成，上部分是两串打着绳结的玉石，它也是我们甲骨文中的"玉"字，用丝绳串起来的宝石，就是玉。玉是中国古代祭祀常用的一种礼物或器物，后来发展为一种重要的玉礼器。其下部分也是一个象形文字——""，在甲骨文中，它念"壴"（gǔ），就是我们现在所说的"鼓"，"大鼓"的"鼓"。这个字上面的符号是"牛"，下面是一个豆状的圆形。"壴"的造字本义是用牛皮蒙成的鼓，即我们常说的"有脚架的大鼓"，现在这个字已经不用了，取而代之的是"大鼓"的"鼓"字。

礼是一种行礼之器，就是祭祀用的礼器。"礼"的金文是""，篆文、隶书出现以后，"礼"的字形发生了变化。第一个变化是，上面是玉串、下面是架鼓构成的金文逐渐演变成了上面是"曲"、下面是"豆"。字义也相应地有所变化。"曲"的本义是甜酒，与我们常说的"金浆玉醴"的"醴"字意思是一样的。"豆"是装食物的高脚器皿。"豆"也是一个象形字，下面的横是支架中间的圆形，表示一种容器，上面的横是个盖子。后来，豆也成为一种常用的青铜礼器。玉和鼓消失，取而代之的是曲和豆。也就是说，祭祀的器物发生了变化，变成了"美酒和佳肴"，大鼓换为食器、礼器。第二个变化是，在金文、篆文和隶书中，左边加了个示字旁，成为我们现在繁体常用的“礼”字。示字旁是什么意思呢？示字旁在甲骨文中有点像英文的大写字母“T”，有的是两横一竖，有点像“亍”。上面的一横或两横代表的是“天”或“天宇”；下面的一竖代表上天向人间显露迹象，即“天神以天象显露天意”。因此，加了示字旁就突出强调了“礼”的祭拜含义，即“祭祀以求天意来祈祷上天的福佑”。我们不难发现，有示字旁的很多字都和祭祀、祈福密切相关，如“神”“祖”“祠”“社（稷）”“祝福”“祈祷”“福祉”等。这也进一步显示了示字旁的造字含义。我们再来看繁体字“禮”，左边是示字旁，右边是上“曲”、下“豆”，寓意是献玉石、佳肴、美酒进行祭祀，敬奉天地、神灵、祖先，祈祷它们的福佑。在《说文解字》中，也有这样的解释：“礼，履也，所以事神致福也。”也就是说，“礼”就是履行祭拜仪式，敬神以礼，求神赐福。“履”字，意为鞋子，也就是“履而行之”。我们的礼是需要人们按照礼制来行使、来履行的。所以，礼仪之行贵在实践，要知行合一。

随着社会的不断进步，“礼”的词性和词义有了变化和引申。

（1）本义，动词：击鼓奏乐，奉献美玉美酒，祭祀祖先神灵，如礼拜天的“礼”。

（2）动词：尊敬、厚待，如礼宾、礼待、礼貌、礼让等。

（3）名词：表示敬重的礼品，如礼物、彩礼、礼金等。

（4）名词：敬重的言行举止、态度、德行和修养，被赋予了道德的内涵。

（5）名词：维持社会秩序与人际和谐的规范和准则，如礼俗、礼节、典礼等。

这些变化和引申非常重要，因为它们意味着我们的“礼”从祭祀活动、礼器、仪式、礼品等外在形式发展到了道德修养方面的内在要求，以及符合社会道德要求的行为规范，进而成为规范人际交往、维持社会秩序及进行国家治理的礼规、礼节、礼法，发挥着以礼治国的作用。周公制礼作乐，标志着从夏商的天命观与鬼神观走向了注重伦理道德的世界观。其意义非常重大：一方面，开始孕育礼乐道德要求，标志着周朝开始将礼乐系统化；另一方面，奠定了中华礼乐文明的底蕴。

二、“仪”字的由来

在中国古代，“儀”的本字是“義”。在甲骨文和金文中都是“義”，在篆文中加了人字旁，另造了“儀式”的“儀”字。所以，在古代，“儀”和“義”两字是通用的，本义是战争出征前的庄严仪式、典礼。

“義”字为什么会跟战争有关呢？我们来看一下最早的“義”字的构成：它由两个部分组成，上半部分“羊”是个象形字，上面弯弯的像羊角，中间的竖是鼻梁，下面的“V”字形表示鼻孔。所以，“羊”的造字本义是一个两角弯曲的食草动物。它也代表着吉祥。羊性情温顺，比一般的山兽更容易捕获，味道也更加肥美，因此，羊在远古时代经常被人类当成肉食，也常被用于祭祀，从而引申出了“吉利、吉祥”的含义。《说文解字》中对羊的解释：“羊，祥也。”下半部分是“我”。实际上，它跟战争是有关联的。在甲骨文中，“我”是一种武器的形状，这种武器有非常多的利齿。有一种说法，说它是一种超级锋利的兵器钺，可以用来砍或劈。所以，“我”的本义就是手持大钺、呐喊助威。在示威的时候，它会发出一种声音，如哦哦地叫。所以，“我”后来成了一个代词，即强者对自身的一种傲称，如“我辈”“我军”“我等”“我行”“我素”“唯我独尊”等。在古代，有时候为了表达尊敬，很少直接用“我”来说自己，而是用“在下”“鄙人”等。从“義”的构成，我们不难理解它的造字本义就是“出征前庄严的仪式和典礼”，也用于祭祀和占卜、预测战争的凶吉、祈祷神灵的福佑等。《说文解字》中的“義”指威仪，就是一种威武的出征仪式。简体的“义”字，有一个叉的形状，表示杀戮，也是跟战争联系在一起的。

随着时代的不断进步，“仪”字的词性和词义有了变化和引申。

（1）本义，名词：程序严格、隆重的典礼，源于战争的出征仪式，和祭祀密切相关，更侧重于指按程序进行的有象征意义的仪式、形式。

（2）名词：正规的着装，整洁的外表。仪表、仪容、仪态，强调的都是外在的形式、容貌、风度等。

（3）动词：倾心，仰慕，羡慕，如心仪已久。

（4）名词：按一定程序操作的设备，如仪器。这里特别强调程序的规范，典礼活动要严格有序。

（5）名词：法度，典范，表率，如仪仗队。

三、礼仪的含义

“礼”和“仪”两字连起来用，最早出自《诗经·小雅·楚茨》：

> 楚楚者茨，言抽其棘。自昔何为，我艺黍稷。我黍与与，我稷翼翼。
> 我仓既盈，我庾维亿。以为酒食，以享以祀。以妥以侑，以介景福。
> 济济跄跄，絜尔牛羊，以往烝尝。或剥或亨，或肆或将。祝祭于祊，
> 祀事孔明。先祖是皇，神保是飨。孝孙有庆，报以介福，万寿无疆。
> 执爨踖踖，为俎孔硕。或燔或炙，君妇莫莫。为豆孔庶，为宾为客。
> 献酬交错，礼仪卒度，笑语卒获。神保是格，报以介福，万寿攸酢。
> 我孔熯矣，式礼莫愆。工祝致告，徂赉孝孙。苾芬孝祀，神嗜饮食。
> 卜尔百福，如畿如式。既齐既稷，既匡既敕。永锡尔极，时万时亿。
> 礼仪既备，钟鼓既戒。孝孙徂位，工祝致告。神具醉止，皇尸载起。
> 钟鼓送尸，神保聿归。诸宰君妇，废彻不迟。诸父兄弟，备言燕私。
> 乐具入奏，以绥后禄。尔肴既将，莫怨具庆。既醉既饱，小大稽首。
> 神嗜饮食，使君寿考。孔惠孔时，维其尽之。子子孙孙，勿替引之。

这是一首描写周王祭祖祀神的乐歌。全诗72句，分为6章，其中两次出现“礼

仪”。第一次出现是描写人们的言谈举止，第二次出现是指我们祭祀的仪式。第一章写祭祀的前奏。人们把田地里的杂草、荆棘都清除掉，然后种下庄稼，如今获得了丰收，粮食堆满了粮仓，大家将其酿成酒、做成饭，拿来献神祭祖，祈求洪福。第二章描写祭祀活动。人们仪态端庄、步履整肃，把牛羊肉洗干净，放在鼎俎之中献给神灵、祖宗，请求他们都来享用祭品，赐福给后人。第三章进一步描写祭祀的场景。这里就出现了“礼仪”一词，这几句是说祭祀的场景非常有序，大家各司其职，此时宾主的举动都彬彬有礼、合乎规矩，谈笑也非常有分寸、合乎时宜。此时，祖先会大驾光临来赐福回报子孙。整个仪式井然有序、满怀敬意。第四章描写司仪来主持，代表大家致辞。第五章第二次出现“礼仪”一词，前后几句话的意思是说，我们的各项仪式都已经完成，钟鼓之乐正准备奏鸣，我们的孝孙也回到了原来的位置，所以司仪就向大家宣告祭祀要告一段落，我们的钟鼓要敲起来，送走祖宗神祇。第六章是祭祀的尾声，主要描写祭祀之后父老兄弟姐妹一起享受美味佳肴，享受家族的宴欢，共叙天伦之乐。酒足饭饱之后，老少大小一起叩头祝福。该诗结构非常严谨，风格非常典雅，从序曲到乐章的展开，再到尾声，就像交响乐一样，描写华夏先民在祭祀祖先时热烈庄严的气氛和欢乐祥和的场面，生动地展现了中华传统礼仪源于祭祀。

通过以上分析，我们可以看到，礼仪有两大要素，即礼和仪，也就是思想和形式。礼，强调思想，是灵魂，指内心深处的德仁，需要借由形式表达出来；仪，是形式，是礼的外壳，直观、易学，但必须有思想作为灵魂和支撑，否则，就会徒有其表。因此，礼和仪互相依存，缺一不可。礼，是一种内化的德行，指伦理道德，是一种修养，表达敬重之义；仪，是一种外在表现，主要用来律己。比如，我们的言谈举止要符合行为规范，年轻人见到长辈要主动问候、用尊称，这传递的敬老的道理，就是礼。我们的问候、尊称，表达的形式，就是仪。所以，学习礼仪要做到“有礼有仪，德行合一”。

我们归纳一下，礼仪的内涵如下：①源于祭祀，表达尊敬；②注重仪式，藏礼于器；③赋予道德，形成礼制；④两大要素，德行合一。

英语中的“礼仪”一词是从法语 étiquette 演变而来的，原意是法庭上用的一种通行证。这种通行证上记载着进入法庭应遵守的事项，后来其他公众场合也规定了相应的行为准则，这些规则由繁而简，逐渐得到大家的认可，成为大家都愿意遵守的礼仪。

在当今时代，礼仪至少有以下四种解释：

（1）礼仪是一种包括政治、经济、文化、军事制度在内的典章制度，被视为“国之基”“君之大柄”。左丘明就曾明确提出“礼以体政”的主张，孔子则明言“礼者何也？即事之治也”。

（2）礼仪是一种做人的道德规范。荀子曾说，“礼者，人道之极也”，即对人必须“约之以礼”。又指出：“礼者，节之准也。”《礼记》更是强调：“凡人之所以为人者，礼义也。”这些都明确了礼仪在生活中的重要作用。

（3）礼仪是个人及社会必须遵守的行为准则。孔子曾提出：“非礼勿视，非礼勿听，非礼勿言，非礼勿动。”他将礼仪作为一种做人的行为规范。我国的封建社会还提出过“三纲五常”“三从四德”。“三纲”，即君为臣纲、父为子纲、夫为妻纲。“五常”，即仁、义、礼、智、信。“三从”，即在家从父、出嫁从夫、夫死从子。“四德”，即妇德、妇言、妇容、妇工。这些均为当时社会认为的“礼仪”。

（4）礼仪是各种正式的仪式。在古代生产力极端低下的情况下，人们对自然现象无法解释，只能把“天”和“神”当作至高无上的主宰，对其顶礼膜拜，进行祭祀，这就产生了最早也是最简单的以祭天、敬律为主要内容的“礼”。汉语中的“礼”本身就含有敬神的意思。我国古代出现过很多不同材质的礼器。我们以玉质礼器为例。《周礼》记载，玉礼器有“六瑞”和“六器”之分。其中，“六器”是指璧、琮、璜、圭、璋、琥。“六器”用来祭祀天地与四方之神，是古代玉器的核心部分。璧是一种扁体、圆形、中间有孔的玉器，是出现最早、使用时间最长的一种礼天器具。琮是一种外方内圆的粗管形玉器。有些学者认为，琮的方和圆表示地和天，是礼地之器。璜是一种“半璧”玉器。目前发现的璜大多数为璧圆弧的1/3，少数为璧圆弧的1/2，所以有人认为，它的形状是古人仿照雨后天空中的彩虹形象创造出来的。璜是形式最复杂、数量最多的一种礼器，用来祭祀北方。圭是祭祀东方的器具。璋是祭祀南方的器具。琥是一种有虎形纹或者虎形的玉器，它是最晚加入“六器”行列的，大约出现在战国晚期。秦汉时期的儒生为天地四方选择玉器进行祭祀时，缺少礼西之玉，而西方的神主要是白虎，于是决定用玉虎来做祭祀西方的礼器。结合以上这些玉质礼器，我们不难理解，古代社会的礼大多是用来祭祀的。

综上所述，我国古代礼仪的主旨，是明确地规定并严格地维护封建等级制度，强调并坚持人的等级差异。对于这一点，荀子早就讲得很明白：“礼者，贵贱有等，长幼有序，贫富轻重，皆有称也。”

由此，我们可以推出礼仪的定义：礼仪是人类社会活动的行为规范，是人们在社交活动中应该遵守的行为准则。

大到人人必须遵守的国家法律法规，小到各种各样的规则、守则，甚至体育老师上课时对各种动作的细小要求，都属于我们今天要讲的礼仪的范畴。

我们在谈到“礼”字时，经常会联想到“礼貌”“礼节”“仪表”“仪式”这几个词。礼貌是指人们在交往过程中表示敬重、友好的行为规范。礼节是指人们在社会交往过程中表示致意、问候、祝愿的惯用形式。仪表是指人的外表，如衣帽、服饰、姿态等。仪式是指在一定场合举行的专门化、规范化的活动。这几个词可以说是礼仪的具体表现。也就是说，礼仪包括礼貌、礼节、仪表和仪式。

四、礼仪的特点

一般来说，礼仪具有以下五个特点：

（1）文明性。礼仪是人类文明的结晶，是现代文明的重要组成部分。亚当、夏娃用树叶遮身便是文明之举。人类从茹毛饮血到共享狩猎成果，从盲目迷信、敬畏鬼神到崇尚科学、论证无神，从战争到和平，尤其是文字被发明以后，人类用语言文字来表达文明、宣传文明、实验文明、实践文明。文明体现的是尊重，既是对他人的尊重，也是对自己的尊重。这种尊重总是同人们的生活方式有机、自然、和谐、毫不勉强地融合在一起，成为人们日常生活、工作中的行为规范。

（2）共通性。无论是交际礼仪还是公关礼仪，都是人们在社会交往过程中形成并认可的行为规范。尽管人们分散居住于五大洲、四大洋的不同角落，但是问候、打招呼、礼貌用语、庆典仪式、签字仪式等礼仪大体上是世界通用的。正是由于礼仪的共通性，才形成了国际交往礼仪。

（3）规范性。礼仪是指人们在交际场合待人接物必须遵守的行为规范。这些规范不仅约束着人们在交际场合的言谈举止，而且是人们在交际场合必须采用的“通用语言”，是衡量他人、判断自己是否自律、敬人的尺度。商务礼仪的规范性使其实施易于落到实处，也便于通过专门的训练达到预期的效果。

（4）差异性。由于国家、地区、宗教、民族、时间、对象等差异，商务礼仪的规范和方式也有很多不同，也就是说，礼仪具有民族性和地域性。例如，在西方国家，亲朋好友见面时，一般行拥抱礼和亲吻礼；日本以鞠躬礼为主；中国一般行拱手礼，现在较为常见的是握手礼。可见，不同国家有着截然不同的礼仪习俗。

（5）发展性。礼仪是约定俗成的，也会随着社会的发展和人们观念的改变逐渐发生改变，俗随时变，与时俱进。现代生活具有多元、丰富、多变等特点，现代礼仪也必须正确反映时代精神，体现新的社会道德规范，在实践中不断更新内容。

五、礼仪的功能

关于礼仪的作用和重要性，自古以来，不少著名学者有过论述。

司马光在《资治通鉴·卷第一·周纪一》中说：

> 夫礼，辨贵贱，序亲疏，载群物，制庶事。

在《资治通鉴·卷第十一·汉纪三》中，司马光再次强调：

> 礼之为物大矣！用之于身，则动静有法而百行备焉；用之于家，则内外有别而九族睦焉；用之于乡，则长幼有伦而俗化美焉；用之于国，则君臣有叙而政治成焉；用之于天下，则诸侯顺服而纪纲正焉；岂直几席之上、户庭之间得之而不乱哉！夫以高祖之明达，闻陆贾之言而称善，睹叔孙之仪而叹息；然所以不能比肩于三代之王者，病于不学而已。当是之时，得大儒而佐之，与之以礼为天下，其功烈岂若是而止哉！惜夫，叔孙生之为器小也！徒窃礼之糠秕，以依世、谐俗、取宠而已，遂使先王之礼沦没而不振，以迄于今，岂不痛甚矣哉！

《礼记·曲礼上》中也有论述：

夫礼者，所以定亲疏，决嫌疑，别同异，明是非也。

道德仁义，非礼不成，教训正俗，非礼不备。分争辨讼，非礼不决。君臣上下父子兄弟，非礼不定。宦学事师，非礼不亲。班朝治军，莅官行法，非礼威严不行。祷祠祭祀，供给鬼神，非礼不诚不庄。是以君子恭敬撙节退让以明礼。鹦鹉能言，不离飞鸟；猩猩能言，不离禽兽。今人而无礼，虽能言，不亦禽兽之心乎？夫唯禽兽无礼，故父子聚麀。是故圣人作，为礼以教人。使人以有礼，知自别于禽兽。

太上贵德，其次务施报。礼尚往来。往而不来，非礼也；来而不往，亦非礼也。人有礼则安，无礼则危。故曰：礼者不可不学也。夫礼者，自卑而尊人。虽负贩者，必有尊也，而况富贵乎？富贵而知好礼，则不骄不淫；贫贱而知好礼，则志不慑。

《诗经·鄘风·相鼠》也有如下论述：

相鼠有皮，人而无仪！人而无仪，不死何为？
相鼠有齿，人而无止！人而无止，不死何俟？
相鼠有体，人而无礼！人而无礼，胡不遄死？

礼仪的重要性可以概括为：礼仪无处不在、无时不有、无人能离。

推荐阅读

你的脾气里藏着你的修养

01

佛家有句偈语："命由己造，相由心生，境随心转，有容乃大。"

可可·香奈儿曾说："二十岁的脸是天生的，三十岁的脸是生活雕刻的，但五十岁的脸，是你自己选择的。"

你的脾气里藏着你看过的书，走过的路，甚至你的教养和品格。

一个能控制住不良情绪、不发脾气的人，比一个能拿下一座城的人更强大。反观其他一些人，有多少事坏在了脾气上。

坏脾气就是心魔，你不控制它，它便吞噬你。

02

孔子曰："不迁怒，不贰过。"

每个人都有自己的脾气。生活中，难免会遇见一些经意或不经意惹得自己恼羞成怒的人。此时，要懂得克制自己的情绪，不迁怒于他人，不因脾气而犯错。

少年林则徐虽然勤奋好学、才思敏捷，但是脾气过于急躁，经常因一两句不遂心愿的话便怒火中烧。

父亲林宾日为避免林则徐因为脾气而坏事，就给他讲了个故事：

两个大汉扭送一个年轻人去官府，控告他是个十恶不赦的不孝之子。判官性子耿直而急躁，一怒之下，命人打了年轻人五十大板。

退堂时，一个老太太拄着拐杖闯上堂来，哭哭啼啼地说：“请大人救救我们吧！刚才有两个强盗溜进我家偷牛，被我儿子发现，我儿子想把他们扭送官府，不料，反被强盗捆走了。”

判官这才知道自己的脾气被人利用了。

林则徐恍然大悟。后来，他在书房醒目处挂起了亲笔书写的横匾“制怒”。

你要知道，愤怒、发脾气是解决不了问题的，反而会使问题更严重。

那些脾气暴烈的人，一般做起事来也会很急躁，于是情绪越急躁事情越糟糕，事情越糟糕，脾气越大……

03

现实生活中的很多人，总是把笑容送给别人，把坏脾气留给最亲的人。

想想自己有时也是，对亲朋好友没有耐心，稍有不如意，就指责埋怨。

可在亲朋好友面前发脾气，不就是仗着他们对自己的爱，仗着他们会容忍自己的坏脾气吗？虽然他们不动声色，但无形中对他们也会造成伤害。

有个叫乔治的小男孩，只要有一点不如意，就大发脾气，小伙伴们都不喜欢和他一起玩。

有一天，乔治的父亲想到了教育儿子的方法。他对乔治说：“孩子，从今天开始，每当你生气的时候，就在外面的篱笆上钉一根钉子，这样会比你向别人发脾气觉得更舒服。”

慢慢地，乔治生气的次数越来越少，脾气变得越来越好了，但是当他生气的时候，他依然坚持往篱笆上钉钉子。

一天，父亲带着乔治来到篱笆前，让乔治把篱笆上的钉子取下来。乔治费了好大劲才把钉子全部取下来。

这时，父亲对他说：“你看篱笆上的那些洞，每当你向别人发脾气的时候，就像在别人的心里钉上一根钉子，现在钉子拔除了，但是被钉子钉的洞仍然留在篱笆上，就像那些伤痛也会留在别人的心里一样，你明白吗？”

佛家有言：“怒者，心之奴。”上为奴，下为心，一个无法控制自身怒气的人，只怕时时处处都会给亲朋好友带来困扰。

随着时间的流逝，钉子也许会消失，但钉子留下的痕迹却难以消除。坏脾气给人造成的伤害也像钉子留下的痕迹一样，难以弥补。

04

人只要脾气好，凡事都会好。

好脾气，是一个人一生中的重要财富。

脾气不好，也可以说是自身的修为不够，缺乏应有的胸怀和气度。评价一个人是否大气、儒雅、有内涵，从他的脾气中就能窥见一二。

杜月笙这个人，不是读书出身，但他有一种温文尔雅、老老实实的神态，虽看起来弱不禁风，却有包容三教九流的本事。

他认为：

一等人，有本事，没脾气；

二等人，有本事，有脾气；

末等人，没有本事，脾气比谁都大。

尽管每个人都有自己的脾气秉性，有的人生性平和，有的人直率豪放，也有的人刚正不阿，但是无论如何，都要学会控制，千万别让你的脾气害了你，那样真的得不偿失。

05

养成好脾气，好运自然来。一个人有多自律，人生就有多美好。

愿你能有一个好脾气，虽然好脾气不一定能使你拥有高尚的品格，但好脾气一定是你最美好雍容的姿态。

愿你有好运气，如果没有，那么愿你在不幸中学会慈悲。

愿你被很多人爱，如果没有，那么愿你在寂寞中学会宽容。

愿你一生一世每天都可以睡到自然醒。

资料来源：https：//www. jianshu. com/p/bea588932de1，有改动。

礼仪的功能主要体现在以下四个方面：

（1）规范行为。礼仪最基本的功能就是规范各种行为。在商务交往中，人们相互影响、相互合作，如果不遵循一定的规范，就会缺乏协作的基础。如果交往双方都能按照礼仪的规范约束自己的言行，则不仅可以避免某些不必要的感情对立与矛盾冲突，还有助于建立和加强人与人之间相互尊重、友好合作的新型关系。在众多行为规范中，礼仪规范可以使人明白应该怎样做、不应该怎样做，哪些可以做、哪些不可以做，有利于树立自我形象，尊重他人，并赢得尊重和友谊。

（2）沟通协调。礼仪具有很强的信息性，每一种礼仪都能表达一种甚至多种信息。在人际交往中，交往双方只有按照礼仪的要求，才能更有效地向交往对象表达自己的尊敬、敬佩、善意和友好，人际交往才可以顺利进行和延续。热情的问候、友善的目光、亲切的微笑、文雅的谈吐、得体的举止等，不仅能唤起人们的沟通欲望，还可以促使交流成功和交际范围扩大，进而为事业的发展提供助力。“世事洞明皆学问，人情练达即文章”说的就是社会交际的重要性。

（3）增进感情。在人类活动中，随着交往的深入，双方可能都会产生一些情绪体验，具体表现为两种感情状态：一种是感情共鸣，另一种是感情排斥。礼仪容易使双方互相吸引，增进感情，有利于良好人际关系的建立和发展。反之，如果不讲礼仪，说话粗俗不堪，就容易产生感情排斥，造成人际关系紧张，给对方留下不好的印象。

（4）塑造形象。一个人讲究礼仪，就会在众人面前树立良好的个人形象。一个组织的成员讲究礼仪，就会为自己的组织塑造良好的形象，使组织获得公众的认可。所谓个人形象，就是公众对个人的总体评价。从事商务活动的人员应该从自己做起，积极地学习、研究和掌握现代商界的礼仪规范。我们每个人都应注重礼仪修养，做到礼仪无小事，树立良好的个人形象。所谓树立企业形象，是指在激烈的商务竞争中，通过得体而诚挚的商务接待、拜访、宴请、社交等活动，为企业树立高效、讲信誉、善待商业伙伴的形象。没有谁愿意雇用一个整天不讲卫生的员工，也没有哪家公司愿意与一家不讲信誉、员工不懂礼貌的公司合作。现代市场竞争除了产品的竞争外，还有形象的竞争。商务人员需时刻注重礼仪，这既是个人和企业具有良好素质的体现，也是树立与巩固个人和企业良好形象的需要。

第二节　中国礼仪的起源与发展

礼貌、礼仪源于礼，礼之产生，可以追溯到远古时代。自从有了人，就有了人与自然的关系，有了人与人之间的交往，礼仪便产生和发展起来。从仪式上来说，礼起源于氏族公社举行的祭祖活动。在原始社会，人们无法解释日月星辰的更替、风雨雷电的变幻等自然现象，认为冥冥之中是鬼神、祖先以超自然的力量在对人类的生活进行干预，故对其顶礼膜拜。人类最初的礼仪都是与祭鬼神、祭祖先联系在一起的，其主要形式是用礼器举行祭祀仪式，以表示氏族成员对神灵和祖先的敬献与祈求。因此，有“礼立于敬而源于祭”之说。

原始社会的生活礼仪与原始人类的生产活动密切相关。原始人类用拍手、击掌、拥抱等来表达感情，用手舞足蹈来庆贺狩猎的胜利，这就是最初的礼节。随着社会的不断发展，人类在同自然界的斗争中不断取得成功，由此萌发了毫无节制地获取自然界恩赐的心，并企图为所欲为地侵夺他人财产。这就需要一种能够节制人们行为的规范来维持社会生活的基本秩序，于是逐渐产生了礼仪。

礼仪在其传承的过程中不断发生变革，从历史发展的角度来看，其演变过程大致经历了五个阶段。

一、礼仪的起源阶段

礼仪起源于原始社会时期。在漫长的原始社会历史中，人类逐渐开化，在原始社会晚期（约旧石器时期）出现了早期礼仪的萌芽。例如，生活在距今约3万年前的北京周口店山顶洞人已经知道打扮自己，他们用穿孔的兽齿、石珠做装饰品，挂在脖子上；他们在去世的族人身旁撒放赤铁矿粉，举行原始宗教仪式，这是迄今为止在中国发现的最早的丧葬礼仪。

综合考古学、民族学的相关资料可以发现，这一时期，原始的政治礼仪、祭祀礼仪、婚姻礼仪等已经有了雏形，但还不具有阶级性。

二、礼仪的形成阶段

礼仪大约形成于夏、商、西周三代。从夏朝建立起，中国进入奴隶制社会。由于大规模地利用奴隶劳动，生产力比原始社会有了更大的发展，与之相适应的社会文化也得到了较大发展。在这个阶段，奴隶主阶级为了维护自身利益，巩固自己的统治地位，建立了比较完整的国家礼仪和制度，提出了极为重要的礼仪概念，如“五礼”（吉礼、凶礼、军礼、宾礼、嘉礼）等，确立了崇古重礼的文化传统。古代的礼制典籍也多撰修于这一时期，如战国时期出现了中国历史上第一部载礼书籍——《周礼》。《周礼》、《仪礼》和《礼记》成为后世称道的“三礼”。“三礼”是各种礼制的总和，涵盖了中国古代礼仪的主要内容，是古代华夏礼乐文化的理论形态，对礼法、礼义做了最权威的记载和解释，对历代礼制的影响最为深远，是我国礼仪的经典之作，对我国后世礼仪的发展起到了不可估量的作用。

（一）《周礼》

《周礼》是儒家经典，为儒家“十三经”之一，是西周时期著名政治家、思想家、文学家、军事家周公旦所著。经学大师郑玄为《周礼》做了出色的注。郑玄的学术声望很高，使《周礼》一跃而居“三礼”之首，成为儒家的皇皇大典之一。《周礼》在汉代最初名为《周官》，始见于《史记·封禅书》。

《周礼》中记载了先秦时期的政治、经济、文化、风俗、礼法诸制，多有史料可采，涉及内容极为丰富，无所不包，堪称“中国文化史之宝库”。“周公制礼作乐”这一对中国社会、思想文化、历史产生深远影响的伟大工程，是周公旦在洛阳完成的。

（二）《仪礼》

《仪礼》，也称《礼经》《士礼》，为儒家“十三经”之一，是中国春秋战国时期的礼制汇编，共17篇，另有古文仪礼56篇，现已遗失。汉初高堂生所传《仪礼》中记述了冠、婚、丧、祭、乡、射、朝、聘等礼仪制度。在宗教意识不甚发达的古代中国，中华民族的祭祀等原始宗教仪式并未发展成正式的宗教，而是很快转化为礼仪、制度来约束世道人心。共有100多卷的《仪礼》是一部详细的礼仪制度章程，告诉人们在何种场合下应该穿何种衣服、站或坐在哪个方向或位置，一、二、三……每一步该如何去做，等等。

据《仪礼》载，天子、诸侯、大夫、士日常所践行的礼有：士冠礼、士昏（婚）礼、士相见礼、乡饮酒礼、乡射礼、燕（宴）礼、大射礼、聘礼、公食大夫礼、觐礼、士丧礼、既夕礼等。《仪礼》文字艰涩，治史者对它望而生畏，是“三礼”中成书较早的一部。据考古材料及古文献记载，商、周统治者有名目繁多的典礼，其仪节日益繁缛复杂，非经过专门职业训练并经常排练演习者，不能经办这些典礼。

（三）《礼记》

《礼记》又名《小戴礼记》《小戴记》，成书于汉代，为西汉礼学家戴圣所编。《礼记》是中国古代一部重要的典章制度选集，共20卷49篇，书中主要记载先秦的礼制，体现了先秦儒家的哲学思想、教育思想、政治思想和美学思想，是研究先秦社会的重要资料，也是一部儒家思想的资料汇编，还是古代中国人的礼仪教科书，是延续1300多年的科举考试的必考科目之一。

《礼记》章法严谨，映带生姿，文辞婉转，前后呼应，语言整饬而多变，是“三礼”之一、“五经”之一、儒家“十三经”之一。自东汉郑玄作注后，《礼记》地位日升，至唐代时尊为“经”。宋代以后，《礼记》位居“三礼”之首。《礼记》中记载的古代文化史知识及思想学说，对儒家文化传承、当代文化教育和德行教养，以及构建社会主义和谐社会均具有重要影响。

《礼记》原本46篇，始于《曲礼》，终于《丧服四制》，但因《曲礼》《檀弓》《杂记》3篇内容过长，大多数版本将其分为上、下篇，故有49篇之说。

按照所述内容，《礼记》可分为以下四类：

（1）记礼节条文，补他书所不备，如《曲礼》《檀弓》《玉藻》《丧服小记》《大传》《少仪》《杂记》《丧大记》《奔丧》《投壶》等。

（2）阐述周礼的意义，如《曾子问》《礼运》《礼器》《郊特牲》《内则》《学记》《乐记》《祭法》《祭义》《祭统》《经解》《哀公问》《仲尼燕居》《孔子闲居》《坊记》《中庸》《表记》《缁衣》《问丧》《服问》《间传》《三年问》《儒行》《大学》《丧服四制》等。

（3）解释《仪礼》之专篇，如《冠义》《昏义》《乡饮酒义》《射义》《燕义》《聘义》等。

（4）专记某项制度和政令，如《王制》《月令》《文王世子》《明堂位》等。

三、礼仪的变革阶段

礼仪的变革约在春秋战国时期，是我国社会由奴隶制向封建制转变的过渡时期。西周末期，王室衰微，诸侯纷起争霸。公元前770年，周平王东迁洛邑，史称“东周”。承继西周的东周王朝已无力全面恪守传统礼制，出现了“礼崩乐坏”的局面。这一时期，三代之礼在许多场合废而不行。一些新兴地主阶级利益集团创造了符合自己利益和巩固自身社会地位的新礼。学术界出现了“百家争鸣，百花齐放”的局面。以孔子、孟子为代表的儒家学派系统地阐述了礼仪的起源、本质和功能等，从理论上全面而深刻地论述了社会等级秩序划分及其意义，以及相应的礼仪规范。这一时期出现的标志性礼仪著作有《诗经》《论语》《礼论》，以及诸子百家的作品。

（一）《诗经》

《诗经》是中国古代诗歌的开端，是中国最早的诗歌总集，收集了西周初年至春秋中叶（公元前11—前6世纪）的诗歌，共311篇，其中6篇为笙诗，即只有标题，没有内容，称为“笙诗六篇”，即《南陔》《白华》《华黍》《由庚》《崇丘》《由仪》，因此实际存留下来的仅有305篇。《诗经》不仅反映了西周初年至西周晚期约500年间的社会面貌，还记录了西周时期周王大型祭祀的场面。这种祭祀是当时规模最大、规格最高的礼仪活动。

（二）《论语》

《论语》是孔子弟子和再传弟子为记录孔子及其弟子言行而编成的语录文集，成书于战国前期。全书共20篇492章，以语录体为主，以叙事体为辅，较为集中地体现了孔子及儒家学派的政治主张、伦理思想、道德观念、教育原则等。作品多为语录，但辞约义富，有些语句、篇章形象生动，其主要特点是语言简练、浅显易懂，但用意深远，有一种雍容和顺、纡徐含蓄的风格，能在简单的对话和行动中展示人物形象。《论语》不仅是一部政治、伦理著作，更是一部礼仪著作。

（三）《礼论》

《礼论》是荀子著作中最重要的一篇，系统论述“礼”的起源、内容和作用。《礼论》以“性恶论”为基础，认为“人生而有欲”，欲而不得，就会产生争夺和混乱。制定礼仪可调节人的欲望，避免纷争，使人保持安定。礼有“养”和“别”之说。“养”即“养人之欲，给人之求”，满足人的物质欲望和需求；“别”即“贵贱有等，长幼有差，贫富轻重皆有称者”。“养”与“别”相互依存。文章详细分析礼的内容，重点论述丧祭之礼，提出“隆礼”的观点，指出礼是治国的根本，是“人道之极”，“天下从之者治，不从者乱；从之者安；不从者危；从之者存，不从者亡”。节选如下：

> 礼起于何也？曰：人生而有欲，欲而不得，则不能无求；求而无度量分界，则不能不争；争则乱，乱则穷。先王恶其乱也，故制礼义以分之，以养人之欲，给人之求，使欲必不穷于物，物必不屈于欲，两者相持而长。是礼之所以起也。
>
> 故礼者养也。刍豢稻粱，五味调香，所以养口也；椒兰芬苾，所以养鼻也；雕琢刻镂，黼黻文章，所以养目也；钟鼓管磬，琴瑟竽笙，所以养耳也；疏房檖貌，越席床笫几筵，所以养体也。故礼者养也。

（四）诸子百家

诸子百家是先秦时期各学术派别的总称。据《汉书·艺文志》记载，诸子百家数得上名字的一共有 189 家 4324 篇著作。其后的《隋书·经籍志》《四库全书总目》等则记载“诸子百家”实有上千家，但流传较广、影响较大、最为著名的不过几十家，只有 12 家被发展成学派。

诸子百家之中流传最广泛的是法家、道家、墨家、儒家、阴阳家、名家、杂家、农家、小说家、纵横家、兵家和医家。古代中国创造了灿烂的文化艺术，具有鲜明的特色。中国有 5000 多年文字可考的历史，文化典籍极其丰富。

在春秋战国时期，以孔子、老子、墨子为代表的三大哲学体系，形成诸子百家争鸣的繁荣局面，各种思想学术流派的成就与同期的古希腊文明交相辉映。随着时代的发展，到了宋朝，以孔子、孟子为代表的儒家思想成为主流学说，不同程度地影响了其他少数民族，甚至影响了与中国相邻的国家。

四、礼仪的强化和衰落阶段

礼仪的强化和衰落大约是从秦汉时期到清末时期。这一阶段的主要特点是尊君抑臣、尊夫抑妇、尊父抑子、尊神抑人。在漫长的历史演变过程中，一方面，礼仪发挥着调节、整合、润滑人际关系的作用，作为一种无形的力量制约着人们的行为，使人们循规蹈矩地参与社会生活；另一方面，礼仪逐渐成为妨碍人类个性自由发展、阻挠人类平等交往、窒息人类思想自由的精神枷锁。

这一阶段，关于礼仪的典籍浩如烟海，举不胜举。

五、现代礼仪的形成和发展阶段

1949 年 10 月 1 日，中华人民共和国宣告成立。中国的礼仪建设从此进入一个崭新的历史时期。中华人民共和国成立以来，礼仪的发展大致可以分为以下三个阶段：

1. 礼仪革新阶段（1949—1965 年）

1949—1965 年，中国当代礼仪发展处于革新阶段。“神权天命”“愚忠愚孝”“三从四德”等封建礼教在此阶段被摒弃。同志式的合作互助关系和男女平等的新型社会关系得以确立。尊老爱幼、讲究信义、以诚待人、先人后己、礼尚往来等中国传统礼仪中的精华得到继承和发扬。

2. 礼仪退化阶段（1966—1976 年）

在 1966—1976 年的“文化大革命”时期，我国遭受了难以弥补的严重损失，这也给礼仪带来了一场浩劫，许多优良的传统礼仪被当作“封资修”扫进了垃圾堆，礼仪受到严重摧残。

3. 礼仪复兴阶段（1977 年至今）

党的十一届三中全会以来，改革开放的春风吹遍了祖国大地，中国的礼仪建设也进入了全面复兴阶段。各行各业的礼仪规范纷纷出台，岗位培训、礼仪教育日趋红火，讲文明、重礼貌蔚然成风。一批涉及礼仪的报刊、图书、辞典、教材问世。广阔的华夏大地上再度掀起礼仪文化热潮，如握手礼成为当前最通用的礼仪。

随着中国与其他各国的交往日趋频繁，许多礼仪从内容到形式不断革新。我国现代礼仪以中国传统礼仪为基础，继承和发扬了中华民族在礼仪方面的优良传统，是具有时代特点的礼仪规范。同时，我国礼仪在新的层次上同国际礼仪接轨，是符合国际通行原则的礼仪规范。商务礼仪是现代礼仪的重要组成部分，其具体运用越来越受到现代人的关注和重视。

六、现代礼仪与古代礼仪的区别

随着社会的进步，礼仪的含义也在发展，就有了现代礼仪与古代礼仪之分。两者的区别主要体现在以下三个方面：

（1）基础不同。古代礼仪以封建等级制度为基础；而现代礼仪虽承认身份差异，但更强调以人为本，以尊重人为立足点和出发点。

（2）目标不同。古代礼仪以维护封建统治为目的；而现代礼仪重在追求人际交往的和谐与顺利。

（3）范围不同。古代礼仪讲究的是“礼不下庶人”，因而与平民百姓无关；而现代礼仪适用于任何交际活动的参与者。

与古代礼仪相比，现代礼仪更关心人际交往，其核心内容就是人际交往的行为规范，而不是像古代礼仪那样以自我约束为主。

第三节 商务礼仪概述

实际案例

一场无介绍信的应聘

某公司登报招聘一名文职人员，有 30 多人前来应聘。入选的是一个既没有带介绍信，也没有人推荐的小伙子。人问其故，经理解释说：“他带来了许多介绍信。他神态清爽，服饰整洁，在门口蹭掉了脚下带的泥土，进门后随手轻轻地关上了门，说明他做事有条不紊、小心仔细。当他看到那位残疾人时，就立即起身让座，表明他心地善良、体贴别人。进了办公室，其他人都从我故意放在地板上的那本书上迈过去，而他却很自然地俯身捡起它并放在桌子上，并且在回答我的提问时简洁明了、干脆果断，证明他既懂礼貌又有教养。这些不就是最好的介绍信吗？”

资料来源：https：//www. zujuan. com/question/detail-6730955. shtml。

案例思考

你认为是这样吗？请从对礼仪的认识角度进行分析。

商务礼仪是礼仪的一个分支，实际上就是将礼仪概念中的“人类活动”具体化了，即具体到商务活动中的人类活动。换句话说，商务礼仪就是商务活动中的行为规范，是人们在商务活动中应该遵守的行为准则。

商务礼仪包括的内容非常广泛，要掌握千姿百态的礼仪习俗，对任何人来说都是非常困难的。因此，很多人询问：在商务礼仪中，是否存在一些具有指导性的原则？人们是否可以根据这些指导性的原则去避免发生大的礼仪错误？实践证明，这样的指导性原则是存在的。

一、商务礼仪中普遍适用的原则

商务礼仪中普遍适用的原则，总结起来有以下八条：

1. 等级性原则

商务礼仪具有等级性，表现在对不同身份、不同地位的官方人士和其他人士的礼宾待遇做出了不同的规定。礼仪最大的特征就是等级秩序，即上下、长幼、尊卑秩序，这是一种伦理制度性的安排。这种秩序一旦被打乱，整个社会就会陷入混乱无序的状态。

在正式的商务活动中，要确定礼宾次序。这种礼宾次序带有某种强制性，要符合国际范例。

确定礼宾次序的主要依据是担任公职的高低，而不是社会生活中通行的某些规范，如长幼有序、男女之别等。也就是说，次序的主次先后，不意味着出身的尊卑贵贱，而是根据公司间的利益关系而定的。这也是商务礼仪与社交的不同之处。

2. 对等性原则/平等性原则

商务礼仪讲究对等性。对等性是指商务礼仪是双向的、对等的，在礼节上应该有来有往、相互对等。在商务活动中，不同地区、不同组织间的商务往来要由职位相近、业务相似的人员接待陪同，我们把这个称为“对口对等原则”。比如，来访的是部门的业务主管，那么负责接待的最好也是业务主管，这就是所谓的“对等”；来访的是销售部门的，那么负责接待的最好也是销售部门的，这就是所谓的“对口”。

3. 适度原则

运用礼仪时，要注意把握分寸，认真得体。适度原则是指在社交过程中要注意各种情况下人际关系的社交距离，把握与特定环境相适应的人们彼此间的感情尺度、行为尺度、谈吐尺度，以建立和保持健康、良好、持久的人际关系。比如，在交往时，既要彬彬有礼，又不能低三下四；既要热情大方，又不能阿谀奉承；既要信人，又不能轻信；既要谦虚，又不能太拘谨；既要老练稳重，又不能太世故。

4. 自信原则

自信原则是商务交往中的一个重要原则。一个人唯有对自己充满信心，做事才能如鱼得水，得心应手。自信是商务活动中一种很可贵的心理素质。只有有信心的人，才能在交往中做到不卑不亢、落落大方，取得商务合作的成功；而缺乏自信的人，则会处处碰壁、处处不顺。

5. 自律原则

自律是礼仪的基础和出发点。在生活中，我们要学会自我约束、自我对照、自我反省，严格按照礼仪规范要求自己，知道自己该做什么、不该做什么，然后经过长期不懈的努力，实现自我教育与自我管理。运用自律原则，可以正确处理自信与自负的关系。

6. 信用宽容原则

“海纳百川，有容乃大”，“人非圣贤，孰能无过”。宽容就是心胸坦荡、豁达大度，能原谅别人的过失，不计较个人得失。人们在交际活动中运用礼仪时，既要做到严于律己，也要做到宽以待人。

信用的原则，即讲究信誉的原则。守信是我们中华民族的传统美德。在商务活动中，尤其要讲究守信、守时、守约，做到“言必信，行必果”。宽容的原则是指与人为善，容许别人有行动和判断的自由，对不同于自己和传统观点的见解有耐心和容忍力。

7. 入乡随主/入乡随俗原则

商务活动，特别是国际商务活动是跨民族、跨区域的行为，所以在礼仪规范上一定会有一些冲突和不同之处。那么，如何选择适用的礼仪规范，如何处理和化解这些冲突呢？我们要以“入乡随主”的原则来调解这种矛盾，“到哪个山头就唱哪个山头的歌”。所谓“入乡随主”，也叫“入乡随俗”，就是按照主方（邀请方）的礼仪习惯来完成商务活动。当然，这一原则在实践中也要灵活运用。

8. 守时践约原则

“人而无信，不知其可。”守时践约也是商务礼仪中普遍适用的原则之一。尽管一些大的商务交易和谈判可以通过合同或者其他具有同等法律效力的约定来达成协议，但在大多数情况下，特别是在日常的商务活动中，人们更多的是依靠对对方的信任。诚信的效力，在很多情况下大于仪式和语言。诚信最直接的表现就是守时践约，即遵守时间和约定。

根据商务礼仪的要求，守时践约包含两个方面的内容：一是对时间的承诺和信守。也就是说，要准时正点地在宾主预先约定的时间和地点亮相。二是要求参加商务活动的人员不要轻易许诺，以防出现不能守时践约的尴尬局面。我们经常会忽略这方面的问题，如习惯性地承诺"过两天我请客"，或者在一些非正式场合轻易答应一些小事，如给对方寄一些说明资料、名片等，事后却忘得干干净净。在很多民族，人们对这些事情是很看重的。比如，英美人士会把每天的日程都安排得非常满，把时间安排得非常紧凑，如同火车时刻表。"过两天请客"可能意味着他们要空出晚饭或午饭时间，他们通常会很在意这种承诺，并将其视为一种邀请。当他们发现这种承诺不会被兑现时，就会心生不快，从而对承诺人产生不好的印象。这种印象可能会直接导致他们对整个商业行为和个人或企业信誉重新进行评估。

二、商务礼仪的作用

一般而言，商务礼仪有以下五个方面的作用：

1. 塑造形象

礼仪最基本的功能就是规范各种行为。商务礼仪能展示企业的文明程度、管理风格和道德水准，塑造企业形象。良好的企业形象是企业的无形资产，可以为企业带来直接的经济效益。一个人讲究礼仪，就会在众人面前树立良好的个人形象。一个组织的成员讲究礼仪，就会为自己的组织树立良好的形象，使组织赢得公众的赞誉。

2. 传递信息

一个公民的公共文明水平，可以折射出一个社会、一个国家的文明程度。一个员工的文明水平，也可以折射出一个企业的文化。良好的礼仪可以更好地向对方展示自己的优势，表达对对方的尊敬、友善和真诚。在商务活动中，恰当的礼仪可以获得对方的好感和信任，进而推动合作的顺利进行。

3. 沟通协调

随着社会的发展，商务人员的交往面越来越广。各种商务交往中逐渐形成的行为规范和准则，指导着商务人员立身处世、立身社会，同时能够协调人与人之间、人与社会之间的关系。在尊重他人的前提下遵守礼仪规范，用礼仪规范约束自己，有助于人与人之间建立起相互尊重、彼此信任、友好合作的关系。

4. 提高效益

礼仪是生产力，它带来的社会效益和经济效益是不可估量的。在商务交往中，正确使用商务礼仪，可以促使商务活动顺利进行，促进双方业务合作，为企业树立良好形象，从而帮助企业建立广泛的合作关系，进而提高企业的经济效益和社会效益。

5. 约束、维护和教育作用

规范即约束。礼仪是整个社会文明发展程度的标志。它不仅有助于提高人们的道德修养、规范人们的语言行为、防止或减少丑恶现象的发生，还有助于净化社会风气。同时，礼仪也会反作用于社会，对社会风尚产生影响。只有大家相互影响、互相促进，才能推进社会主义精神文明建设。

第二章 商务形象礼仪

第一节　仪容礼仪

实际案例

陈荣的尴尬

市场营销专业的陈荣大学毕业后在福州滨海新区一家贸易公司做业务，经过三年多的努力，陈荣业绩良好，获得公司领导和同事的好评。

2019 年 10 月 20 日，某合作单位在福州香格里拉酒店举行大型周年庆典宴会。陈荣应邀参加。当他走入会场的时候，人员已到了大半。他注意到身边几位老总的穿着都很到位：精致西装，头发光亮整齐，风度翩翩，放眼望去，多数男士穿着正装，显得非常帅气、干练，多数女士身着时髦的套裙或明艳的晚礼服，脖子上的水钻项链熠熠生辉。他还看到几个本单位的同事，也是穿戴整齐，精神抖擞。陈荣看了看自己，因为匆忙赶来，脸上微微出汗、混合着油渍，头发没打理、有点凌乱，浑身还散发着一点味道；由于近两天很忙碌，身上还穿着运动套装，一直没有更换；再低头看看运动鞋，布满尘土，裤腿上还隐约有块泥。陈荣感觉自己浑身不自在，很尴尬，希望宴会快些结束。最后，没等宴会结束，他就借口有事提前离开了。

资料来源：王春来．商务沟通与礼仪［M］．北京：电子工业出版社，2019：35。

案例思考

1. 陈荣为什么感到尴尬，最后提前离开？
2. 你认为陈荣出席这样的场合，在仪容、仪表方面应注意什么？

我们每个人的一生中，有 90%以上的事是自己无法决定、无法把控的。比如，我们的出身，我们的相貌，我们的寿命，等等。但是，在剩下不到 10%的自己可以决定、把控的事里面，容貌的修饰是最重要的内容之一。并不是每个人都天生丽质，无须做任何修饰。虽说“人不可貌相，海水不可斗量”，但是大多数人在日常生活当中，都会认真对待自己的容貌。

一、仪容

仪容，主要是面部，广义上还包括头发、手部，以及因穿着某些服装而暴露出来的腿部。

仪容之美即人的容貌美，包括发式、面容、颈部和手部之美。追求容貌美本是人的天性。随着人们生活水平的提高和社会交往的增多，各行各业的人都力求以一种美好的容貌出现在公众面前。这既维护了自尊，又体现了对他人的尊重。仪容美的塑造是一项艺术性和技巧性都很强的系统工程，其中美容美发尤为重要。

知识拓展

登徒子好色赋

〔战国〕宋玉

大夫登徒子侍于楚王，短宋玉曰：“玉为人体貌闲丽，口多微辞，又性好色。愿王勿与出入后宫。”

王以登徒子之言问宋玉。玉曰：“体貌闲丽，所受于天也；口多微辞，所学于师也；至于好色，臣无有也。”王曰：“子不好色，亦有说乎？有说则止，无说则退。”玉曰：“天下之佳人莫若楚国，楚国之丽者莫若臣里，臣里之美者莫若臣东家之子。东家之子，增之一分则太长，减之一分则太短；著粉则太白，施朱则太赤；眉如翠羽，肌如白雪；腰如束素，齿如含贝；嫣然一笑，惑阳城，迷下蔡。然此女登墙窥臣三年，至今未许也。登徒子则不然：其妻蓬头挛耳，齞唇历齿，旁行踽偻，又疥且痔。登徒子悦之，使有五子。王孰察之，谁为好色者矣。”

是时，秦章华大夫在侧，因进而称曰：“今夫宋玉盛称邻之女，以为美色，愚乱之邪；臣自以为守德，谓不如彼矣。且夫南楚穷巷之妾，焉足为大王言乎？若臣之陋，目所曾睹者，未敢云也。”王曰：“试为寡人说之。”大夫曰：“唯唯。臣少曾远游，周览九土，足历五都。出咸阳、熙邯郸，从容郑、卫、溱、洧之间。是时向春之末，迎夏之阳，鸧鹒喈喈，群女出桑。此郊之姝，华色含光，体美容冶，不待饰装。臣观其丽者，因称诗曰：‘遵大路兮揽子祛。’赠以芳华辞甚妙。于是处子怳若有望而不来，忽若有来而不见。意密体疏，俯仰异观；含喜微笑，窃视流眄。复称诗曰：‘寐春风兮发鲜荣，洁斋俟兮惠音声，赠我如此兮不如无生。’因迁延而辞避。盖徒以微辞相感动。精神相依凭；目欲其颜，心顾其义，扬《诗》守礼，终不过差，故足称也。”

于是楚王称善，宋玉遂不退。

资料来源：https：//so. gushiwen. cn/shiwenv_ 55df926a2d2f. aspx。

美人赋

〔西汉〕司马相如

司马相如，美丽闲都，游于梁王，梁王悦之。邹阳谮之于王曰："相如美则美矣，然服色容冶，妖丽不忠，将欲媚辞取悦，游王后宫，王不察之乎?"

王问相如曰："子好色乎?"相如曰："臣不好色也。"王曰："子不好色，何若孔墨乎?"相如曰："古之避色，孔墨之徒，闻齐馈女而遐逝，望朝歌而回车，譬犹防火水中，避溺山隅，此乃未见其可欲，何以明不好色乎？若臣者，少长西土，鳏处独居，室宇辽廓，莫与为娱。臣之东邻，有一女子，云发丰艳，蛾眉皓齿，颜盛色茂，景曜光起。恒翘翘而西顾，欲留臣而共止。登垣而望臣，三年于兹矣，臣弃而不许。

"窃慕大王之高义，命驾东来，途出郑卫，道由桑中。朝发溱洧，暮宿上宫。上宫闲馆，寂寞云虚，门阁昼掩，暧若神居。臣排其户而造其室，芳香芬烈，黼帐高张。有女独处，婉然在床。奇葩逸丽，淑质艳光。睹臣迁延，微笑而言曰：'上客何国之公子！所从来无乃远乎?'遂设旨酒，进鸣琴。臣遂抚琴，为幽兰白雪之曲。女乃歌曰：'独处室兮廓无依，思佳人兮情伤悲！有美人兮来何迟，日既暮兮华色衰，敢托身兮长自思。'玉钗挂臣冠，罗袖拂臣衣。时日西夕，玄阴晦冥，流风惨冽，素雪飘零，闲房寂谧，不闻人声。于是寝具既陈，服玩珍奇，金鉔薰香，黼帐低垂，裀褥重陈，角枕横施。女乃驰其上服，表其亵衣。皓体呈露，弱骨丰肌。时来亲臣，柔滑如脂。臣乃脉定于内，心正于怀，信誓旦旦，秉志不回。翻然高举，与彼长辞。"

资料来源：https：//so. gushiwen. cn/shiwenv_ 608a5e9710d6. aspx。

二、仪容的基本要求

一般商务场合个人仪容的基本要求如下：

1. 仪容自然美

仪容自然美是指仪容的先天条件好，天生丽质。尽管以貌取人不合情理，但先天美好的仪容相貌无疑会令人赏心悦目、感到愉快。

2. 仪容修饰美

仪容修饰美是指依照规范与个人条件，对仪容进行必要的修饰，扬长避短，设计、塑造出美好的个人形象。在人际交往中，应尽量令自己显得有备而来。适当的修饰是非常必要的。一个人的仪容，稍加修饰就会显得更美，这也是生活的仪式感之一。

3. 仪容内在美

仪容内在美是指通过努力学习，不断提高个人的文化素养、艺术素养、思想和道德水准，培养高雅的气质，修炼美好的心灵，使自己秀外慧中、表里如一。“腹有诗书气自华”说的就是仪容的内在美。它是通过人生历练内化于心、表现于外的一种气质。

推荐阅读

形象永远走在能力前面，你必须精致才能得到一切

形象永远走在能力前面，作为女人，你必须精致。没有人有义务透过连你自己都毫不在意的邋遢外表去发现你优秀的内在。你必须精致，这是女人的尊严。

形象永远走在能力的前面。第一印象在很长一段时间里影响着别人对你的学识、能力、身份的判断。第一印象中的55%来自你的外表，包括你的衣着、发型等；第一印象中的38%来自你的仪态，包括你举手投足间传达出来的气质，说话的声音、语调等；只有7%来自简单的交谈。也就是说，第一印象中有93%是关于你的外在形象的。因此，形象尤为重要，是让别人了解你的第一扇门。

形象是促使事业成功的一个重要因素。优秀的个人形象对人生交际、事业成功起着推动作用。人们时刻都在根据你的服饰、发型、手势等判断你的学识、身份，无论你愿意与否，你都给别人留下了对你形象的印象，这个印象在工作中影响着你的升迁、在商场上影响着你的交易、在生活中影响着你的人际关系和爱情关系。

如果你想在自己的生活、工作、爱情、事业上游刃有余，那充满魅力的个人形象就是你成功的催化剂！

资料来源：http：//www.360doc.com/content/16/1226/23/2012175_ 618039694.shtml。

三、化妆的原则

化妆是一种改变，但不是把你变成别的什么人，而是让你散发出自己独特的魅力。化妆要遵循以下基本原则：

1. 扬长避短

化妆一方面要突出脸部最美的部分，使自己显得更加美丽；另一方面要掩盖或弥补缺陷或不足的部分。一句话，要做到扬长避短，才能凸显自身的美。

2. 自然真实

化妆讲究自然协调，不留痕迹。淡妆给人以大方、悦目、清新的感觉，适用于在家或平时上班；浓妆给人以庄重、高贵的印象，适用于晚宴、婚宴、演出等特殊的社交场合。无论是淡妆还是浓妆，都要显得自然真实，切忌抹上厚厚的一层。化妆师可

以运用化妆技巧，使用各种合适的化妆品来达到自然而美丽的化妆效果。

3. 认真负责

化妆时，不可片面追求速度、敷衍了事，而是要保持一丝不苟的态度，有层次、有步骤地进行。化妆时，动作要轻而稳，注意选择合适的色彩和光线。这不仅是对自己负责，也是对所有观众负责。

4. 整体配合

化妆要因人、因时、因地制宜，切忌强求一律，应表现出个性美，避免“千人一妆”。在化妆前，化妆师要对化妆对象进行专门设计，强调个性，不要单纯模仿；要根据化妆对象的脸部（包括眉、眼、鼻、颊、唇）特征，进行能体现其个性美的整体设计。同时，还要根据不同场合、不同年龄、不同身份制定不同的方案。夜间，特别是在彩色灯光的照耀下，应该使用发亮的化妆品，如亮光眼影、珠光唇膏等，但涂的范围不应太大。切忌在原来的妆容基础上直接涂新的化妆品，这样做不仅会使妆容失去光泽，而且会损害皮肤。

5. 避免冲突

应尽量使用同系列的化妆品，避免使用不同系列的化妆品。不同的化妆品品牌，其香型往往不一样，有时候会产生冲突，使效果大打折扣。此外，脸部妆容还必须注意与发型、服装和饰物相匹配，力求达到完美的整体效果。

总而言之，化妆的最高境界就是：你化了妆，但别人不能轻易看出来。

四、仪容的修饰

容貌是人与人交往时最引人注意的部分，认识、记住一个人，往往从容貌开始。仪容的修饰主要是对面部和发型的修饰。修饰仪容不只是打扮和美容，实际上体现的是个人良好的精神面貌和积极的生活态度。修饰仪容的基本原则是：美观、整洁、卫生、得体。

不论男女，都应注意面部、头发、脖颈、手臂、腿部的清洁与修饰。

（一）面部的清洁与修饰

仪容美的第一个基本要求是面部清洁。面部是一个人最突出的代表部位，面容是否洁净，是有生气、有光泽，还是灰暗、死气沉沉、憔悴疲倦，直接关系到一个人留给他人的印象。面部修饰要分析皮肤类型，适当进行护理与化妆。

修饰面部，首先要及时清洁面容，保持面部干净、无汗渍等不洁之物。

1. 洗脸

清洁面部最简单的方式，就是勤洗脸。

正确的洗脸方法是：先用温水润湿脸部，再用适量适合自己肤质的洗面奶、洗面巾，用双手的中指、无名指由下颌向上揉搓，手指由内向外打圈，经过鼻翼两侧至眼眶，再在颈部、耳部反复揉搓，以达到对皮肤彻底清洁的目的。最后，用温水洗净面部，之后最好坚持2~3分钟的面部按摩，会有意想不到的效果。坚持有规律的适度按摩可以促进血液循环，加速新陈代谢，有效防止皮肤的松弛、老化。

2. 清洁眼部

眼睛是人际交往中被关注最多的地方，因此对眼部的修饰是面部修饰的重点。

（1）保洁。保洁是指要及时清除眼部分泌物或沾染的其他不洁之物。一般情况下，眼睛应该无眼屎、无睡意、不充血、不斜视。如果感染了眼部疾病，就要及时就医，自觉避免社交活动。商务人员一般不用人造睫毛。

（2）修眉。眉毛形状不雅观的话，可进行必要的修饰，但尽量不要文眉，更不要剃眉毛。

（3）眼镜。戴眼镜者，要注意保持眼镜端正、洁净明亮。商务人员一般不戴墨镜或有色眼镜，更不戴夸张的装饰性眼镜。戴墨镜进入室内，一定要及时收好。

3. 清洁鼻腔

鼻子处于五官的中心部位，是面部最突出的部分。要随时保持鼻腔的清洁：首先，不要随便吸鼻子、擤鼻涕；其次，不要当众用手挖鼻孔或让别的东西充塞鼻孔。此外，有些人鼻毛过长、过旺，有碍美观，要经常用小剪刀修剪一下长到鼻孔外的鼻毛，尽量不要让鼻毛伸出鼻孔。

4. 清洁嘴巴

（1）护理口腔。对口腔的基本要求是：牙齿洁白、口腔无异味。护理口腔，还应特别注意口中的异味，也就是我们通常所说的口臭。与人交谈的时候，如果口中散发难闻的气味，会使对方很不愉快，自己也很难堪。有时候我们吃了葱、韭菜、大蒜、萝卜等刺激性食物，也会产生强烈异味，在与人交往、工作之前，可在口中嚼一点茶叶、红枣或花生，它们有助于清除口腔异味。必要时，可以用口香糖减少口腔异味。但应注意，在参加比较正式的交际活动前，吃葱、大蒜等让口腔散发刺鼻气味的食物，或在他人面前大嚼口香糖，都是不礼貌的行为。

建议商务人员坚持每天早、中、晚刷牙，尤其是饭后，一定要漱口或刷牙，以去除残渣、异味。平时饭后最好不要剔牙，切忌不加掩饰地当众剔牙。与人交谈时，不要用手撕嘴上的死皮或用牙齿咬嘴唇，口角上不应有白沫。同时，要注意预防龋齿、牙龈炎、牙槽脓肿、口腔溃疡等口腔疾病，它们也容易造成口中异味。这些口腔疾病单靠刷牙、漱口的方法不可能消除，要及时就医治疗。

（2）禁止异响。异响是对嘴、鼻子及其他部位发出的咳嗽、哈欠、喷嚏、吐痰、吸鼻、打嗝等不雅之声的统称。在公共社交场合和正式场合应当禁止发出各种异响。禁止异响，重在自律。如果不慎弄出了异响，要向身边的人道歉。

（3）及时剃胡须。在交际场合和正式场合，男士不剃须，任其生长、邋遢随意，会被认为是不礼貌的行为，也很不雅观。但是，有宗教信仰或特殊需要的人士除外。

5. 清洁耳朵

平时洗澡、洗头、洗脸时，应清洗一下耳朵，及时清除耳道中的分泌物。个别人的耳毛长得较快，当耳毛长到耳孔之外时，应进行修剪。切忌在公共场合或商务场合掏耳朵。

（二）头发的修饰

1. 清洁头发

头发是人体的制高点，是别人第一眼关注的地方。在公众场合，个人形象的塑造一定要“从头做起”。整洁的头发配以大方的发型，往往能给人留下神清气爽的良好印象。对头发最基本的要求是：健康、秀美、干净、清爽、卫生、整齐。头发不仅能保护头皮，而且能很好地装饰头部。一头整洁的秀发是青春活力的象征，蓬头垢面既不美观也不礼貌。清洁是保养头发最基本的方法。要根据自己的发质，选用合适的洗发露，并遵循正确的洗发方法。

（1）洗发。保持头发的清洁：首先，要勤于洗发，一般每周2~4次为宜。洗头发宜用40℃左右的温水，太冷或太烫皆不宜。其次，要选择适合自己发质的洗发剂。洗净后要适当抹一些护发素或润发液，以保持头发的柔软光滑。洗发用品中有药物性洗发剂，如去头屑洗发精、止痒洗发水、防脱发洗发液等，可以根据自己头发的情况“对号入座”，选择其中一种。也有营养性洗发剂，如蛋白洗发液、水果洗发液，以及以何首乌、啤酒花为配方的洗发剂等，它们是在洗发剂中添加一定的营养性物质。这类洗发用品的选择要求不是太严格，可以多试用几种，看哪一种用后头发感觉最好。

（2）梳发。梳理头发要选择适当的工具。木材、牛角等自然材料做成的梳子对头发的损伤较小。要养成早晚梳头的习惯。每次25~50梳，用力要适度。梳理时，头顶和后面的头发从发根到发梢往上梳，两边的头发则向左右两边梳。轻梳慢理，持之以恒，对头发大有益处。一些商务人士会随身携带一把梳子以备不时之需，但切忌在公开场合操作。在外人面前梳理头发会显得不雅观且很失礼。头发一定要梳整齐，不可以披头散发，肩背上不应有散落的头发和头屑。

（3）剪发。要定期修剪头发，男士最好每月一次，女士视情况而定。对商务人士而言，男士修剪头发要注意前发不覆额，侧发不掩耳，后发不及领，不烫染头发，女士要注意发型不标新立异、过于夸张。

（4）护发。护理头发，一是要护，即应避免头发接触强碱或强酸性物质，并尽量防止对其进行长时间暴晒。二是要养，即给头发补充营养。建议多吃蛋白质和富含维生素、微量元素的食物，尤其要多吃核桃一类的坚果，或黑芝麻一类的“黑色食品”，少吃辛辣刺激或油性大的食物。养护头发的根本是要做到治标兼治本，“护”是治标，

“养”是治本。

2. 设计发型

塑造头发的整体造型，即发型或发式，是美发的关键。它不仅反映了个人的修养与艺术品位，而且是个人形象的核心部分。发型设计以美观、大方、整洁和方便生活与工作为原则。除了流行时尚和个人品位外，发型还要与自己的脸形、体形和年龄相匹配，要与自己的气质、职业、身份及周围的环境等相吻合，才能给人以整体美。对商务人士来讲，发型风格以庄重、简约、典雅和大方为主，需要考虑以下五个方面：

（1）性别。在日常生活中，男女在选择发型方面是有区别的。男士一般留短发，理“板寸”；女士一般留披肩发、短发或烫波浪发等。商务人士在选择发型时，切忌学明星的造型和过于时尚的发型。商务人士一般不宜理成光头，也不宜留得过长；剃鬓角，显得儒雅精神、精明干练。在商务活动中，女性头发长度一般不过肩，更不允许披头散发，最好对其稍加处理，可用雅致的发卡或发绳将头发捆扎起来。

（2）脸形。结合脸形选择恰当的发型，既可以对脸形扬长避短，又可以体现发型与脸形的和谐之美。脸长者，不宜留过短的头发，男士可在额前垂下一绺头发，女士适合留有刘海的发型，使脸显得柔和；脸短者，头发不要留得太长，男士可留“寸头”，女士适合将额前头发全梳上去，以增加脸的长度。女性不同的脸形选择发型参考如下：圆形脸的人，可选择垂直向下的发型；方形脸的人，可选择圆柔的短发、垂肩的中长发；长方形脸的人，可选择蓬松的卷发或留有齐眉刘海的童花式发型；脸小的人，可选择具有蓬松感的卷发、中长发、长波浪等发型；脸大的人，可选择简洁的短发或直长发等能遮盖脸形的发型。

（3）年龄。商务人士选择发型还要结合自己的年龄，忌讳以不变应万变的发型。例如，40~50岁的女性梳理成20岁的姑娘扎的“马尾式”发型，就显得不伦不类。商务女性应注意，由于选择的发型与年龄不协调，会让人抵触和反感。

（4）身材。一般来说，身材修长的人，在发型方面有较多的选择，无论长发还是短发，都会由于其身材的优势而显得精神飒爽。身材矮小者，在选择发型时会受到一定的限制，最好选择短发，使自己“显高”，长长的披肩发只会令自己显得更加矮小。高而瘦者，可选择长发或波浪式卷发，让自己显得丰盈一些。矮而胖者，一般不宜留长发和蓬松发型，留短发会显高、显瘦些。

（5）职业。商务人士应结合自己的职业特点，选择庄重、典雅、保守的发型。华丽美艳、奇异、夸张的发型都不适合商务人士，尤其不适合穿制服的人士，如教师应选择端庄成熟的发型，以示教师的庄重典雅，太赶时髦的发型则不合适。在商务场合设计和选择发型时，要多考虑职业与工作性质，这样才能既符合惯例，又得到他人认可。参加舞会、晚宴、婚礼时，可以选择优雅、可爱一些能提升个人魅力的发型。

（三）脖颈的清洁

脖颈属于面部的自然延伸部分。修饰脖颈要注意以下两点：

（1）清洁。要保持脖子干干净净，尤其是脖后、耳后，绝不能让其成为“藏污纳垢”之所。

（2）护肤。脖子上的皮肤细嫩，应给予相应的呵护，防止过早老化。

（四）手臂的清洁

手臂是肢体中使用多、动作多的部位，要完成各种各样的手语、手势。如果手臂的“形象”不佳，整体形象就会大打折扣。手臂应主要注意手掌、指甲、肩臂与汗毛四个方面的修饰。

（1）手掌。手掌是手臂的中心部位，也是做手语的关键部位，对它的修饰必须做到干净。在日常生活中，手是接触他人和物体最多的地方，从清洁、卫生、健康的角度来讲，应当勤洗。餐前便后、外出回来及接触到各种东西后，都应及时洗手。

（2）指甲。指甲应定期修剪，最好每周一次。指甲的长度以不超过手指指尖为宜。不论出于什么理由，男士都不应该留长指甲。女性在这个问题上有更多的选择权，但应杜绝涂抹黑色指甲油。女性应注意，涂抹的指甲油颜色不要过于鲜艳。商务场合建议选择无色或接近肉色的指甲油。非正式场合并无限制。对于手部，要悉心照料，不要让其处于不健康的状态，发现死皮后，应立即将其修剪掉，但不要当众进行，更不要用手去撕，或用牙去咬。手部皮肤粗糙、红肿、皲裂，要及时护理、治疗。若长癣、生疮、发炎、破损、变形，不仅要治疗，还要避免接触他人。在某些工作场所和社交场所，双手指甲应当修剪整齐，保持干净、清爽。双手护养的基本方法是：在接触水并擦干后涂抹一些护手霜。如果在户外工作，外出时，还应在手上也涂一层防晒霜。

（3）肩臂。在正式的商务场合，肩臂，尤其是肩部，不应当裸露在外。

（4）汗毛。由于个人生理条件不同，个别女性手臂上汗毛长得过浓或过长，最好采用适当的方法进行脱毛。在他人面前，尤其是在外人或异性面前，腋毛属于个人隐私，是不应为对方所见的；否则，即为失礼。这一点出席商务场合的女性要特别注意。

（五）腿部的清洁

腿部在近距离之内为他人所注目，因此腿部的修饰必不可少。腿部应主要注意脚部、腿部和汗毛的修饰。

（1）脚部。在正式的商务场合，不允许光脚穿皮鞋，使脚部过于暴露的鞋子（如拖鞋、凉鞋）更不能穿。要注意保持脚部的卫生，保证脚无异味。在非正式场合光脚穿鞋子时，要确保脚的干净、清洁。脚指甲要勤修剪，最好每周一次。在商务场合，职业女性脚趾涂的指甲油颜色鲜艳会让人感觉俗气、不雅观。非正式场合并无限制。

（2）腿部。在正式场合，不允许男士暴露腿部，即不允许男士穿短裤。女士可以穿长裤、裙子，但不得穿短裤，或是暴露大部分大腿的超短裙。女士在正式场合穿裙子时，光着大腿不穿袜子是不雅观的。非正式场合并无限制。

（3）汗毛。成年男子一般腿部的汗毛很重，所以在正式场合不允许穿短裤或卷起裤管。女士腿部的汗毛如果过于浓密，应脱去或剃掉，或穿深色丝袜加以遮掩。在脱去或剃掉过于浓密的汗毛之前，忌光腿或穿颜色过浅的透明丝袜，商务场合更要注意。

五、化妆的技巧

化妆可以增强自信、缓解压力，同时能体现对交往对象的尊重。职业女性的化妆受到职业环境的制约，必须给人专业、知性的感觉，所以职业场合的妆容以淡妆为佳。

（一）做好妆前准备

1. 束发

用宽发带、毛巾等将头发束起或包起，最好再在肩上披块围巾，防止化妆时弄脏头发和衣服，也可避免散发妨碍化妆。这样会使脸部轮廓更加清晰明净，可有针对性地化妆。

2. 洁肤

用清洁霜、洗面奶或洗面皂清洁面部的污垢及油脂。有条件的话，还可用洁肤水清除枯死细胞、皮屑，然后结合按摩涂上有营养的化妆水。

3. 护肤

将膏霜类，如日霜、晚霜、润肤霜、乳液等涂在脸上，可令肌肤柔滑，并能起到保护皮肤的作用。

4. 修眉

可用眉钳、小剪刀修整眉形并拔除多余的眉毛，以使之更加清秀。

（二）化妆的具体过程

1. 抹粉底

抹粉底时，应选择与肤色较接近的粉底，用海绵块或手指从鼻翼处向外均匀涂抹，尤其不要忽视细小的部位，在脸与脖子衔接处要渐渐淡下去，粉底不要太厚，以免像戴上一张面具。粉底上完后，要达到调整肤色、掩盖瑕疵、使皮肤细腻光洁的目的。

2. 画眉毛

首先，用眉刷将眉毛梳理整齐。其次，用眉笔顺眉毛生长方向一道道描画。眉毛从眉头起2/3处为眉峰，描至眉峰处应以自然弧度描至眉尾，眉尾处颜色应略淡。最后，用眉刷顺眉毛生长方向刷通，使眉道自然、圆滑。

3. 画眼影

眼影用什么颜色，用多少种颜色，如何画，是因人、因事而异的。一般来说，深色眼影刷在最贴近上睫毛处，中间色眼影刷在稍高处向眼尾处晕染，浅色眼影刷在眉骨下。

4. 画眼线

眼线要贴着睫毛根画，浓妆时可稍宽一些，淡妆时可稍细一些。上眼线内眼角方向应淡而细，外眼角方向则应加重，至外眼角时要向上挑一点，把眼角向上提，使其上翘。

5. 刷睫毛

首先，用睫毛夹将睫毛由内向外翻卷。其次，用睫毛刷从睫毛根到睫毛尖刷上睫毛液。为了使睫毛显得长些、浓些，可在睫毛液干后再刷第二遍、第三遍。最后，用眉刷上的小梳子将粘在一起的睫毛梳开。

6. 抹腮红

腮红应抹在微笑时面部形成的最高点，然后向耳朵上缘方向抹一条，将边缘晕开，可用腮红和阴影粉做脸形的矫正，如在宽鼻梁两侧抹浅咖啡色，鼻梁正中抹白色，使鼻子立体感增强。

7. 定妆

用粉扑将干粉轻轻地、均匀地扑到妆面上，只需薄薄一层，以起到定妆的作用，也可吸收粉底过多的光泽，使妆面柔和。扑好粉后，用大粉刷将妆面上的浮粉扫掉。

8. 画口红

先用唇线笔画好唇廓，再将唇膏涂在唇廓内，可用唇刷涂，也可用棒式唇膏直接涂。口红的颜色应与服装及妆面协调。为了使口红色彩持久，可用纸巾轻抿一下口红，然后扑上粉饼，再涂抹一次唇膏。

9. 喷洒香水

喷洒香水的方法如下：

（1）香精以“点”的方式喷洒，香水以“线”的方式喷洒。一般地，味道比较淡的香水以“面”的方式喷洒，浓度越低，喷洒的范围越广。

（2）七点擦香法。首先，将香水分别喷于左右手腕静脉处，双手中指及无名指轻触对应手腕静脉处，随后轻触双耳后侧、后颈部，轻拢头发，并于发尾处停留稍久，双手手腕轻触相对应的手肘内侧，使用喷雾器将香水喷于腰部左右两侧，左右手指分别轻触腰部喷香处。其次，用沾有香水的手指轻触大腿内侧、左右腿膝盖内侧、脚踝内侧。要注意擦香过程中所有轻触动作都不应有摩擦，否则香料中的有机成分会发生化学反应，可能破坏香水的原味。

（3）喷雾法。在穿衣服前，将喷雾器置于距身体 10~20 厘米处，喷出雾状香水。喷洒范围越广越好，随后立于香雾中 5 分钟，或者将香水向空中大范围喷洒，然后慢慢走过香雾。这种方法可以让香水均匀落在身体上，留下淡淡的清香。

（4）香精以点擦拭或小范围喷洒于脉搏跳动处——耳后、手腕内侧、膝后等，避免用于胸前、肩胛的脉搏跳动处。

（5）因为香水中的香精油含量不是很高，不会破坏衣服的纤维，所以可以很自由地喷洒及使用。例如，脉搏跳动处、衣服内里、头发上或空气中。

（6）体温高的部位，涂抹香水效果比较好。一般来说，身体内侧比身体外侧体温高，因此将香水涂在身体内侧效果较好。另外，香气向上升，涂在下半身比涂在上半身更能获得理想的效果。

（7）不要在阳光能照射到的地方涂抹香水，因为酒精在暴晒后会在肌肤上留下斑点。此外，紫外线也会使香水中的有机成分发生化学反应，造成皮肤过敏。

（8）香水可以喷在干净、刚洗完的头发上。若头发上有尘垢或者油脂，就会令香水变质。另外，香水不能喷洒在干枯和脆弱的头发上，以免对发质造成伤害。

（9）香料为有机成分，易与金、银和珍珠发生化学反应，使之褪色、损伤。因此，香水不能直接喷于饰物上，可先喷香水后佩戴首饰。

（10）棉质、丝质衣物上喷香水很容易留下痕迹。千万不要将香水喷洒在皮毛上，这不但会损害皮毛，也会改变其颜色。

使用香水应注意两方面的问题：一是香型问题。一般来说，应选择香味淡雅的香水。如果香味浓烈刺鼻，会让四周的人很难忍受。二是要在正确部位喷洒或涂抹香水。涂抹香水的正确部位是：耳后根、胸前、手肘、手腕内侧及膝关节后面。也可将香水直接喷洒在空中，让香水粒子自然掉落在身上。千万不能全身各部位都涂抹香水，那样不但无助于塑造你的整体形象，反而会使人对你敬而远之。

（三）做好妆后检查

按照以上步骤化妆后，不要忘记进行妆后检查，主要包括以下四点：第一，检查左右是否对称，即眼、眉、腮、唇、鼻侧等两边形状、长短、大小、弧度是否对称，色彩浓淡是否一致。第二，检查过渡是否自然，即脸与脖子、鼻梁与鼻侧、腮红与脸色、眼影阴影层次等过渡是否自然。第三，检查整体与局部是否协调，即检查各局部是否有缺漏，浓淡是否达到应有效果，整个妆面是否协调统一。第四，检查整体是否完美。化妆后不要把镜子贴近脸部检查，虽然这样能看清细小的部分，但一般人只是在 1 米之外的距离面谈或打招呼，所以要在镜前 50 厘米处审视自己，对脸部整体的平衡做出正确判断。

（四）适当进行补妆

妆面很容易被外界环境破坏，因此，随时补妆对保持妆面的完整是非常必要的。及时补妆要注意以下五个方面：第一，随身备吸面油纸，方便迅速去除分泌的面油。第二，喷射矿泉水在妆面上，再用面纸吸干，可代替爽肤水。第三，要使妆面保持更长久，用润肤膏涂抹在干燥处。油脂分泌特别多的应涂抹爽肤粉。第四，涂抹唇膏要省时且效果好，首先用自然色唇膏，其次用同色唇笔描出唇形，最后再搽上配衬衣颜色的唇膏。第五，在眼部化妆前，先在眼下扑一层粉，这样即使眼部化妆的粉屑掉到眼下，只要用扫子一扫便可以了，不会弄污眼部及所有妆面。

（五）不同脸形的化妆技巧

脸部化妆一方面要突出面部五官的优势，另一方面要掩盖或弥补缺陷或不足。经过化妆品修饰的美有两种：一种是趋于自然的美，另一种是艳丽的美。

1. 椭圆脸形化妆

椭圆脸形可谓公认的理想脸形，化妆时宜注意保持其自然形状，突出其可爱之处，不必通过化妆去改变脸形。涂腮红时，应涂在颊部颧骨的最高处，再向上、向外揉化开去。涂唇膏时，除唇形有缺陷外，尽量按自然唇形涂抹。修眉毛时，可顺着眼睛的轮廓修成弧形，眉头应与内眼角对齐，眉尾可稍长于外眼角。正因为椭圆脸形无须太多修饰，所以化妆时一定要找出脸部最动人、最美丽的部位，予以突出，以免给人平平淡淡、毫无特点的印象。

2. 长脸形化妆

长脸形的人在化妆时应力求达到增加面部宽度的效果。涂腮红时，应注意离鼻子稍远些，以在视觉上拉宽面部，可沿颧骨的最高处与太阳穴下方构成的曲线部位，向外、向上抹开。涂唇膏时，应依自己的唇样涂成最自然的样子，修改不宜过大。施粉底时，若双颊下陷或者额部窄小，应在双颊和额部涂以浅色调的粉底，造成光影，使之显得丰满一些。修眉毛时，应令其成弧形，切不可有棱有角，眉毛的位置不宜太高，眉尾切忌高翘。

3. 圆脸形化妆

圆脸形给人可爱、玲珑之感，要修正为椭圆形并不十分困难。涂腮红时，可从颧骨起涂至下颌部，注意不能简单地在颧骨突出部位涂成圆形。涂唇膏时，可将上嘴唇涂成浅浅的弓形，不能涂成圆形的小嘴状，以免有圆上加圆之感。施粉底时，粉底可用来在两颊造阴影，使圆脸显得瘦一些，应选用暗色调粉底，沿额头靠近发际处向下窄窄地涂抹，至颧骨部位下可加宽涂抹的面积，造成脸部亮度自颧骨以下逐步集中于鼻子、嘴唇、下巴附近部位。修眉毛时，可修成自然的弧形，可做少许弯曲，不可太平直或有棱角，也不可过于弯曲。

4. 方脸形化妆

方脸形的人以双颊骨突出为特点，因而在化妆时要设法加以掩蔽，增加柔和感。涂腮红时，宜涂抹得与眼部平行，切忌涂在颧骨最突出处，可抹在颧骨稍下处并往外揉开。涂唇膏时，可涂丰满一些，强调柔和感。施粉底时，可用暗色调在颧骨最宽处造成阴影，令其方正感减弱，下颌部宜用大面积的暗色调粉底造阴影，以改变面部轮廓。修眉毛时，应修得稍宽一些，眉形可稍带弯曲，不宜有角。

5. 三角脸形化妆

三角脸形的特点是额部较窄而两腮较阔，整个脸部呈上窄下宽状。化妆时应将下部宽角“削”去，把脸形变为椭圆形。涂腮红时，可由外眼角处开始向下涂抹，令脸部上半部分拉宽一些。涂唇膏时，注意使唇角稍向上翘，唇形可适当外阔。施粉底时，可用较深色调的粉底在两腮部位涂抹、掩饰。修眉毛时，宜保持自然状态，不可太平直，也不可太弯曲。

6. 倒三角脸形化妆

倒三角脸形的特点是额部较宽大而两腮较窄小，呈上宽下窄状，人们常说的“瓜子脸”“心形脸”即指这种脸形。这种脸形化妆时的诀窍与三角脸形相似，需要修饰的部分则正好相反。涂腮红时，应涂在颧骨最突出处，而后向上、向外揉开。涂唇膏时，宜用稍亮些的唇膏以加强柔和感，唇形宜稍宽厚些。施粉底时，可用较深色调的粉底涂在过宽的额头两侧，而用较浅色调的粉底涂抹在两腮及下巴处，达到掩饰上部、突出下部的效果。修眉毛时，应顺着眼部轮廓修成自然的眉形。眉尾不可上翘，描时从眉心到眉尾宜由深渐浅。

六、化妆的禁忌

化妆的禁忌主要包括以下六个：第一，切忌在公共场合化妆；第二，女士不能在男士面前化妆；第三，不能非议他人的妆容；第四，不要借用别人的化妆品；第五，男士使用化妆品不宜过多；第六，女士不要忽视颈部皮肤的护理，如果把颈部护理得与自己的脸一样年轻，就更完美了。

第二节 仪表礼仪/服饰礼仪/着装礼仪

实际案例

有一种尊重，叫衣着得体

一个人在什么场合着什么装，见什么人穿什么衣服，不仅关乎自身的形象，也关乎你对他人的尊重。

昨天约朋友吃饭，好好的一顿晚饭变成了她的吐槽宴。朋友在某知名金融公司任HR一职。现在正是找工作的旺季，去朋友公司面试的人络绎不绝。朋友本以为自己阅人无数，早已练就百毒不侵的金刚不坏之身，万万没想到在泱泱“拖鞋大军”中败下阵来。朋友嘶吼着说：“你知道面对着四五个穿着拖鞋来面试的人是一种什么感受吗？我以为自己误入了澡堂，而我就是那个搓澡的大娘！”

我安慰她：“那是GUCCI（古驰）这两年的最新款，连超模刘雯都在穿。”

朋友说：“公司需要的是杀伐决断的商场精英，不是刚从秀场下来的时尚大模，看见他们坐在椅子上，脚趾勾着拖鞋一晃一晃的样子，我觉得他们在嘲笑我，嘲笑我的工作。”

英国作家塞缪尔·约翰逊说过：“精致服装的好处是为你提供赢得尊敬需要的手段。”穿衣打扮得体其实也是一种珍贵的教养，会让与你相处的人感到舒服。这和你不大声喧哗、文明交流、行为举止得当是一样的效果。

杨澜曾说过：“虽然我们一再强调，不要过分关注一个人的外表而忽视了其内在的品质，但我们也要认识到，一个人的名字，是一个品牌。没有人有义务必须透过连你自己都毫不在意的邋遢外表，去发现你优秀的内在。”

一个衣着得体的人，必是一个严于律己的人，也是一个懂得尊重的人。

资料来源：吴清伙，陈乐群，梁传波．商务礼仪［M］．西安：西北工业大学出版社，2021：28。

案例思考

1. 你如何理解得体的着装？
2. 你认为衣着得体的基本要求有哪些？

仪表礼仪，也称“服饰礼仪”“着装礼仪”。服饰是一种无声的语言。在人与人的沟通中，服饰给人留下的印象是深刻的、鲜明的。一个商务人员的服饰是否得体，不仅能反映他的审美情趣和修养，也能反映他对其他人的态度，还关系到他所在企业的整体形象，因此必须谨慎对待。

为什么这么强调仪表美呢？理由有三个：

（1）良好的仪表能给人较好的第一印象。魔鬼的身材、漂亮的脸蛋、飘逸的长发、文雅的举止，这是美女，给人的感觉就是“看你千遍也不厌倦，看你的感觉像春天”。第一印象好不好？好。如果我们面前站着一个人，穿得像乞丐，头发像杂草，有三个月没洗澡了，有半年没换衣服了，给人的感觉就是“看你一遍就想吐，看你的感觉像噩梦”。第一印象好不好？当然不好了。

（2）良好的仪表体现着对别人的尊重。尊重对方最先体现在仪表上。两国首脑会晤，有谁会上穿一件背心、下穿一条短裤、脚踩一双皮鞋？

（3）良好的仪表有利于维护自身形象。赵本山有句经典台词，“脑袋大，脖子粗，不是大款，就是伙夫”。可见，仪表相当重要，需要我们在日常生活中高度重视。

服饰是指服装和装饰品。它是经常随身携带、穿着，并用来装饰自己的各种物品的总称，包括衣服、鞋、帽子、袜子、围巾、提包、遮阳伞、发饰、胸针、眼镜、头套、假发、公文包、手表、拐杖、各种首饰等。服饰能彰显一个人的个性，反映出一个人的修养、品位和精神面貌，同时会影响别人对他的第一印象。在决定第一印象的要素中，外表占55%，举止仪态占38%，交谈内容仅占7%。

职业着装分为两大部分，即男士职业着装和女士职业着装。

一、商务人员的着装原则

商务人员的着装应遵循以下四个原则：

1. 和谐得体原则

商务人员选择服装时，要考虑和谐得体，应使服装与自己的年龄、形体、肤色、脸形、职业等相匹配，扬长避短，美化自我，以产生良好的着装效果。

2. TPORM 原则

TPORM 由英语单词 Time（时间）、Place（地点）、Occasion/Object（场合或目的）、Role（角色）和 Message（信息）的首字母组合而成。国际通行的 TPORM 原则是有关穿着打扮最重要的原则。商务人员的着装要表现出庄重、整洁和规矩，给人成熟、干练、稳重之感。在不同的时间，商务人员的着装要注意类别、式样、造型，不能刻意猎奇、过于超前。在不同的地点，商务人员需要选择与之相协调的服饰。商务人员着装需与自己的职位、级别相符，普通职员不能穿得过于隆重或奢华。商务人员的着装能体现出个人的颜色偏好、搭配风格、品位和精神状态等。

3. “三色”原则

“三色”原则是指着装搭配色彩不宜超过三种。

职业人士在着装方面应努力做到简单清爽。色彩越多，商务形象的品位就越低。商务人员的着装必须与自己的年龄、肤色、脸形、职业等相配，要充分认识自我，从实际出发，扬长避短。

4. “三一”原则

“三一”原则是指商务人员着正装时，特别是男士，皮带、皮鞋和皮包这三样应该为同一种颜色。“三一”原则更能体现商务人员认真、严谨、务实的业务素质和处事风格，在高端商务活动中备受推崇。

二、男士西装的着装礼仪

（一）男士西装的款式分类

西装是男士通用的职业服装，也是现代社交活动中最得体的服装。许多涉外机构，包括国内一些大企业，明文规定职员不能穿短裤、休闲装上班，要求男士必须穿西服打领带。一些剧院也规定，观看者必须西装革履。男士服装的流行式样变化较小，因而应准备几套做工考究的西装以应对各种社交场合。

按版型，男士西装一般分为欧式、英式、美式和日式四类。

1. 欧式西装（也叫“意式西装”）

追本溯源：为展示男性健硕臂膀而生。

欧式西装盛行于欧洲，尤其是意大利。意大利人认为，有健硕的身体才能有健康的心灵，所以他们特别喜欢运动，千方百计地让男士的身体强壮起来，从而真正变得有责任、有担当。他们也非常喜欢做各种裸体雕塑，赤裸裸地展示八块腹肌。

典型标识：肩宽背厚的T形。

欧式西装是展示男士强壮有力臂膀的第二层皮肤。廓形上采用强调肩宽和背宽的T形（就是那种肩部很宽阔，往下收腰、收臀的既视感）。

传统款：双排扣、枪驳领（成套穿的时候，可以作为替代礼服参加重要的社交活动）。

进化版：单排扣、枪驳领。

时尚版：单排扣、平驳领（较少）。

适合的人群：身板健硕、有钱有权、有气场有魄力的人。

适合的场合：想要彰显自己权威，如年会上以主角的身份参加商务活动，想要凸显存在感和霸气。双排扣、枪驳领西装成套穿，也可以作为替代礼服，出席一些高大上的酒会、宴会。比如，电视剧《欢乐颂》里，老谭作为大老板，出席慈善晚宴时穿的就是双排扣、枪驳领西装，替代吸烟装。

代表品牌：布莱奥尼（Brioni）的定制和安普里奥·阿玛尼（Emporio Armani）的成衣。

布莱奥尼：主做高端（身材高大、有权威）商务男士定制套装，其定制不仅与商务人士身份吻合，还最会抓住客户职业、身份地位乃至心理需求等，使人一穿上就气场十足、霸气外露。价格不菲。

安普里奥·阿玛尼：主打成衣系列。“夹克之王”进军西服套装领域，虽然与其他奢侈品牌相比时间不长，但是品牌知名度上升很快。

2. 英式西装

追本溯源：儒雅绅士的腰线也是一道迷人的风景。

英式西装是欧式西装的改良版，主要盛行于英国。最早是王子伯爵穿上很收腰的西装之后，尽显完美的腰弧线。慢慢地，英式西装就流行起来，加上英国完美的裁剪工艺，身体在西装里很束缚，一旦穿上就必须时刻保持绅士的姿态，于是英国绅士的名声就传播开了……

典型标识：完美收腰合体的X形。

英式西装能很好地展示男士儒雅绅士的格调。在廓形上，采用强调完美收腰合体的X形（讲究非常精确的合体度，可不是仅仅能穿上，而是要那种一眼看上去只有“蛮腰”的视觉感）。英式西装最好系扣穿，这样才能把腰线充分体现出来。

经典传统款：平驳领、单排扣、后背开衩（为了放臀）。

适合的人群：新闻主播等身材比例均衡、儒雅知性有内涵的人。

适合的场合：体现绅士格调的时候。比如，参加企业中层管理人员会议、集团会议或者处理一些日常管理事务，需要展现正式又不会太强势的姿态时；拜访客户，想要给人庄重知性的感觉时。

代表品牌：经典老牌博柏利（Burberry）、君皇仕·吉凡克斯（Gieves & Hawkes）和登喜路（Dunhill）。

博柏利：西装绝大部分是传统经典款，英国老牌，品质禁得起岁月的考验。官网：https：//cn. burberry. com/。

君皇仕·吉凡克斯：英国老牌，主打贵族绅士风范的定制西装。官网：http：//www. gievesandhawkes. com/。

登喜路：男士服装奢侈品牌，其极致奢华的零售环境享誉国际，完美见证了 Alfred Dunhill 不断挑战、超越自我的能力。官网：https：//www. dunhill. cn/。

3. 美式西装

追本溯源：放荡不羁，热爱自由。

美式西装是从美国人那里流传过来的。美国人身体比较健硕，追求自由、放松和舒适的生活方式。有的人觉得之前的西装太束缚、太禁锢人，一点也不符合自由至上的精神，于是将西装廓形改良成直筒的 H 形，从而把美国人从窄小的西装里解脱出来。企业家大多喜欢穿美式西装，因为它宽松、舒适，身体活动不受限制。

典型标识：宽松直筒的 H 形。

美式西装展示的是男士随性放松的生活状态。由于现代人大多想要精干的感觉，所以没有收腰的 H 形比较少见，大多数都有一点点收腰。

经典传统款：平驳领、单排扣。

美式西装是直接挂在肩膀上的。中国人肩部大多不太宽阔，所以很多人穿上美式西装非常像老会计师或者教导主任，加上现在流行精明强干的男士形象，所以已经很少有品牌推出原来的款式了。

时尚改良版：虽然是单排扣、平驳领款式，但是整体变得短小，进化到夹克。

适合的人群：适合绝大多数人群。

适合的场合：需要体现领导亲和力的时候。最适合中高层管理者跟团队在一起的时候穿，如给员工做培训、聊天谈心时。中国国家机关的有关领导和企业家的西装都是宽松肥大的，主要是为了展现亲和力。

代表品牌：布鲁克斯兄弟（Brooks Brothers）、康纳利（Canali）。

布鲁克斯兄弟：美国知名男士服饰品牌，始终保持着杰出的服务、质量、风格，坚守美式传统和价值，并不断推出各种标志性产品，如泡泡纱、马德拉斯格纹、免熨衬衫等。官网：https：//www. brooksbrotherscn. com。

康纳利：之前主做公务员爱穿的传统欧式西装，近几年因换了新的设计师，风格大变。官网：http：//www. canali. com/zh。

4. 日式西装

追本溯源：专为日本男士设计的西装。

日式西装可以说是西装穿着文化的最佳改良。在山本耀司（Yohji Yamamoto）、三宅一生（Issey Miyake）这些日本顶级设计师的改良下，西装开始有了很浓重的日式味道，成为可以与欧式、英式和美式西装媲美的杰作。看上去简单普通的设计，却能给穿衣人充分展现自我的空间！

日式西装在国际上很有影响力，但非常挑人，似乎只为日本男士而生。

典型特征：缩小的、窄小的H形。

日式西装最大的特点就是窄，也称“窄式西装”，后摆无开衩，且多为单排扣，强调对身体的极大束缚。

适合的人群：冷冷艺术范、身材瘦窄、因为自信所以呈松弛状态的人。

适合的场合：一切展现艺术细胞的场合。

推荐品牌：山本耀司、三宅一生和顺美。

按适用场合的不同，日式西装可以分为日常西服、礼服西装和西服便装。

（1）日常西服。日常西服包括西装上衣（外套）、马甲、裤子三件套，俗称“套件”。一般男士正式西装最好备三件套，选用较好的毛织品或毛涤混纺织物，采用淡雅、没有明显图案的单色，做工要精细，裁剪要合体，式样可趋于保守。为了提高每套西装的利用率，可选偏暗的色彩，适用于办公室、会议、宴会等多种场合。平时上班或参加不太正式的社交活动时，可以不穿马甲，只穿套装。有条件的，不妨多备一两套西装，暗色、中性色均有，以用于不同场合。在商务场合中，多穿西装上衣、西裤两件套。如需颜色搭配，通常是上浅下深，如灰色西装配蓝色西裤，给人以重心沉稳之感。款式可采用装袖和驳领。在保持整体风格的前提下，轮廓有宽松型和紧身型的变化。日常西装多选用精纺呢绒制作，以沉着稳重的色彩为佳。在非正式场合，也可以穿粗纺呢、灯芯绒面料的西装。

（2）礼服西装。男子的礼服西装包括夜间穿的燕尾服、夜间半正式礼服、白天穿的晨礼服。礼服西装风格高贵大方、造型优雅适体、工艺挺括精致，各部件的线条、装饰都应精心设计与制作。豪华礼服西装选用优质的礼服呢制作，夏日则可选用薄型的毛织物或亚麻织物、混纺织物。在社会风尚、生活方式、日常礼仪越来越趋于简化的当今社会，男子夜间半礼服用途范围日渐广泛，成为使用较多的男士礼服。

（3）西服便装。西服便装保持了日常西装的外形，但尺寸更加宽松，面料选用范围更加广泛，如灯芯绒、水洗布、丝绸、亚麻、棉布、毛料，以及各种化纤织物、针织物、混纺织物等。西服便装的制作工艺较为简单，通常不加大衬。穿着时不必系领带，休闲自由。款式上可显示穿着者的个性，内衣可穿T恤衫，门襟纽扣可任其敞开，给人以轻松之感。

（二）男士西装穿着要领

根据西装礼仪的要求，在商务场合，男士穿着西装时应该注意以下六点：

1. 拆除商标

在西装上衣的袖口处，通常会缝有一块商标，有时还会缝上一块纯羊毛标志。在正式穿西装之前，应将它们拆除。这种做法意味着，对外宣告该西装已被启用。如果西装穿过许久之后，商标还没有被拆除，定会见笑于人，有特意以此招摇过市之嫌。拆除商标，能彰显穿衣者的低调奢华有内涵。

2. 熨烫平整

要让一套西装穿在身上显得美观大方，首先要使其线条笔直，显得平整而挺括。要做到这一点，除了定期对西装进行干洗之外，还要在每次穿之前，对其进行熨烫。千万不要疏忽这一点，脏兮兮、皱巴巴、美感全失的西装穿在身上定会贻笑大方。

欲使西装平整、美观、大方，还要做到精心呵护。无论何时何地，都不可以将西装上衣的衣袖挽上去；更不能在公共场合随心所欲地脱下西装上衣，或者把它像风衣一样披在肩上，这样会给人以粗俗之感。

3. 系好纽扣

穿西装时，上衣纽扣的系法尤为讲究。站立，尤其是在大庭广众面前起身而立时，西装上衣的纽扣要系好，以示郑重其事。就座之后，西装上衣的纽扣则大都要解开，以防其扭曲走样。只有在内穿背心或羊毛衫而外穿单排扣西服上衣时，才允许站立之际不系上衣的纽扣。

系上衣纽扣时，单排扣上衣与双排扣上衣的具体系法也不一样。系单排两粒扣式的西装上衣纽扣时，讲究"系上不系下"，即只系上边那粒纽扣。系单排三粒扣式的西装上衣纽扣时，可以只系中间那粒纽扣，也可以只系上边两粒纽扣，以示郑重。系双排扣的西装上衣纽扣时，在通常情况下，可以系上的纽扣都要系上。

4. 少装东西

西装的口袋里应尽量少装或不装东西，这样可以保证西装在外观上不走样。把西装的口袋当作百宝箱，用乱七八糟的东西把它塞得满满的，是对西装的践踏。

当然，西装的口袋有其各不相同的作用。上衣左侧的外胸口袋，除了可以插入一块用作装饰的真丝手帕外，不应再放其他任何东西。钢笔、钱夹或名片夹等可以放在内侧的胸口袋，但不要放过大过厚的东西或无用之物。外侧下方的两只口袋，原则上不放任何东西。

5. 系好领带

领带被称为"西装的灵魂"，是西装的重要装饰品，在西装的穿着中起着画龙点睛的作用。男士穿西装，特别是穿西装套装时，不打领带往往会使西装黯然失色。一套同样的西装，如果经常更换不同的领带，就会给人耳目一新的感觉。领带的质地以真丝和纯毛料为上乘。就其花色而言，使用最多的是斜条图案，系好领带后，其大箭头正好垂到皮带扣上端为宜。领带的宽度应与西装翻领的宽度相协调。领结要饱满、工整，与衬衫领口吻合。

常见的领带打法有六种，如图 2-1 所示。

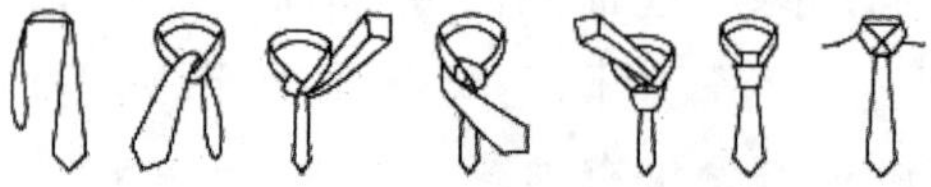

（a）温莎结（The Windsor Knot）

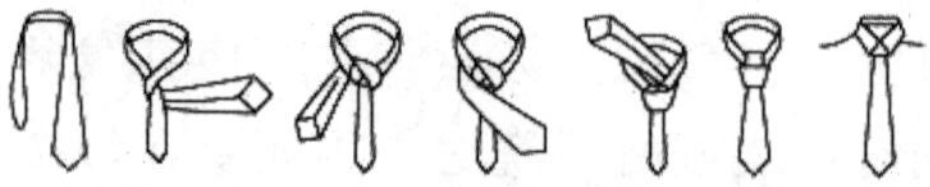

（b）半温莎结（The Half-Windsor Knot）

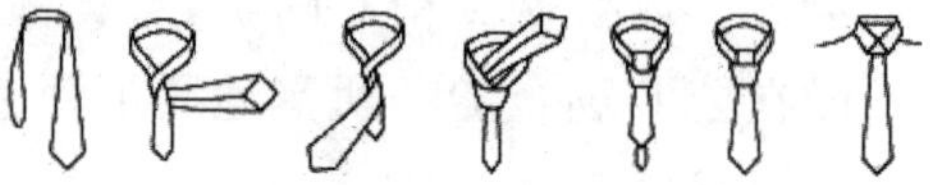

（c）四手结（The Four-in-Hand Knot）

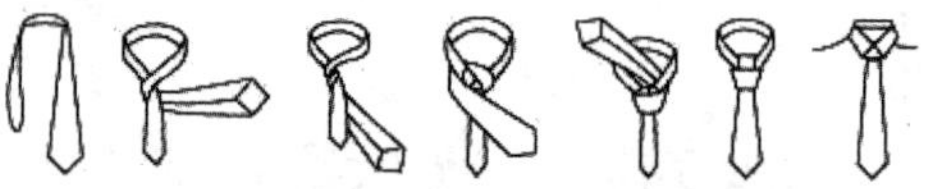

（d）亚伯特王子结（The Prince Aibert）

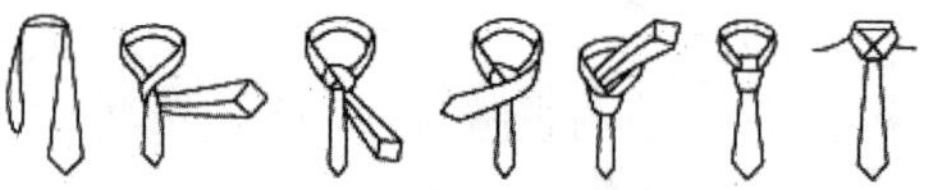

（e）浪漫结（The Cross Knot）

（f）简式结（The Small Knot）

图 2-1　常见的领带打法

6. 配上皮鞋、袜子

穿西装一定要穿皮鞋，即便是夏天也应如此。和西装搭配的皮鞋最好是系带、薄底素面的西装皮鞋。皮鞋的颜色要与服装颜色搭配，深色西装搭配黑色皮鞋。但是要注意，棕色系列的西装最好搭配深棕色皮鞋，皮鞋要上油擦亮，不留灰尘和污迹。

男士穿西装时要注意，皮鞋、皮带、皮包（公文包）的颜色最好一致。

穿西装皮鞋时，一定要穿袜子。袜子的颜色最好深于皮鞋的颜色。一般选择黑色，袜筒的长度要高及小腿，并有一定弹性。特别要强调的是，穿西装一定不能穿白色袜子。

三、女士套裙的着装礼仪

（一）女性服装的三种款式

1. 西服套裙

穿西服套裙应该注意以下四点：

（1）注重面料。西服套裙的最佳面料是高品质的毛纺和亚麻，最佳的色彩是黑色、灰色、棕色、米色等单一颜色。在正式的商务场合，无论什么季节，商务套裙都必须是长袖的。在外观上，套裙所用的面料讲究匀称、平整、滑润、光洁，不仅要有弹性、手感好，而且要不起皱、不起毛、不起球，色彩应以冷色调为主，以体现着装者的典雅端庄与稳重。套裙的色彩不宜超过两种，不然会显得杂乱无章。商界女士在正式场合穿的套裙，可以选择常规图案，也可以不带任何图案；不宜添加过多的点缀，一般而言，以贴布、绣花、花边、金线、彩条、亮片、珍珠、皮革等点缀或装饰的套裙不适宜商界女士穿着；上衣尺寸不宜过长，下裙不宜过短，裙子下摆恰好到小腿最丰满处是最标准、最理想的裙长；紧身式上衣显得较为正统，松身式上衣会显得时髦一些。在造型上，H 形上衣较为宽松，裙子多为简式；X 形上衣多为紧身式，裙子多为喇叭式；A 形上衣为紧身式，裙子则为宽松式；Y 形上衣为松身式，裙子多为紧身式，并以筒式为主。套裙款式的变化主要体现在上衣和裙子上。上衣的变化主要体现在衣领方面，除常见的平驳领、驳领、一字领、圆状领外，还有青果领、披肩领、燕翼领等。裙子的式样常见的有西装裙、一步裙、筒式裙等，款式端庄、线条优美；百褶裙、旗袍裙、A 字裙等，飘逸洒脱、高雅漂亮。

（2）选择和套裙配套的衬衫。与套裙配套穿着的衬衫，有不少讲究。从面料上讲，要求轻薄而柔软，如真丝、麻纱、府绸、罗布、涤棉等。从色彩上讲，则要求雅致而端庄，不失女性的妩媚。除了作为“基本型”的白色外，其他各式各样的色彩，包括流行色在内，只要不是过于鲜艳，并且与所穿套裙的色彩不相排斥，均可选择。不过，还是以单色为最佳之选。同时，要注意衬衫色彩与所穿套裙色彩的搭配，要么外深内浅，要么外浅内深，形成两者的深浅对比。

（3）选择和套裙配套的内衣。一套内衣往往由胸罩、内裤以及腹带、吊袜带、连体衣等构成。内衣应当柔软贴身，起到支撑和烘托女性线条的作用。鉴于此，在选择内衣时，最关键的是要使之大小合适。内衣所用的面料，以纯棉、真丝等为佳。内衣的色彩可以是常规的白色、肉色，也可以是粉色、红色、紫色、棕色、蓝色、黑色。不过，一套内衣最好同为一色，其各个组成部分也为单色。就图案而论，着装者完全可以根据个人喜好加以选择。内衣的款式很多，在进行选择时，应当特别注意的是，穿上内衣之后，不应使它的轮廓一目了然地在套裙之外展现出来。

（4）选择合适的鞋袜。选择鞋袜时，首先要注意其面料。女士所穿的与套裙配套的鞋子，宜为皮鞋，并且以牛皮鞋为上品。所穿的袜子可以是尼龙丝袜或羊毛袜。鞋袜的色彩有许多特殊的要求。与套裙配套的皮鞋，以黑色最为正统。此外，也可选择与套裙色彩一致的皮鞋。但是，鲜红色、明黄色、艳绿色、浅紫色的鞋子，最好莫试。穿套裙时所穿的袜子，一般为肉色、黑色、浅灰色、浅棕色等，宜为单色。多色袜、彩色袜，以及白色、红色、蓝色、绿色、紫色等单色袜，都是不适宜的。在与套裙搭配穿时，要注意鞋袜的款式。与套裙配套的鞋子，宜为高跟、半高跟的船式皮鞋或盖式皮鞋，不宜选择系带式皮鞋、丁字式皮鞋、皮靴、皮凉鞋等。高筒袜与连裤袜，应以套裙的标准搭配。中筒袜、低筒袜，不宜与套裙同时穿。

2. 女士连衣裙

连衣裙是上衣和裙子的结合体，不但能展现女士特有的恬静与妩媚，而且穿着便捷、舒适。连衣裙也可与西装外套等组合搭配，以提高服装的使用率。连衣裙的造型丰富多样，有前开襟的、后开襟的、全开襟的和半开襟的，有紧身的、宽松的，有喇叭形的、三角形的、似三角形的，有无领的、有领的，有方领的、尖领的、圆角领的，有超短的、过膝的、拖地的，等等。它们为各种身材的女士在不同场合提供了大量的选择。

穿连衣裙时，可结合个人爱好、流行时尚而定，但社交场合穿的连衣裙应以大方典雅为主，单色连衣裙在大多数场合效果都很好，点、条、格等面料的连衣裙图案要力求简洁。穿连衣裙时要注意避免两点：一是受潮流影响，穿着太流行或趋于怪异的衣裙，会使人显得俗不可耐或荒诞不经；二是不顾及环境而穿着过低的领口、过紧的衣裙、过透的面料，会使人感到极不雅观。正所谓“酌奇而不失其真，玩华而不坠其实”。

3. 女士旗袍

旗袍是一种公认为最能体现女性曲线美的服装，源自满族旗袍。我国是有着 300 余年旗袍历史的国度。近年来，旗袍带着一股从未有过的震撼力影响着世界各地女性的穿着。它像一种特殊的世界语，迅速被各种族的人接受，打破了只有东方女性才适合穿着的传统论断，因而旗袍也可作为礼服。旗袍一般采用紧扣的高领，贴身，身长过膝，两旁开衩，斜式开襟，袖口至手腕上方或肘关节上端的款式，面料以高级呢绒绸缎为主，配以高跟鞋或半高跟鞋。

（二）女性首饰的佩戴

1. 首饰佩戴礼仪总体要求

严格来说，首饰是指那些功能单一的装饰品，如戒指、耳环、项链、胸针等。首饰佩戴礼仪总体要求如下：

（1）讲究“三不戴”，即妨碍工作的首饰不戴，炫耀财力的首饰不戴，过于突出个性的首饰不戴。

（2）男女有别。从某种意义上讲，首饰是女性的“专利”，除结婚戒指等极少数首饰外，男性通常不宜在正式场合佩戴过多首饰。

（3）遵守成规，以少为佳。一般而言，身上的首饰总量不宜超过 3 种，每种不宜超过 2 件。应尽量选择质地、色彩基本相同的首饰。首饰的风格应与其他衣饰的风格保持一致。

2. 首饰的佩戴方法

（1）戒指的戴法。在距今4000多年的古代中国，就有了佩戴戒指的历史记载。在原始社会时期，骨质、石质、角质等古朴材质的指环和其他古老的装饰物，是古代先民们智慧的结晶。

我们先来看一下戒指最初的含义。中国人对物品的命名向来是极为讲究的。戴在手指上的环状物为什么叫作“戒指”？从字面的意思来看，就是“戒于指上”。“戒”字有禁戒之意，即戒指可能是用以起禁戒作用的标志物。因此，古代戒指的含义与今天作为装饰品以及现代男女间爱情信物的意义有很大的区别。

其实，戒指在古代中国的宫廷里的确是一种禁戒或戒止的标志。它最初是用来记事的。所记何事呢？在古代中国的宫廷中，当后宫女子被皇上选中侍寝时，宦官就记下其被君王临幸的日期，并在其右手上戴一枚银戒指作为记号。当该女子有了身孕或在其他情况下不能接近君王时，宦官就会在其左手上戴上一枚金戒指，以禁戒君王的临幸。如此，戒指就成为宫中后妃嫔妾用以避忌的特殊标记。

戒指传到民间，就是取了宫中禁戒之意。因其美观、高贵、典雅，久而久之便成了人人都可以佩戴的装饰品。

戒指戴在不同的手指上，含义不同。按照国际惯例，拇指通常不戴戒指，其余四指戴戒指的寓意分别是：食指表示求爱或求婚，中指表示正在热恋中，无名指表示已婚，小指表示是单身或独身主义者。

一根手指不要戴多枚戒指，一只手不要戴两枚以上的戒指。想在两根手指上戴戒指，最好是选择相邻的两根手指。

戴薄纱手套时如果要戴戒指，应戴在手套里面，只有新娘才可以戴在手套外面。结婚戒指一般戴在左手无名指上。

（2）项链、耳饰、手镯、手链的戴法。男女都可以佩戴项链，但男士所戴的项链一般不外露。耳饰有耳环、耳链、耳针、耳坠等，仅限女士使用，并且讲究成对使用，也就是说，每只耳朵上佩戴一只。在工作场合，不要一只耳朵上戴多只耳饰。手镯和手链都是佩戴于手腕上的饰物，但佩戴的方法有所不同。一般情况下，手镯可以戴一只，也可同时戴两只。戴一只时，通常戴在左手上，表明佩戴者已经结婚。戴在右手上，表明佩戴者是自由而不受约束的。戴两只手镯时，可一只手戴一只，也可同时戴在左手上。在工作场所，通常不戴手镯，尤其是窗口行业，如民航售票处、商店、餐饮业等的服务人员。男女均可佩戴手链，但仅限戴一条，并且应戴在左手上。一只手上同时戴两条手链，双手同时戴手链，或手镯、手链同时佩戴，都是不适宜的。此外，手表与手镯、手链不能同时戴在一只手上。

（3）胸针、手表的戴法。男女都可以佩戴胸针。穿西装的时候，应将胸针别在左侧领子上。穿无领上衣时，应将胸针别在左侧胸前。在工作中，如果要求佩戴身份牌或本单位证章、徽记上岗，则不应同时佩戴胸针。在正规社交场合，手表往往也被视为首饰。它是一个人身份、地位、财富状况的象征。

(4) 腰带、围巾、帽子、手套的戴法。腰带主要起装饰作用。男士的腰带一般比较单一，质地大多是皮革的，没有太多装饰。女士的腰带通常很丰富，质地有皮革的、编织物的和其他纺织品的，款式多种多样。围巾在春冬季节使用较多。它要和衣服、季节相协调。厚重的衣服可以搭配轻柔的围巾，但轻柔的衣服不能搭配厚重的围巾。围巾与大衣适合在室外或部分公共场所佩戴和穿着，到了室内则应及时摘掉或脱掉，否则会让人感到压抑。帽子可以起到御寒、遮阳和装饰的作用。一般男士进入房间就应摘掉帽子，而女士的限制则少一些，在公共场所也可以不脱帽。当自己作为主人在家里宴请客人时，不宜戴帽子。在西方的传统服饰中，手套曾经是必不可少的配饰。现在，不管在哪里，手套除了御寒以外，还有保持手的清洁和防止手被太阳暴晒的作用。

四、中国传统服饰

（一）汉服

汉服，全称“汉民族传统服饰”，又称“汉衣冠”“汉装”“华服”，是从黄帝即位到17世纪中叶（明末清初），在汉族的主要居住区，以“华夏—汉”文化为背景和主导思想，以华夏礼仪文化为中心，通过自然演化而形成的具有独特汉民族风貌，明显区别于其他民族的传统服装和配饰体系，是中国“衣冠上国”、“礼仪之邦”、“锦绣中华”、赛里斯国的体现，承载了汉族的染、织、绣等杰出工艺和美学，传承了30多项中国非物质文化遗产以及受保护的中国工艺美术。

与“汉人”一词类似，“汉服”中“汉”字的词义外延也经历了由汉朝扩大到整个民族指称的过程。例如，《马王堆三号墓遣册》关于“汉服”最早的记载“简四四‘美人四人，其二人楚服，二人汉服’”中的“汉服”是指汉朝的服饰礼仪制度，即《周礼》《仪礼》《礼记》里的冠服体系；成书于唐朝的《蛮书》记载，“初袭汉服，后稍参诸戎风俗，迄今但朝霞缠头，其余无异”，其中“汉服”是指汉人的服饰礼仪制度。

汉服“始于黄帝，备于尧舜”，源自黄帝制冕服，定型于周朝，并在汉朝依据“四书五经”形成完备的冠服体系，成为神道设教的一部分。因此，后来各个华夏朝代均宗周法汉以继承汉衣冠为国家大事，于是有了二十四史中的《舆服志》。“黄帝、尧、舜垂衣裳而治天下，益取自乾坤”，是说上衣下裳的形制取自天意，是神圣的。汉服还通过华夏法系影响了整个汉文化圈，亚洲的日本、朝鲜、越南、蒙古、不丹等国家的服饰均具有或借鉴了汉服的特征。

1. 汉服的基本结构

汉服采用幅宽二尺二寸的布帛剪裁而成，且分为领、襟、衽、衿、裾、袖、袂、带、袚等部分。取两幅相等长度的布，分别对折，作为前襟后裾，缝合后背中缝。前襟无衽即为直领对襟衣。若再取一幅布，裁为两幅衽，缝在左右两襟上，则为斜领右衽衣。前襟后裾的中缝称为“裻”，即督脉、任脉，衽在任脉右侧，故称“右衽”。裾的长度分为腰中、膝上、足上。根据裾的长短，汉服有三种长度：襦、裋、深衣。袖子与襟裾的接缝称为“袼”，袖口称为“祛”。一套完整的汉服通常有三层：小衣（内衣）、中衣、大衣。

2. 交领右衽

衽形汉服中左侧的衣襟与右侧的衣襟交叉于胸前的时候，就自然形成了领口的交叉，所以形象地叫作“交领”；交领的两直线相交于衣中线左右，符合传统文化的对称学，显出独特的中正气韵，也寓意做人要不偏不倚。如果说汉服体现“天人合一”思想，那么交领即代表天圆地方中的地，地即人道，即方与正。袖子是圆袂，代表天圆地方中的天圆。这种天圆地方学在汉服上的体现也是中国古代文化的组成部分。

汉服的领型最典型的是“交领右衽”，就是衣领直接与衣襟相连，衣襟在胸前交叉，左侧的衣襟压住右侧的衣襟，在外观上表现为“Y”字形，形成整体服装向右倾斜的效果。衽，本义衣襟。左前襟掩向右腋系带，将右襟掩覆于内，称“右衽”，反之称“左衽”。这就是汉服在历代变革款式上一直保持不变的“交领右衽”传统，也和中国历来的“以右为尊”的思想密不可分，这些特点都明显有别于其他民族的服饰。

除交领外，还有直领和盘领。直领就是领子从胸前直接平行垂直下来，而不在胸前交叉，有的在胸部有系带，有的则直接敞开而没有系带。这种直领的衣服，一般穿在交领汉服外面，罩衫、半臂、褙子等日常外衣款式中经常运用。盘领是男装中比较多见的一种款式，领型为盘子状的圆形，也是右衽的，在右侧肩部有系带，在汉唐官服中采用。日常服中也有盘领款式。

3. 褒衣广袖

汉服自古礼服褒衣博带、常服短衣宽袖。与同时期西方的服装相比，汉服具有不可争辩的优异性。当西方人用胸甲和裙撑束缚女性身体发展时，宽大的汉服已经实现了放任身体随意舒展。

汉服的袖子又称“袂”，其造型在整个世界民族服装史上都是比较独特的。袖宽且长是汉服中礼服袖型的一个显著特点，但并非所有的汉服都这样。汉服的礼服一般是宽袖，显示出雍容大度、典雅、庄重、飘逸灵动的风采。一直以来，汉服袖子的标准样式就是圆袂收祛（袖口），从先秦到汉朝的实物，无一例外都是如此。除了唐代以后在常服中有敞口的小袖外，汉服袖的主流依然是圆袂收祛。

“袖宽且长”是汉服礼服袖型的主要特点，但不是唯一的特点，汉服的小袖、短袖也比较多见。小袖、短袖主要有这几种用法：参与日常体力劳动的庶民服装、军士将领的戎服、紧袖保暖的冬季服装等。历史上各朝代的经济文化和审美不同，在袖型上也有不同的表现。比如，汉唐时期贵族礼服多用宽广大袖，宋明时期的常服褙子多用小袖。

4. 系带隐扣

汉服中的隐扣，包括有扣和无扣两种情况。一般情况下，汉服是不用扣子的，即使有用扣子的，也是把扣子隐藏起来，而不显露在外面。汉服一般就是用带子打个结来系住衣服，在腰间还有大带和长带，所有带子都是用制作衣服时的布料做成的。一件衣服的带子有两对，具有实用性，左侧腋下的一根带子与右衣襟的带子是一对，右侧腋下的带子与左衣襟的带子是一对，将两对带子分别打结系住完成穿衣过程。

腰间的大带和长带，不仅有实用性，而且有装饰性，还具有象征意义，即象征着权力。汉服的大带与和服大带相比，和服的更宽。

（二）唐装

唐装即唐制汉服，其种类多样。传统的襦裙装在初唐时期比较流行，基本上沿袭了自东汉以来华夏妇女传统的上衣下裳制。人们常说的“衣裳”二字，其实衣是衣、裳是裳，衣是上身穿的，裳是指现代所说的裙子，衣与裳是分开的。这种妇女的服饰不是连衣而是分两截的穿法一直延续到明末时期。上衣的穿法基本上是右衽交领或对襟系上带结，下面的裙子围起来系上长长的裙带，上衣或者掖里面或者自然松散着，后来这种松散的上衣不断加长，一直覆到膝盖部，就成了明代的褙子。外面直接套上罩衫。罩衫一般很华丽，基本上都是拖摆至地，有的长达几米，比如，有的袖阔 4 尺，裾曳地达到 5 尺。因此，和后来的欧洲一样，衣摆的长短决定了妇女的身份地位。罩衫一般是广袖的，广袖就是人们常看到的宽大的袖子，唐代的广袖基本呈方片形，类似今天的和服袖子。还有一种晚唐时期的礼服，为宫廷命妇所着，称为“钗钿礼服”。

到了中晚唐时期，服装中加强了华夏的传统审美，开始复古，从以显示女子身材为主逐步恢复到秦汉那种宽衣大袖、飘逸如仙的风格，服式越来越肥，这种风格定型后一直影响着后期华夏女装的设计理念，即宽松、随体肥大，这在后来也成了礼教所要求的，柔和自然，无形无欲。

中晚唐时期的女装华丽大气，类似于礼服，里面直接穿抹胸——抹胸原本是内衣，在唐代和裙子结合成一体，它不系腰带，宽松自然，是中晚唐时期女装向古代礼仪服饰过渡的进一步证明。这种款式一层叠一层，层数繁多，厚重拖摆，穿起来很麻烦：首先，穿上很多层广袖上衣，层层压叠着；其次，围上超大拖地的厚重裙子，即著名的“唐裙”；最后，在外面套上宽大的广袖上衣。这种服饰虽然烦琐，但富有层次感，给人稳重的感觉。

（三）中山装

1. 起源

关于中山装的起源，有以下三种说法：

第一种说法是，孙中山在日本活动期间委托华侨张方诚设计了中山装的草图，返回上海后于 1916 年让荣昌祥裁缝王才运依图生产。《申报》1927 年 4 月 20 日第 17 版有一则软广告《中山装之盛销》:"南京路新世界对面荣昌祥，为制造中山装之首创家，手工既能讲究，式样又极准确，现应潮流之趋势，欲求普及起见……"该说法的另一支流则说，1919 年，孙中山先生在上海居住时，有一次，他将一套已经穿过的日本陆军军服拿到亨利服装店请裁缝改成"便服"，改成"便服"后仍有点像英军制服。但在便服中，它既非"唐装"，更非"西装"，店员便为之起名为"中山装"。当时的中山装背面有缝，后背中腰有带，前门襟钉 9 个纽扣，上下口袋都有"胖裥"。

第二种说法是，孙中山于 1923 年在广州就任海陆军大元帅时，感到西装不但式样烦琐，穿着不便，而且不大适应当时中国人民在生活、工作等方面的实用要求，而中国原来的服装（对襟式短衫褂，大襟式长衫等）既不能充分表现当时中国人民奋发向上的时代精神，在实用性上也有类似西装的缺点，于是主张以当时在南洋华侨中流行的"企领文装"上衣为基样，在企领上加一条反领，以代替西装衬衣的硬领。这样一来，一件上衣便兼有西装上衣、衬衣和硬领的作用。孙中山还主张将"企领文装"上衣的三个暗袋改为四个明袋，下面的两个明袋裁制成可以随着放进物品多少而涨缩的"琴袋"式样。孙中山表示，这样改革衣袋，为的是让衣袋放得进书本、笔记本等学习和工作的必需品，衣袋上再加上软盖，袋内的物品就不易丢失。最终，孙中山请裁缝黄隆生帮助一同规划和负责缝制，顺利地制成了世界上第一套中山装。孙中山是广东人，广东人向来视南洋为第二故乡，南洋"企领文装"与广东便服十分相似，因此产生一种广东版的中山装比较靠谱。《北洋画报》1929 年 5 月 14 日第 318 期上妙观的《中山装之起源》中谈道："曰：'昔先总理在粤就大元帅职后，一日，拟检阅军队，欲服元帅装，则嫌其过于隆重不适于时，西服亦无当意者，正检阅行箧中，得旧日在大不列颠时所御猎服，颇觉其适宜，于是服之出，其后百官乃仿而制之，称之曰中山装，至今式样已略有变更，非复先总理初时所服者矣。'云云……其说当不虚也。"

第三种说法是，中山装源于学生装。中国早期的学生装多仿效日本学生装，而日本学生装用的是日本海军装，日本海军装又是学的欧洲军装。孙中山在日本多年，喜欢穿日本学生装。1926 年 11 月，《良友》画报出《孙中山先生纪念特刊》时，刊登的孙中山照片介绍说："先生喜服学生装，今人咸称为中山装。"《申报》1926 年 5 月 5 日第 21 版消息《三友实业社职员改装》:"其服制分甲乙二种，甲为中山装，即学生装，乙为世界装。"甚至在一些重大时政新闻中，也作如是观。《申报》1928 年 7 月 19 日第 8 版《蒋昨续在北大讲演》中说："今日九时半，蒋学生装到北大对各界讲演，听众千余，首讲打倒军阀……"作为孙中山的继承人，蒋介石穿的当然是最正宗的中山装，可是报章也直书其为"学生装"。

此外，也有人指出，中山装主要参考的是中国地方便服。源出中国说又分为广东便服说和宁波便服说。两者均认为，中山装是以中国地方便服为基础，加入西装的硬领及多袋等特色而成。《中华文化习俗辞典》折中南洋华侨说及中国说如下："孙中山参照中国原有的衣裤特点，吸收南洋华侨的企领文装和西装样式，本着适于卫生、便于动作、易于经济、壮于观瞻的原则，亲自主持设计，由黄隆生裁制出的一种服装式样。”

2. 政治寓意

由于孙中山的提倡，也由于它的简便、实用，自辛亥革命起，中山装流行起来。1912 年，中华民国政府通令将中山装定为礼服，修改中山装造型，并赋予其新的含义。立翻领（最早是立领），对襟，前襟五粒扣，四个贴袋，袖口三粒扣，后片不破缝，这些形制其实是有讲究的（见图 2-2）。根据《易经》、周代礼仪等，这些形制寓意如下：其一，衣服前的四个兜分别代表礼、义、廉、耻；其二，门襟五粒纽扣分别代表立法权、司法权、行政权、考试权和监察权，这就是五权分立；其三，左右袖口的三粒纽扣表示“三民主义”（民族主义、民权主义、民生主义）与共和（平等、自由、博爱）的理念；其四，后背不破缝，表示国家和平统一之大义；其五，衣领定为翻领封闭式，彰显严谨治国的理念。

在民国十八年（1929 年）制定民国宪法时，曾规定一定等级的文官宣誓就职时一律穿中山装，以表示遵奉先生之法。

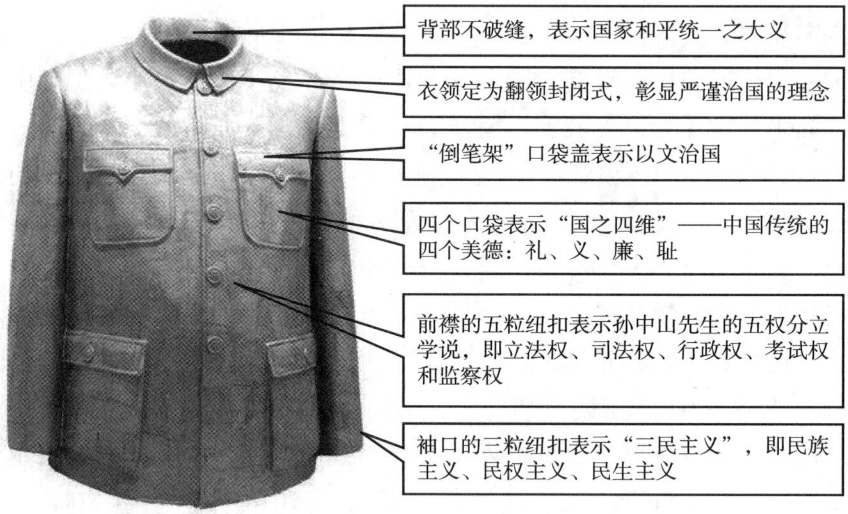

图 2-2　中山装的政治寓意

3. 注意事项

中山装的优点很多，主要是造型均衡对称，外形美观大方，穿着高雅稳重，活动方便，保暖护身，既可做礼服，又可做便装。其缺点是领口紧、卡脖子等。中山装可以凸显男人的沉着老练和稳健大方，增添儒雅之气。改良后的中山装色彩很丰富，除常见的黑色和灰色外，还有驼色、白色和蓝色等。在不同场合，颜色的选择也不一样。做礼服用的中山装色彩要庄重，而做便服用时，色彩则可以鲜明活泼一些。如果不是特别正式的场合，则可以随意一些。中山装可以搭配亮色的衬衫，衬衫领可外露一些白色，但不宜露得太多。在穿着时，要注意中山装传递出的意蕴与其人生态度相吻合，要把风纪扣弥合。有人图一时的舒适而敞开领扣，这样有失风雅和严肃。

4. 历史价值

中山装的诞生，结束了中国几千年来袍服制一统天下的局面，颠覆了中国人原有的关于传统服装与身体空间的观念。中山装的流行，也代表着服装平等化观念的出现，是中国服装发展史上的一场革命。

中山装对于引导人们形成共同的政治、思想、文化理念与情感认同起到了积极作用。中山装的推广与流行，促成了中国传统袍式服装向西方短式服装的转型，改变了中国人“交领右衽，上衣下裳”的服饰习惯，也改变了中国人对服装的审美习惯与实用标准。中山装不仅作为一种政治服装流行全国，而且作为中西文化融合的服装深受国人喜爱。中山装是爱国、进步、文明的象征，更是继承孙中山遗志的象征，满足了近代中国人意欲表达的政治情感，引起了思想共鸣，这是中山装能够流行的社会思想基础。

中山装是中国现代民族国家建构过程中出现的具有特别意义的服装，既能体现民族性，又能体现现代性。与此同时，它成为体现群体意识的符号，具有独特的社会文化价值。正因如此，中山装的推广与流行和中国近代民族国家建构进程同步，而其内在民族主义特性与“孙中山符号”一样具有持久的生命力，中山装因此流行于民国时期。

中山装穿着简便、舒适、挺括，曾一度被世界公认为中华人民共和国的“国服”。中山装作为中国人一度推崇的常式礼服，承载着一种文化、一种礼仪、一份民族自尊和自豪感。

（四）旗袍

1. 起始时间

论及旗袍风尚的起始时间，通常认为在20世纪民国时期，郑逸梅先生即称“原来女子在清代穿短衣，不穿旗袍，旗袍在民国后始御之”。至于具体年份，以往的研究相对比较含糊。周锡保先生和张爱玲女士均以为旗袍的流行在1921年以后，周氏还以1923年的画报等资料推断，旗袍在当时的上海数十人中不过一二。事实上，以当时上海新闻界对社会现象的敏感程度，一种新式样的风行必然引起广泛的关注，但是在1925年5月以前的《申报》等报纸上很难查到有关旗袍的文字，而大量资料为旗袍在1925年的出现提供了佐证。在作为旧帝都的北京，也有记载表明旗袍时尚始于1925年。因此，将旗袍流行的起始时间视为1925年较为合理。

2. 样式起源

旗袍的样式起源，在学术界争论很多，主要观点如下：

第一种观点以周锡保先生《中国古代服饰史》为代表，认为旗袍是从清代旗女的袍服直接发展而来的。但也有学者认为："民国旗袍虽然具有类似于旗女之袍的形式，却不再具有旗女之袍的含义，如果完全认为民国旗袍是直接由旗女之袍发展而来，未免有失偏颇。"

第二种观点以袁杰英教授的《中国旗袍》以及包铭新教授的《中国旗袍》《近代中国女装实录》为代表，认为旗袍和旗装袍有一定继承关系，但同时他们认为旗袍的源头应是西周麻布窄形筒装或先秦两汉的深衣。江南大学崔荣荣、张竞琼教授也在著作《近代汉族民间服饰全集》中说："有些人质疑旗袍是满族服饰……我认为这些认知是片面和表面化的，汉族的袍服已有2000多年的历史，而满族的袍和褂的历史渊源又从哪里来的呢？答案我想很容易得到。"国学大师章太炎也认为："昔诸葛亮造筒袖铠……满洲之服，其筒袖铠之绪也。"他将满族服饰的源头追溯到三国时期的蜀汉服饰。

第三种观点以王宇清的《历代妇女袍服考实》为代表，认为中国妇女所穿的袍，远溯周、秦、汉、唐、宋、明时代，并不是只有清代旗女才穿袍服。他认为，旗女之袍对民国旗袍有影响，但两者之间并没有直接的继承关系，因此民国旗袍称为"旗袍"并不合适。他倡导将旗袍改名为"祺袍"，并把"台北旗袍研究会"改名为"台北祺袍研究会"。多年来，台湾服装界人士一直呼吁为"祺袍""正名"。

第四种观点以卞向阳教授的《论旗袍的流行起源》为代表，认为旗袍是中国服装传统的西化变异。它既融合了旗袍马甲和文明新装的特点，又结合了西式裙装的搭配形式，有西方流行的影子，不同于中国传统袍服，具有鲜明的中国特色和时代象征，可谓中西服饰交融的设计典范。他同时认为，"旗袍"名称的起源是一种"误称"，因为较早倡导旗袍的都是都市中受西学影响较深、追求男女平等、反对封建礼教的新女性、学生等。她（他）们绝大多数是汉人，她（他）们的祖先在清初经过流血抗争才为汉族妇女取得不穿满式服装的权利，她（他）们不可能去复辟帝制时代的还是异族压迫者的服饰，所以旗装袍在民国复辟的条件并不具备。

民国时"旗袍"的称呼之所以会流行开，是因为整个清代，汉族女装依然保留了汉族女性传统的上衣下裳制。除了贵族命妇礼服外，寻常女子一般并不穿袍服，而旗女，不论贵族女性礼服还是寻常女子的日常服饰，都是袍服。因此，在长达300年的潜移默化下，普通人已经习惯了"女子穿袍=旗女之袍"的历史记忆，所以在民国旗袍开始出现的时候会给普通人一种这是"旗袍"的联想。实际上，民国旗袍首倡群体并不承认"旗袍"这个称呼，而是"只叫它做长衫、长衣或长袍，与男性服装混为一词。1926年2月27日上海《民国日报》有短文《袍而不旗》，提议改称'中华袍'。又有人提议叫做祺袍的，但兜兜转转的，最后还是叫回旗袍了"。

据《"旗袍"和"祺袍"称谓考证》考据：民国官方文件、信函、公文以及学校教材中尽管出现了与时传"旗袍"一致样式的服装，但并没有出现"旗袍"称谓，而是多用"女子礼服——衣"等称谓。因此，"旗袍"并非官方称谓，而是民间约定俗成的叫法。

第五种观点认为旗袍源自袄裙。1940年1月的《良友》画报记述，短袄长裙经过旗袍马甲的演变，最终形成旗袍，民国学者曹聚仁、李寓一也持有同样观点。

第六种观点认为女子穿旗袍是蓄意模仿男子着装、醉心于男女平权的结果。

3. 旗袍的概念

“旗袍”是专指民国出现的旗袍，还是包括清代“旗人之袍”或“旗女之袍”，和旗袍起源样式一样，在学术界颇有争议。

众所周知，旗袍在“文革”期间被当成“四旧”“封、资、修”的象征，导致对于旗袍的研究在学术界成了禁区，直到改革开放以后，对旗袍的研究才在大陆学术界逐渐多了起来。

改革开放早期，基于政府提倡的“中华民族是一家”政策，同时为了证明旗袍具有悠久的历史和高贵的出身，研究旗袍的学者有意识地把民国旗袍和清代旗人服饰联系起来。“旗袍概念，包括清代旗人之袍或旗女之袍的观点并非特别之多，但也自成一派。”比如，《辞海》中有关于旗袍的注解：“旗袍，原为清朝满族妇女所穿用的一种服装，两边不开衩，袖长八寸至一尺，衣服的边缘绣有彩绿。辛亥革命以后为汉族妇女所接受，并改良为直领，右斜襟开口，紧腰身，衣长至膝下，两边开衩，袖口收小。”又如，郁风的观点：“旗袍，顾名思义，是指清朝满人入关前后八旗妇女的衣袍，即以满蒙为主体的关外妇女的常服……这种旗袍主要在北方流行，南方妇女仍多数沿袭明朝风俗习惯，穿着较长的上褂，下露长裙。”再如，袁杰英的观点：“旗人的常装与军装不同，一般是袍服……一直是以简约的直身为基本样式，均称旗袍。”“旗袍在清代是男女通用的衣着，只是在穿着风格上略有不同，官制与民用在选料、配饰方面加以区别而已。”

“旗袍”概念包括清代“旗人之袍”或“旗女之袍”的观点，从一开始就在学术界受到质疑。“在整个清代浩瀚的文献中，‘旗袍’一词从未出现，在清代，旗人称呼自己所服袍服为旗服或旗装，满语称呼为‘衣介’。‘旗袍’二字作为一个具有特定意义的词出现，最早见于1918年沈寿口述、张謇笔录的《雪宧绣谱》一书中：‘绷有三：大绷旧用以绣旗袍之边，故谓之边绷。’这里的旗袍是作为一个特定的指代某种刺绣服饰的名词。”

当今学术界主要的观点是，“旗袍”指民国旗袍，是在民国时期发展成熟并形成较稳定形态的女子袍服，以下列出其中具有代表性的几种观点：

周锡保在《中国古代服饰史》一书中描述：“满族妇女的长袍……这种长袍开始时极为宽大，后来渐变为小腰身，其时间已接近于辛亥革命前夕。这种长袍，到后来却演变成为汉族妇女的主要服饰之一，即后来称之为旗袍者。”

包铭新在《中国旗袍》一书中也对这个问题做了专门的阐述：“把旗袍视为旗人之袍或旗女之袍，虽看似无大错，却难免有望文生义之嫌，旗袍的内涵要比旗人之袍或旗女之袍丰富得多。广义地可以说旗袍经历了清代旗女之袍、民国时期的新旗袍和当代时装旗袍三个时期的发展，其中以民国时期的新旗袍最为典型也最为重要。狭义地说，旗袍就是民国旗袍，当然也可以包括民国以后基本保持民国旗袍特征的旗袍。”

卞向阳在《论旗袍的流行起源》一文中说道：“所谓‘旗袍’，指衣裳连属的一件制服装（One-Piece Dress），同时，它必须全部具有或部分突出以下典型外观表征：右衽大襟的开襟或半开襟形式，立领盘纽、摆侧开衩的细节布置，单片衣料、衣身连袖的平面裁剪等。尽管有观点认为旗袍包含清代旗装的袍和民国女性的袍，但是通常意义上的旗袍，一般是指20世纪民国以后的一种女装式样。”

在民国时期的杂志上，也有许多关于“旗袍”概念的讨论，如1937年《现代家庭》杂志上署名昌炎的作者撰文《十五年来妇女旗袍的演变》，写道：“什么是旗袍，可说是民国纪元后适合新时代中华女子经变演出来的一种新产物，也可以说是，中国女子仿制以前清旗女衣着式样的一件曾经改制的外衣。”

五、着装的色彩搭配

商务人士在出席不同的场合时，应根据礼仪的需要和自身特点，选择适当的服装颜色进行合理搭配。我们常说：“没有不美的色彩，只有不美的搭配。”人们往往会看到同一套衣服，不同的人来搭配，产生的效果截然不同。

（一）色彩搭配的基本方法

无论男女，着装时都应注意色彩的搭配。

1. 统一法

统一法，就是使用同一色系，根据其明暗、深浅不同来进行搭配，从而产生一种和谐美，注意不能衔接太生硬，应尽量过渡自然。

2. 对比法

对比法，即用对比色搭配，如黑色与白色、红色与黑色、黄色与蓝色等。

3. 调和法

调和法，即用相近的颜色搭配，如红色与橙色、绿色与蓝色，配色明度、纯度应该有所差别，可以一种色深一些，另一种色浅一些。

（二）色彩的主要搭配

1. 万能色

色彩中的黑、白、灰是“万能色”，能与任何颜色搭配，尤其是永恒的黑色与白色，年年都不落伍。许多世界著名时装大师都以黑色、白色为主题创造了时装的理想世界。

2. 其他色

有些色彩的组合对大多数人来说是非常实用且别致的，如红色与黑色、白色、深蓝色搭配，黄色与黑色、绿色搭配，蓝色与白色、黄色搭配，粉红色配浅蓝色，黄褐色配白色，黑色配浅绿色等。

（三）色彩搭配的技巧

（1）应根据肤色、身材、体形来确定颜色。比如，中国人是黄种人，应避免穿暗黄色、土黄色、紫色等颜色的衣服，因为这些颜色会使黄皮肤看上去显得衰老、不健康。又如，体形较胖的人应尽量避免穿浅色、花色，深颜色会给人收缩感。

（2）要善于调节主色、补色、突出色三者的关系。比如，穿西服套装，以西服套装的颜色为主色，以衬衫颜色为补色，用同系统的颜色搭配，而领带则可用对比色作为突出色。这样的配色，能使服装显出和谐而有层次的美。

（3）应根据人的性格特征来选择颜色。色彩会带给人不同的感觉：蓝色可以说是男性“永恒的颜色”，能使人显得高雅、理性、稳重，从而让人产生信服感、权威感；灰色象征着信心十足，由于它的色彩属性比较中庸、平和，所以不易表现出威严感，但会显得很庄重；红色似火，会使人感到热情奔放。性格活泼的人，宜选择暖色、花色面料；性格沉稳的人，宜选深色、素色面料。

（4）应根据不同场合选择颜色。英国女王伊丽莎白二世访问中国期间，走出机舱门第一个亮相，穿的是正黄色西服套裙，戴的是正黄色的帽子。女王本人喜欢红色和天蓝色，很少穿黄色衣服，但在中国几千年的历史上，黄色是皇帝的专用色，女王来中国访问穿正黄色，既表示尊重中国的传统习俗，又显示了她作为一国君主的高贵身份。

（5）要善于“减化”全身的色彩。色彩的组合适用于减法，全身的色彩种类不宜过多，一般情况下不应超过三种，否则会让人感到繁乱、花哨。即便是一些饰品，如丝巾、手套、皮包等，也要尽量与服装配套或保持一致。男士尤其要避免花哨，应严格控制鲜艳明亮的色彩。用在男士服饰上的色彩，只能放在令人感到活泼、爽快的一两点上，起到画龙点睛的作用。

总之，色彩的组合对服装的穿着效果十分重要，要巧用色彩，善于配色，用色彩展现多姿多彩的你。

（四）着装的和谐匹配

1. 着装与自身形象相匹配

这里的自身形象有两个含义：一是指所从事工作的职业形象，二是指自身的身材长相。例如，公关人员会经常出入各种重要的社交场合——新闻发布会、揭幕揭牌仪式、宴会舞会等，接触许多重要的公众人物，上至国家、国际要人，下至平民百姓，应酬活动频繁，工作主题均围绕“形象”二字，所以自身的穿着理应重视。一般来说，选择的衣料要考究，做工要精细，裁剪式样要美观，以展现稳重、大方、干练、富有涵养的公关人员形象。另外，着装与人的身材关系密切，应根据自己的身材特点选择适宜的服装。

具体应注意以下四点：

（1）体形偏胖的人，应选择冷色调、小花型、质地较软的面料。粗呢、厚毛料、宽条绒等会产生增加体积的效果，使胖人看起来更胖。大花型面料有扩张效果，暖色、明亮的颜色也有扩张感，这些都是体形偏胖者不宜选择的。

（2）身材矮小的人，宜穿一色服装，最好鞋袜也同色。如果爱穿花布，可选择清雅小型花纹，衣领式样可选取方领、V 字领。裤子宜选用式样简单的传统式西裤，令腿显长。女士穿高跟鞋和颜色略深的丝袜，也能使双腿看上去较长，但不宜穿下摆有花纹的裙子。

（3）腰粗的人，可选择剪裁自然、曲线不明显的款式，或选肩部较宽的衣服，不宜穿紧腰裤子，或是把上衣掖在裤子里面，以避免使人特别注意你的腰部。不要穿松紧带裙子，以免看起来显胖。

（4）腿形不佳的人，可选择裙装或宽松的裤子。腿粗的女士可选有蓬松感的裙子和宽大的裤子，不宜穿百褶裙。腿短的女士，穿裙装时可选高腰设计加宽腰带，穿长裤的则应与上装同色。“O”形腿的人，应避免穿紧身裤，可穿质地优良的长裤或八分裤，裤长保持在膝盖以下。

2. 着装与出入场所相协调

商务人士应根据场合的不同选择着装，通过适宜的穿着、打扮给他人留下良好的印象。具体来说，有以下七种场合：

（1）正式场合。正式场合是指商务谈判、重要的商务会议、求职面试等正规、严肃的场合。男士在正式场合通常要穿严肃的西服套装，上下装应面料相同、颜色相同，纯黑色西服在西方通常用于婚礼、葬礼及其他极为隆重的场合，而正式的商务场合最常使用的西服套装颜色为深蓝色和深灰色，搭配白色衬衫。女士在正式的商务场合，与男士西装相对应的是西服套裙或套裤，上衣领子与男士西装领子相似，而西服套裙又比西服套裤更正式。

（2）半正式场合。半正式场合是指无重大活动、无重要严肃事务的商务场合。需要注意的是，有些着装要求非常严格的公司只有周末才允许穿半职业装。在半正式场合，男士不用系领带，可以选择不太正式的西服上衣，如亲切感更强的咖啡色西服，以及其他随性的、明快的颜色；面料可以选择更随意舒适的粗花呢等；上装与长裤可选择不一样的面料和不一样的颜色，看上去显得更加轻松，搭配时要注意上下颜色与面料的平衡感。男士半职业装可以搭配高品质的针织衫以及时尚感、休闲感较强的衬衫，衬衫的领型可有较多变化，长裤的面料和颜色可以更加自然随意。需要注意的是，长裤还是以西裤款式为主，不可出现宽松裤、萝卜裤、牛仔裤等休闲时尚裤型。女士的半职业装款式变化与组合非常丰富，可以将正装的西服套裙与套裤分开来穿，搭配经典款式的连衣裙、针织裙、短裙、衬衫，细节处理可以更加富有创意，颜色可以更加明亮丰富，但仍然要保持身体线条的清晰干练。

（3）休闲场合。所谓休闲，是指“停止工作或学习，处于闲暇轻松状态”。在休闲状态下，服装应当以舒适为主，男士和女士都可选择宽松的款式，如夹克衫、T恤衫、棉质休闲裤、牛仔装等。服装颜色可以鲜艳新奇一些。女士连衣裙、短裙或衬衫的款式细节、图案和色彩都可以更大胆、更丰富。

（4）商务酒会。西方男士在特殊场合穿着的礼服分为晨礼服、晚礼服等，但近年来有逐渐简化的趋势。国内一般公司的小型商务酒会、聚会，男士穿深色西装即可，领带的图案和颜色可以华丽一些；女士尽量以小礼服风格的款式为主，但不宜过于暴露肌肤，领、袖、肩既不可过于裸露又不可过于严实，千万不要过于隆重、夸张，裙长在膝盖上下为宜，可以选择带丝缎短裙、纱裙等，也可选择无领无袖单色连衣裙搭配亮丽的首饰及富有质感的毛皮围巾、丝巾等，以突出闪光点和华丽感。酒会穿的鞋可以选择有丝缎面料、露趾的晚装鞋，提包要选择小巧一些的晚装包。

（5）晚宴场合。国际商务场合隆重晚宴需要穿晚礼服。晚礼服是晚宴上穿的正式礼服，在礼服中档次最高、最具特色、最能展示个性。女士的晚礼服常与披肩、外套、斗篷等搭配。西方传统晚礼服款式强调女性窈窕的腰身和夸张臀部以下裙子的重量感，肩、胸、臂的充分展露为华丽的首饰留下表现空间。西方传统晚礼服通常选用闪光缎、丝光面料，以充分展现华丽、高贵感，大多搭配高跟细袢的凉鞋或修饰性强、与礼服相宜的高跟鞋。中国女性的身材和西方女性有所不同，可以选择面料华丽、制作精美的旗袍式晚礼服，同样能产生惊艳的效果。男士参加晚宴的时候可以根据自身的喜好选择正式晚礼服或黑色西装，但一定注意细节处理要恰到好处。

（6）运动场合。商务人士经常会参加公司组织的体育比赛或观看体育比赛，参加此类活动应当穿运动装。运动装与休闲装都具有宽松、舒适的特点，但是运动装比休闲装更适合运动。不同的体育比赛有不同的运动装款式，参加活动之前应当准备好相应的服装。

（7）家居场合。下班回家之后，通常应换上家居服。家居服也有晨衣、睡衣等诸多款式，但其一致的特点是非常舒适、宽松、随意。需要提醒商务人员注意的是，假如有客人来访，只要不是非常熟悉的人，就一定要换上休闲服或半职业装会见客人。即使是在家里，穿着睡衣类的家居服见同事或客户也是非常不礼貌的。有些家居服的款式是会客时穿的，但只适合见很熟的朋友或邻居等。需要特别注意的是，家居服绝不可以穿到自家大门以外，哪怕你只是去楼下小卖店买瓶酱油，穿着家居服也是非常失礼的。

3. 着装整体要和谐

服饰的搭配要考虑整体协调性。具体要注意以下四点：

（1）切忌撞色。搭配时，要么柔性配色，即运用同色系或类似色表现稳重；要么暗性配色，以对比组合表现个性。如果在正式服装中选用了撞色，如蓝色西服配黄色衬衫、红色领带，会显得滑稽可笑。

（2）切忌服装线条搭配混乱。例如，穿条纹外衣搭配条纹衬衫再搭配斜条领带，形象就会大打折扣。

（3）切忌质感冲突。一般服装搭配应该“厚配厚，轻配轻”。比如，厚重质料的上衣配厚重质料的衬衣，若毛呢上衣配轻柔的裙子则会显得不协调。

（4）切忌款式配合不当。例如，外衣是传统的，领带却很新潮，会让人觉得不伦不类。

可见，只有结合自身特点，选择与不同环境和场合相适宜的着装，并且保持整体的协调性，才能穿出风采和神韵。

六、不恰当的着装

不恰当的着装主要体现在以下五个方面：

（1）过分时髦。现代女性热爱流行时装是很正常的现象，即使你不去刻意追求流行，流行也会影响你。有些女性会盲目地追求时髦。一个成功的职业女性对流行会有正确的判断，同时会切记：在办公室中，要表现工作的能力而非赶时髦的能力。

（2）过分暴露。夏天的时候，许多职业女性不太注重自己的身份，喜欢穿较为性感的服装。这样往往会使人忽视其工作能力，甚至会将其看成轻浮的人。再热的天气，也应注意自己仪表的整洁、大方。

（3）过分正式。在一般的社交场合穿过于正式的衣服，会给人压迫感，也让自己与环境显得格格不入。

（4）过分潇洒。最典型的样子就是一件随随便便的T恤衫或罩衫，配上一条泛白的牛仔裤，丝毫不顾及办公室的原则和体制。

（5）过分可爱。在服装市场上，有许多可爱俏丽的款式，如果自己喜欢，平时穿穿也无妨，但这类款式并不适合在工作场合穿。过于可爱的着装会给人不稳重的感觉。

第三节 仪态礼仪

实际案例

曾国藩一面识人

一次，李鸿章带着三个人去见老师曾国藩，想向曾国藩推荐这几位朋友。当时，曾国藩在内屋有事，家人便让李鸿章和三个人在客厅等候。曾国藩隔着帘子悄悄地观察三个人，心中有数了。面谈时，当李鸿章准备向曾国藩一一介绍时，曾国藩说："不用介绍了，我已经面试过了。正襟危坐、谦卑谨慎的那个，授以营务处副处长职位；个儿低那个，摇头晃脑、左看右看，随便给个职务吧；个儿高，看着窗外、器宇轩昂、直视远方那个，可大用，干××职务。"个儿高的这个人终成大器，他就是晚清重臣、台湾第一巡抚刘铭传。曾国藩看人重点体现在："邪正看眼鼻"，"功名看气概"，"富贵看精神"，"若要看条理，全在语言中"。胡林翼评价他"素有知人之鉴，所识拔多贤将"；左宗棠觉得他"谋国之忠，知人之明，自愧不如"；蒋介石认为他是"国人精神之典范"；毛泽东认为他是"地主阶级中最厉害的人物，完美无缺"。

这一切皆在人的仪态之中。

资料来源：https：//zhidao. baidu. com/question/601988145. html？fr = iks&word =%D4%F8%B9%FA%B7%AA%D2%BB%C3%E6%CA%B6%C8%CB&ie = gbk。

一、仪态与体态礼仪

仪态是指个人的举止和风度、神态和表情。在商务交往中，80%的印象取决于仪态礼仪的表达，高雅庄重的举止和神态是一种无声的语言，能反映一个人良好的修养。

想做一个成功者，首先应当注意自己的言谈举止。我们的一言一行、一举一动都应符合行为规范，展现出自己的风采。刚刚大学毕业的小王面试五六次未果，在参加形象培训课程后她才找到症结：每次面试时看看手、看看脚，就是不敢正视对方，即使看了，也不超过 5 秒，眼神飘忽不定，让人怀疑她的诚意。经过多次相关训练，小王终于如愿以偿地找到了满意的工作。

体态是指人的身体姿态和风度，基本包括人的站、坐、走、蹲等各种动作。体态礼仪是指站、走、坐、笑、各种手势等的基本操作规范。商务人员应注重体态，以展示自己的内在素质和气质。在商务活动中，体态被视为第二语言。有研究表明，在人际沟通中，有 65%的信息是通过体态语言表达的。体态礼仪要求美观大方、自然优雅。良好的体态能展现一个人良好的礼仪修养，是人的内在品质和知识修养的真实体现，有助于赢得对方的好感，获得更多的合作机会。

二、站姿

（一）基本站姿

基本站姿，要求做到"站有站相""站如松"，其意思是站得要像松树一样挺拔，同时还要注意站姿的优美和典雅。

基本要求：挺直、舒展，站得直，立得正，棱角分明，线条优美，精神焕发。

具体要求：头要正，肩要平，背要直，胸要挺，腹要收，臀要提，腰要直，指并拢，手下垂，脚跟相靠，双目平视，嘴唇微闭，面带笑容。

基本的站姿关键看三个部位：一是髋部向上提；二是腹肌、臀肌收缩上提；三是头顶上悬，肩向下沉。男女站姿的美感不同：女性应亭亭玉立、文静优雅；男性应刚劲挺拔、器宇轩昂。从正面观看，应全身笔直，精神饱满，两眼正视（而不是斜视），两肩平齐，两臂自然下垂，两脚跟并拢，两脚尖张开60度，身体重心落于两腿正中。从侧面观看，应两眼平视，下颌微收，挺胸收腹，腰背挺直，手中指贴裤缝，整个身体庄重挺拔。采取这种站姿，会使人看起来稳重、大方、俊美、挺拔。

基本站姿主要有：垂直站姿、前交手站姿和后交手站姿。

1. 垂直站姿

垂直站姿的要点如下：

（1）身体挺拔，抬头，头顶上悬，脖颈挺直。

（2）微收下颌，双目平视，头和下巴成直线，下巴和地面平行。

（3）脖颈挺拔，双肩舒展放松，稍向下压，双臂自然垂于体侧，手指自然弯曲。

（4）两腿并拢立直，脊椎、后背挺直，身躯直立挺胸，重心在两脚之间，两膝和脚跟靠紧。

（5）挺胸、收腹、立腰，臀部肌肉收紧，重心有向上升的感觉。

2. 前交手站姿

采取前交手站姿的女性居多。要点包括：两脚一前一后，略呈“V”字形，两手腹前交叉，挺胸收腹，下颌微收，双目平视。

3. 后交手站姿

采取后交手站姿的男性居多。要点包括：两脚分开，脚尖展开60~70度。挺胸收腹，下颌微收，双目平视，两手在身后相搭，右手搭在左手上，贴在臀部。

（二）不同场合的站姿

1. 与人交谈时的站姿

站着与人交谈时，如果是空着手，则双手可在体前交叉，右手放在左手上。若身上背着皮包，则可利用皮包摆出优美的姿势：一只手插口袋，另一只手轻推皮包或挟着皮包的肩带。手的位置有很多种，自己可以对着穿衣镜练习，找出最优美的姿势。不可双臂交叉，更不能双手叉腰，也不可将手插在裤袋里，或下意识地做小动作，如摆弄打火机、玩衣带、弄发辫、咬手指甲等。

2. 与外宾商谈时的站姿

与外宾谈话时，要面向对方站立，并保持一定距离，太远或太近都是不礼貌的。站立姿势要正，可以稍弯腰。切忌身体歪斜，两腿分开距离过大，或摆出倚墙靠柱、手扶椅背等不雅和失礼的姿态。

3. 与长辈、朋友、同事交谈时的站姿

问候长辈、朋友、同事或向其做介绍时，不论握手还是鞠躬，双脚都应并列，相距约 10 厘米，膝盖要挺直。

4. 穿礼服、旗袍时的站姿

穿礼服或旗袍时，不要双脚并列，要让两脚之间前后距离 5 厘米，以一只脚为重心，另一只脚稍向前或稍向后。

5. 等车、等人时的站姿

等车、等人时，两脚的位置可一前一后，保持 45 度，这时的肌肉应放松而自然，但仍应保持身体的挺直。

正确的站姿训练可概括为一个字——挺。正面看头正、肩平、身直，侧面看含颌、挺胸、收腹、直腿。

衡量正确站姿的方法：头、下颌放平，双目正视前方；双肩自然放松并略后倾；挺胸直腰，但肌肉不要收紧；收腹，臀部肌肉略微向上收，但不要后撅；两臂放松下垂，位于身体两侧；两腿均衡受力，保持身体平衡，脚跟并拢。

（三）不正确的站姿

站立时，不可以弯腰驼背、探脖、耸肩、挺腹、双手叉腰，也不可以将双腿叉开过大，双脚随意乱动，或随意扶、拉、靠、倚等。不雅的站姿会给人懒惰、轻薄、不健康的印象。不正确的站姿具体包括以下五种：

1. 弯腰驼背、挺肚

这是一个人身躯歪斜的一种特殊表现。在站立时，一个人如果弯腰驼背，除去腰部弯曲、背部弓起之外，他通常还会有颈部弯缩、胸部凹陷、腹部凸出、臀部撅起、耸肩等不良体态。这种不正确的站姿会给人缺乏锻炼、无精打采，甚至健康状况不佳之感。

2. 手位不当

站立的时候，必须注意以正确的手位去配合站姿。站立时手位不当，会破坏站姿的整体效果。站立时手位不当主要表现在：一是双手抱在脑后，二是用手托着下巴，三是双手抱在胸前，四是把肘部支在某处，五是双手叉腰，六是将手插在衣服或裤子口袋里。

3. 脚位不当

在正常情况下，V 字步、丁字步或平行步均可采用，但要避免人字步、“蹬踩式”步和外八字步。人字步即俗称的“内八字步”。“蹬踩式”步是指一只脚站在地上的同时，把另一只脚踩在鞋帮上，或是踏在其他物体上。

4. 半坐半立

在正式场合，必须注意坐立有别。该站的时候就要站，该坐的时候就要坐。在站立之际，绝不可以为了贪图舒服而擅自采用半坐半立之姿。当一个人半坐半立时，不但样子不好看，而且会显得过分随便。

5. 身体歪斜

古人曾对站姿提出过“站如松”的基本要求。我们应注意，在站立时不能歪歪斜斜。若身躯明显地歪斜，如头偏、肩斜、腿曲、身歪，或是膝部不直，不但会直接破坏人体的线条美，而且会使人显得颓废消沉、萎靡不振。

三、坐姿

坐姿是一种基本的静态体位，是指人在就座以后身体保持的一种姿势。端庄优美的坐姿会给人以文雅、稳重、大方的美感，给人留下良好的印象。所谓“坐如钟”，就是指坐姿要像钟一样端庄沉稳、镇定安详。

（一）标准坐姿

轻轻地走到座位前，缓慢转身，从座位左侧入座，坐在椅子上时，应坐满椅子的1/2~2/3。坐下后，应头正颈直，下颌微收，面带微笑，双目平视前方或注视对方。身体要保持正直，挺胸收腹，腰背挺直，双腿并拢，小腿与地面垂直，双膝和双腿、脚跟并拢；双肩放松下沉，双臂自然弯曲内收，双手呈握指式，右手在上，手指自然弯曲，放于腹前双腿上。

一般情况下，要求女性的双腿并拢，而男性双腿间可适度留有缝隙。双腿自然弯曲，两脚平落地面，不宜前伸。在日常交往场合，男性可以跷腿，但不可跷得过高或抖动。女性大腿并拢，小腿交叉，但不宜向前伸直。如果女性着裙装，则应养成在就座前从后面抚顺一下再坐下的习惯。根据不同的场合和不同的座位，坐的位置可前可后，但上身一定要保持直立。

（二）坐姿分类

以一个人的脚位为依据，坐姿可分为以下七类：

1. 垂直式坐姿

垂直式坐姿就是我们通常所说的“正襟危坐”，在最正规的场合使用。女士、男士均适用。要领是：上身与大腿、大腿与小腿、小腿与脚部都呈直角，小腿垂直于地面，双膝、双腿完全并拢。

2. 标准式坐姿

标准式坐姿适用于各种场合。要领是：在垂直式坐姿的基础上，女士两脚保持小丁字步，男士两脚自然分开。

3. 屈直式坐姿

屈直式坐姿尤其适用于坐在稍微低矮一些的椅子上，是女士非常优雅的一种坐姿。要领是：大腿与膝盖靠紧，一脚伸向前，另一脚屈回，两脚前脚掌着地并在一条直线上。

4. 前伸式坐姿

前伸式坐姿适用于各种场合，一般为女士采用。要领是：双腿与双脚并在一起，向前伸出一脚左右的距离，按方向有正前伸直、左前伸直和右前伸直三种。脚的位置可以是双脚完全并拢，也可以脚踝不交叉，脚尖不可翘起。

5. 后屈式坐姿

后屈式坐姿适用于各种场合，以女士为主。要领是：两腿和膝盖并紧，两小腿向后屈回，脚尖着地，脚尖不可翘起。

6. 分膝式坐姿

分膝式坐姿适用于一般场合，为男士坐姿。要领是：两膝左右分开，但不超过肩宽，小腿与地面垂直，两脚脚尖朝向正前方，两手自然放于大腿上。

7. 双腿叠放式坐姿

双腿叠放式坐姿适合穿短裙子的女士采用，造型极为优雅，给人一种大方高贵之感。要领是：将双腿完全地一上一下交叠在一起，交叠后的两腿间没有任何缝隙，犹如一条直线。双腿一般斜放于右侧，斜放后的腿部与地面成45度，叠放在上的脚尖垂向地面。

（三）女士坐姿

女士在基本坐姿的基础上，双腿可略向前伸直，脚踝相叠，保持坐姿平稳，双腿同时轻轻离地向内回收，相叠部位由脚踝过渡到膝盖，双腿向一侧倾斜，略微调整。在美观的基础上，以稳定、舒适为宜。

女士坐姿表现的是“阴柔之美”，就座时要缓而轻，如清风徐来，给人以美感。在工作场所，应该上身自然挺直，下颌微收，双目平视，面带微笑，双手轻放双膝上或轻搭在椅子扶手上，两腿自然弯曲并拢，两脚平放。在轻松场合，也可右脚（左脚）在前，将右脚跟（左脚跟）靠于左脚（右脚）内侧，双手虎口处交叉，右手在上，轻放在一侧的大腿上，给人一种文静、雅致、可亲可敬的感觉。

总之，人坐在椅子上可选择不同的姿态，只要坐姿与体位协调配合，优美自然即可。

（四）男士坐姿

在正式场合，男士应保持“坐如钟”的姿势，给人一种四平八稳的感觉。男子就座时，双脚可平踏于地，上体微向前倾，两腿自然弯曲分开，两腿间可有一拳的距离；

双手可分置左右膝盖之上或放在扶手上；头部要自然转动，表情自然。男士穿西装时，应解开上衣纽扣。在日常交往场合，男性可以跷腿，但不可跷得过高或抖动。

欧美国家的男士在叠腿而坐时，小腿部分放在另一条腿的膝盖上，大腿间是有缝隙的，但注意脚不要跷得太高，以免鞋底正对旁边的客人。在与欧美国家人士交往时，需注意对方的习俗，这样更有助于双方的沟通。

男士工作坐姿应做到上体挺直，下颌微收，双目平视，表情自然，两腿分开，不超肩宽，两脚平行，小腿与地面垂直，两手分别放在双膝上或双臂微屈放在桌面上。

男士在轻松场合，可交叠双腿“大二郎腿”或“小二郎腿”。“小二郎腿”是把一条腿放到另一条腿的大腿上。当年龄较大的男人在同比较年轻的人说话时，为减少呆板的感觉，可选择这种坐相。“大二郎腿”即把一只脚的踝部放在另一条腿的大腿上，在庄重的正式场合，不能使用这一姿势。

（五）不雅的坐姿

不雅的坐姿包括不雅的腿姿和脚姿，具体包括以下五种：

1. 双腿叉开过大

在面对外人时，双腿如果叉开过大，不论是大腿叉开还是小腿叉开，都极其不雅。

2. 架腿方式欠妥

将一条小腿架在另一条大腿上，在两者间还留出大大的空隙，成为所谓的“架二郎腿”或架“4”字形腿，甚至将腿搁在桌上，会显得很放肆。

3. 双腿过分伸张

坐下后，将双腿直挺挺地伸向前方，这样不仅可能妨碍他人，而且有碍观瞻。因此，身前若无桌子，双腿应尽量不要伸到外面来。

4. 腿部抖动摇晃

坐下后，大腿抖动摇晃，从生理上讲，可能是寒冷导致的；从心理学上讲，可能是紧张导致的。但是，无论是何种原因导致的，都不宜让人看到，因为此举不雅。

5. 不安分的脚姿

不安分的脚姿主要包括：坐下后脚后跟接触地面，将脚尖翘起来，脚尖指向别人，使鞋底在别人眼前“一览无余”。此外，以脚蹬踏其他物体，以脚自脱鞋袜，都是不文明的。

（六）坐姿的训练

最影响坐姿优美的是腿位和脚位，这是坐姿训练的主要内容。训练时，要求上身挺直、腿姿优美，同时，要注意入座和离座两个环节的训练。入座时，要轻而缓，走到座位前面转身，右脚后退半步，左脚跟上，保持上身的直立和身体的重心，轻轻地坐下。女性入座时，要稍微拢一下裙边。离座时，也要轻而缓，先采用基本的站姿，站定之后方可离开；如果起身就走，会显得过于匆忙，有失稳重。

四、走姿

走姿即行姿、步姿，属于动态的美。受年龄、职业、生活条件、社会环境等因素的影响，人们的走姿可以说是千姿百态。从现代礼仪角度来看，正确而富有魅力的走姿犹如一首动人的抒情诗，能展现轻快自然的美。中国古代强调“行如风”或“走如风”，就是要求人在行走时，行得正确、优美、轻盈，有节奏感，给人以美感。无论在日常生活中，还是在社交场合，走路往往是最引人注目的体态语言。因此，走姿最能表现一个人的风度和活力。正确地使用标准走姿，能给人留下美好的印象。

（一）走姿的基本要求

走姿就是人行走的姿态、体态，是站姿的延续动作，是在站姿的基础上展示人动态美的一种方式。走姿的基本要求是：头部抬起，目光平视前方，双臂自然下垂，手掌心向内，并以身体为中心前后摆动，上身挺拔，腿部伸直，腰部放松，步幅适度，脚步宜轻且富有弹性和节奏感。

1. 正确的走姿

标准的走姿要以端正的站姿为基础。行走时，要头部端正，胸部挺起，收腹立腰，上体正直，双肩平稳，双目平视，下颌微收，面带微笑。起步时，身体稍向前倾，手臂伸直放松，手指自然弯曲，双臂以肩关节为轴向前、向后自然摆动，上臂带动前臂，以前摆35度后摆30度为宜，肘关节略弯曲，前臂不要向上甩动，上体稍向前倾，提髋屈大腿带动小腿向前迈。正常的行走，脚应是正对前方，保持膝关节和脚尖正对前进的方向；然后脚尖略抬，脚跟先接触地面，依靠后腿将身体重心推送到前脚掌，使身体前移；行走线迹要成为“一条线”“两条平行线”。正常步幅约一个脚长，即前脚脚跟与后脚脚尖相距一个脚长（不同性别、身高会有一定差异）；步高（行走时脚抬起的高度）不宜过高，也不宜过低；行走速度，一般男士为每分钟118~120步，女士为每分钟108~118步。

2. 男女行走的区别

男士的步履应雄健、有力、潇洒、豪迈，步伐稍大，展现出刚健、英武的阳刚之美。在工作场合，男士走路应挺起胸膛，大步向前走，双脚落地平稳而有力，不拖泥带水，双臂自然摆动，给人以充满自信、镇定自如的感觉。

在悠闲时，可轻踱慢行，不慌不忙，边走边看，边与同伴谈笑风生，给人以气度不凡的印象。

行走时，切记“男不扭腰”，男士要抬头挺胸，步履稳健，避免八字步。

女士的步履应轻捷、娴雅、飘逸，步伐略小，展示出温柔、娇巧的阴柔之美。女士要脊背挺直，双脚平行前进，步履轻柔自然，避免做作。可右肩背皮包，不扭臀走路。在停步、拐弯、侧行、转身、上下楼梯时，应从容不迫，控制自如，体现步伐的规范和优美。女士在上下楼梯时，要点是目光前视，上身挺直，左右脚踩成一条直线，上楼力量放两脚间。

男女在行走中配合手势要做到简捷、大方、明了，这样才能在体态举止方面显出挺拔、优雅、活泼、潇洒的风度。

（二）不良走姿

走路最忌内八字步和外八字步，其次忌弯腰驼背、歪肩晃膀。走路时，不可大甩手，扭腰摆臂；眼睛不能东张西望，如需张望或回望，应转动头部，而不要用眼珠斜视；双腿不要过于弯曲或走曲线；步子不要太大或太小；不要脚蹭地面，双手插在裤兜或后脚拖在地面上有气无力地行走。男士的走姿应注意不要一步一挪，不要像闲人一样八字步迈开，那样会给人萎靡不振的感觉。另外，背手、叉腰等不雅走姿有失风度，也要避免。

以上不良走姿会影响个人的举止及给人的印象，应及时矫正。

五、蹲姿

（一）蹲姿的基本要领

蹲姿不像站姿、坐姿、行姿那样使用频繁，因而往往被人忽视。一件东西掉在地上，一般人都会很随便地弯下腰，把东西捡起来，但这种姿势会使臀部后撅，显得非常不雅。正确的蹲姿，下蹲时左脚在前，右脚在后，向下蹲去，左小腿垂直于地面，全脚掌着地，大腿靠紧，右脚跟提起，前脚掌着地，左膝高于右膝，臀部向下，上身稍向前倾，左脚为支撑身体的主要支点。蹲姿体现了举止礼仪的细节美。

（二）蹲姿的类型

蹲姿是由站姿转变为弯曲两腿、下降身体的姿势，一般只在特殊的情况下采用。在使用蹲姿时，一般可采取以下四种姿势：

1. 交叉蹲姿

交叉蹲姿的特点是体现造型优美，通常适用于女性，尤其是穿短裙的人。具体的做法是：下蹲前右脚在前，左脚在后，让两腿交叉重叠在一起，然后左膝由后下方伸向右侧，左脚跟抬起，上身略向前倾，臀部朝下，缓慢地蹲下。女士在采取这种蹲姿的时候，注意不要将臀部翘起。

2. 高低式蹲姿

高低式蹲姿一般为男性所用。下蹲时，左脚在前，右脚稍后，左脚完全着地，小腿尽量垂直于地面；右脚则应脚掌着地，脚跟提起，形成左膝高、右膝低的姿态，这时再缓慢地蹲下。

3. 半蹲式蹲姿

半蹲式蹲姿基本上是半立半蹲，下蹲时，上身稍许弯下，但不宜与下肢构成直角或锐角，双膝略微弯曲，其角度根据需要可大可小，但一般应为钝角，身体的重心应放在一条腿上。

4. 半跪式蹲姿

半跪式蹲姿多用于时间较长的下蹲，顾名思义，就是双腿一蹲一跪。具体做法是：下蹲之后，改为一条腿单膝着地，臀部坐在脚跟之上，而以脚尖着地；另一条腿则全脚着地，小腿垂直于地面；双膝同时向外，双腿尽力靠拢。

此外，应注意不要突然下蹲，以免跌倒。有他人在身边的时候，要注意彼此间的距离，防止下蹲时撞到对方。女士在下蹲时，还要注意一手护住胸口，防止走光。

（三）蹲姿的禁忌

蹲姿要注意以下几点：

1. 不要弯腰撅臀

女士一弯腰撅臀，背后的上衣就自然上提，露出背部皮肤和内衣，很不雅观。

2. 不要两腿分开

两腿左右分开，弯腰或半蹲，又称“洗手间姿势”，很不雅观。

3. 不要面对他人

采用蹲姿时不要面对他人，以免使他人感到不便。

4. 不要蹲着休息

在公共场所，蹲着休息会显得不礼貌。

5. 不要蹲在椅子上、桌子上

椅子是用来坐的，桌子是用来吃饭、写字、谈判的。蹲在椅子上，形象不雅；蹲在桌子上，更是犯忌。民间有这样的说法：蹲在桌子上的意思是你不想让人家安稳地吃饭。

六、手势

手是人体最富灵性的部分。如果说“眼睛是心灵的窗户”，那么手就是心灵的触角，是人的第二双眼睛。手势在传递信息、表达意图和情感方面发挥着重要作用。手势语的词汇量是十分丰富的。据语言专家统计，表示手势的动词有近 200 个，如“招手致意”“挥手告别”“握手友好”“摆手回绝”“合手祈祷”“拍手称快”“拱手答谢（相让）”“抚手示爱”“指手示怒”“颤手示怕”“捧手示敬”“举手赞同”“垂手听命”等，可见，丰富的手语在人际交往中是不可缺少的。

在社会交往中，手势有着不可低估的作用。生动形象的有声语言配合准确的手势，必然能使沟通更富有感染力、说服力和影响力。

（一）常见的手势

社交中常见的手势和手势语有很多。

1. 引领的手势

各种交往场合都离不开引领动作。例如，请客人进门，请客人坐下，为客人开门等，都需要运用手与臂的协调动作。由于这是一种礼仪，还必须注入真情实感，调动全身活力，使心与形体高度统一，只有这样，才能做出美感。

引领动作主要有以下三种表现形式：

（1）横摆式。以右手为例，将五指伸直并拢，手心不要凹陷，手与地面成 45 度角，手心向斜上方，腕关节微屈，且腕关节要低于肘关节。做此动作时，手从腹前抬起，至膈处，然后以肘关节为轴向右摆动，到身体右侧稍前的地方停住。同时，双脚形成右丁字步，左手下垂，目视来宾，面带微笑。这是在门的入口处常用的礼让姿势。

（2）曲臂式。当一只手拿着东西，扶着电梯门或房门，要做出“请”的手势时，可采用曲臂手势：以右手为例，五指伸直并拢，从身体的侧前方向上抬起，至上臂离开身体的高度，然后以肘关节为轴，手臂由体侧向体前摆动，摆到手与身体相距 20 厘米处停止，面向右侧，目视来宾。

（3）斜下式。来宾入座时，手势要斜向下方。首先，用双手将椅子向后拉开；其次，一只手曲臂由前抬起；最后，以肘关节为轴，前臂由上向下摆动，使手臂向下呈一条斜线，并微笑点头示意来宾。

2. 招呼他人的手势

手放于体侧，手臂伸直，向前向上抬起或晃动手腕。这种手势在中国、欧洲大部分地区以及拉丁美洲适用。

3. 挥手道别的手势

身体要站直，不晃动，目视对方，手臂伸直，呈一条直线，与肩同高或略高于肩，手臂不可弯曲，掌心朝向对方，指尖朝向上方，五指并拢，左右晃动手腕，手臂不上下摆动。

4. 指引方向的手势

当有人询问去处时，要先行站直，不可尚未站稳或在行走中指引方向。手臂伸直在一条直线上，五指并拢，手掌翻转到掌心朝上，与肩平齐，直指准确方向。目光要随着手势走，指到哪里看到哪里，否则易使对方迷惑。指引方向后，顺势送出几步，可体现对他人的尊重。

5. 递接物品的手势

双手递送、接取物品时，如果不方便用双手，也可用右手，但与对方距离较远时，应起身站立，主动走近对方。递送时，最好直接递至对方手中，并且要方便对方接取。

递送有文字、图案、正反面的物品时，要正面向上且朝向对方。接取物品时，要缓且稳，不要急于抢取。迎送带尖、带刃或其他易于伤人的物品时，应使带尖、带刃一端朝向自己或朝向他处，切不可朝向对方。

6. 展示物品的手势

在展示物品时，应使物品在身体的一侧，不要让物品挡住自己的头部。不同的展示位置，适用的场合不同，达到的效果也不同：手持物品高于双眼之处时，适用于被人围观时；手持物品位于眼睛下方、胸部上方，双臂横伸使物品自肩至肘部以内，会给人以放心、稳定之感；手持物品位于眼睛下方、胸部上方，双臂伸直使物品在肘部以外，会给人以清楚之感，通常在这个位置展示，是想让对方看清楚物品；手持物品位于胸部以下，会给人以漠视之感，通常在展示不太重要或不太明显的物品时采用。

7. 鼓掌的手势

鼓掌是在观看文体表演、参加会议、迎候嘉宾时，表示赞赏、鼓励、祝贺、欢迎等情感的一种手势。其要领是：以右手掌心向下有节奏地拍击左掌，不可左掌向上拍击右掌；不可右掌向左，左掌向右，两掌互相拍击。鼓掌时间要长短相宜，以 5~8 秒钟为宜。

8. OK 的手势

拇指和食指合成一个圆圈，其余三指自然伸张。这一手势于 19 世纪初期风靡美国，意义相当于英语的“OK”，即“好了”“一切妥当”“赞扬”“允许”“了不起”“收到”。OK 的手势在西方比较常见，但应注意在不同国家其语义有所不同：在法国，表示“零”或“无”；在印度，表示“正确”；在中国，表示“零”或“三”两个数字；在日本、缅甸、韩国，表示“金钱”。

9. 伸大拇指手势

大拇指向上，在说英语的国家多表示“OK”之意或是打车之意；若用力挺直，则含有骂人之意；右大拇指向下，多表示坏、下等人之意。在中国，伸出大拇指这一动作基本上是向上伸，表示赞同、一流、好等含义，向下伸则表示蔑视、不好等含义。

10. “V”字形手势

伸出食指和中指，掌心向外，其语义主要表示胜利，即 Victory 的第一个字母。这一手势来源于英国首相温斯顿・丘吉尔。在第二次世界大战期间，英国在抵抗德国时处于较为不利的地位，首相丘吉尔在演说中使用了这样的手势，代表胜利之义，号召人们保家卫国，坚决同法西斯斗争到底。这一手势很快风靡全国。现在，这一手势已经风靡全世界。在赛场上，在人们互相祝贺的各种场合，这一手势频频亮相。需要注意的是，如果将手心向内做出这样的手势，在英国、澳大利亚和新西兰等国，就成了一种亵渎、侮辱他人的信号。在中国和欧洲各地，可以使用类似的手势表示数字“二”。

11. 伸出食指手势

在中国以及亚洲其他一些国家，表示“一”“一个”“一次”等；在法国、缅甸等国家，表示“请求”“拜托”。在使用这一手势时，一定要注意不要用手指指人，更不能在面对面时用手指着对方的面部和鼻子，这是一种不礼貌的动作，容易激怒对方。

12. 捻大拇指手势

商人、推销员、银行职员等经常与钱打交道的人常常使用捻指手势表示“钱”。这是因为在日常生活中，人们使用这一动作来点钱。捻大拇指的手势是这样的：拇指与食指相捏，然后拇指向上，食指向内，做出两指相捻的动作。在使用这一手势时，食指是向里、向内移动的，这一下意识的动作方向暗示了谈钱者希望“向里”收钱的愿望，这恰恰与人们弹掉东西的手势相反。

13. 十指交叉的手势

十指交叉的手势是将十指交叉在一起，置于桌上或身体一侧的动作。这一手势的含义不一。实际上，对这种手势的理解有两种：第一种，在许多情况下，人们将这种姿势看作自信，因为使用这一手势的人总是神情自若，面带微笑，言谈中也总显得无忧无虑；第二种，有人将这种手势看作一种消极的人体信号，认为它表示情绪沮丧、心理矛盾或敌对情绪，也可以表示紧张或被控制。到底是哪一种含义，需结合具体情况而定。

14. “尖塔式”手势

“尖塔式”手势是将左手的五指和右手的五指，分别指尖相对和相交，形成近体尖塔的形状。根据“尖塔”的指向，可以把这种手势分为“上耸式”和“下垂式”两种。哪些人喜欢使用“尖塔式”手势呢？通常那些比较自信的人比不那么自信的人使用这一手势的频率高，以显示他们的自信。在上下级之间，这种手势主要用来表示“高人一等”“万事皆通”“唯我独尊”的心理状态。具体而言，有相当权势的各级各类领导人物较多使用这种手势。“上耸式”是指两拇指朝向自身，其余各指相对，指向上方。这一手势是大脑产生“拔尖儿”思想时，手做出的下意识动作。它与高傲、盛气凌人以及“我比别人强”等思维活动有关。一般来说，自信的男人喜欢使用这一手势。“下垂式”与“上耸式”相反，即拇指向外，其余各指指向下方。大多数女性更习惯使用这种手势。“下垂式”手势也是思维中“拔尖儿”意识的一种体现，是在遇到“山外有山”“人外有人”的情况以及比自己更“拔尖儿”者时，手势者做出的让步表示。

15. 捻指作响手势

捻指作响手势就是用手的拇指和中指弹出声响。其语义或表示高兴，或表示赞同，或是无聊之举，有轻浮之感。应尽量少用或不用这一手势，因为其声响有时会令他人反感或觉得做手势者没有教养，尤其不能对异性运用此手势，带有挑衅之意。

总之，手势语能反映复杂的内心世界，但运用不当就会适得其反。在运用手势时，要注意几个原则：首先，要简约明快，不可过于频繁，以免喧宾夺主；其次，要文雅自然，因为拘束低劣的手势会有损交际者的形象；再次，要协调一致，即手势与全身协调，手势与情感协调，手势与口语协调；最后，要因人而异，不可千篇一律地要求每个人都做出统一的手势。

（二）不良不雅的手势

手势是人的第二张面孔，具有多种表达功能。服务人员应学会结合实际情况，准确判读各种手势传递的信息，以便更好地完成服务工作。服务人员在使用手势语时，应特别重视以下九种手势，否则，将向对方传递出不良信息。

1. 指指点点

工作中绝不可随意用手指对服务对象指指点点，与人交谈时更不可以这样做。指点着别人说话，往往会引起他人的反感。

2. 随意摆手

在接待服务对象时，不可将一只手臂伸在胸前，指尖向上，掌心向外，左右摆动。这个动作的一般含义是拒绝别人，有时还有极不耐烦之意。

3. 端起双臂

双臂抱起，然后端在胸前这一姿势，往往暗含孤芳自赏、自我放松或置身事外、袖手旁观、看他人笑话之意，应尽量避免。

4. 双手抱头

双手抱头的本意是自我放松，但在服务时这么做，会给人目中无人之感。

5. 摆弄手指

工作中无聊时反复摆弄自己的手指，活动关节或将其捻响，打响指，或是莫名其妙地攥拳、松拳，或是手指动来动去，在桌面或柜台上不断敲扣，往往会给人不严肃、很散漫之感，让人望而生厌。

6. 手插口袋

手插口袋会使客人觉得服务人员消极怠工，在工作方面并未尽心尽力。

7. 搔首弄姿

搔首弄姿会给人矫揉造作、当众表演之感。

8. 抚摸身体

在工作之时，有人习惯抚摸自己的身体，如摸脸、擦眼、搔头、挖鼻、剔牙、抓痒、搓泥，这会给别人留下缺乏公德意识、不讲卫生、个人素质极其低下的印象。

9. 勾指手势

将一根食指或中指竖起并向自己怀里勾，其他四指弯曲，示意他人过来，这种手势是极不礼貌的，应避免使用。

（三）手势训练

进行手势训练，可提前准备音乐播放器材、投影设备，以及音像资料等。训练时，首先观看音像资料；其次，在四面墙上装有及地镜子的形体训练室训练，每两人一组对着镜子练习常用手势并互相纠正；最后，教师点评、总结。练习时，应注意调整体态，保持良好的站姿，并且表情自然。

七、微笑

微笑是用不出声的笑来传递信息的表情语。面露平和、欢愉的微笑，说明微笑之人心情愉快、充实满足、乐观向上、善待人生。只有这样的人，才会产生吸引别人的魅力。面带微笑，表明对自己的能力有信心，能以不卑不亢的态度与人交往，这会使人产生信任感。微笑能传达善意，使人在与其交往时处于放松的状态，不知不觉地缩短心理距离。在工作岗位上保持微笑，说明热爱本职工作，特别是在服务岗位上，微笑更可以创造一种和谐融洽的气氛，让被服务的对象感到愉快和温暖。因此，微笑被称为“世界通用语言”。

（一）微笑的基本规范

微笑，一般要注意四个结合：

1. 口眼结合

要口到、眼到、神色到，只有笑眼传神，微笑才能扣人心弦。

2. 笑与神、情、气质相结合

“神”，就是要笑得有情入神，笑出自己的神情、神色、神态，做到情绪饱满、神采奕奕。“情”，就是要笑出感情，笑得亲切、甜美。“气质”，就是要笑出谦逊、稳重、大方、得体的良好气质。

3. 笑与语言相结合

语言和微笑都是传播信息的重要符号。只有让微笑与美好语言相结合，声情并茂，相得益彰，微笑才能发挥出应有的作用。

4. 笑与体表、举止相结合

以笑助姿、以笑促姿，可以形成完整、统一、和谐的美。尽管微笑有其独特的魅力和作用，但若不是发自内心的、真诚的微笑，那将是对微笑的亵渎。有礼貌的微笑应是内心真实情感的表露，否则就可能演变为“皮笑肉不笑”“苦笑”等让人感觉不舒服的表情。比如，拉起嘴角一端微笑，会使人感到虚伪；吸着鼻子冷笑，会使人感到阴沉；捂着嘴笑，会给人不自然之感。这些都是失礼之举。

（二）微笑训练

可以准备一面小镜子、音乐播放器材、优秀影视剧中演员和节目主持人微笑的影像资料等，在家里或教室进行训练。练习微笑之前，要忘掉自我和一切烦恼，让心中充满爱意。训练时，可以配上优美的音乐，以放松心情，减轻疲劳之感。

1. 情绪记忆法

将自己生活中最高兴的事情储存在记忆里，当需要微笑时，想那件最令你兴奋的事，脸上就会流露出笑容。练习微笑时，要使双颊肌肉用力向上抬，嘴里念“一”音，用力抬高口角两端，注意下唇不要过分用力。普通话中的“茄子”“田七”“钱”等的发音也可以辅助微笑口型的训练。

2. 对镜训练法

可以对着镜子练习微笑，调整自己的嘴形，使其与面部、其他部位和眼神协调，做最令自己满意的微笑表情，到离开镜子时也不要改变它。

3. 衔筷训练法

在家里，或一个人的时候，可以嘴里衔着筷子练习微笑，酒店宾馆服务人员的微笑培训就是这样进行的。

八、注视（眼神、目光）表情礼仪

眼睛是心灵的窗户，人表情最丰富的部位就是眼睛。眼神的丰富多样是其他部位无法比拟的。歌曲《传奇》里有一句歌词：“只是因为在人群中多看了你一眼，再也没能忘掉你容颜。”你看，就一眼，搭进去一生。可见，眼神对我们每个人都很重要。

眼神、目光和微笑一样，能够表达感情、传递信息。

知识拓展

古代版的《传奇》——《诗经·蒹葭》

蒹葭苍苍，白露为霜。所谓伊人，在水一方。溯洄从之，道阻且长。溯游从之，宛在水中央。蒹葭萋萋，白露未晞。所谓伊人，在水之湄。溯洄从之，道阻且跻。溯游从之，宛在水中坻。蒹葭采采，白露未已。所谓伊人，在水之涘。溯洄从之，道阻且右。溯游从之，宛在水中沚。

资料来源：诗经［M］. 北京：中华书局，2015：252。

（一）目光注视区域

目光注视区域通常分为公务注视区域、社交注视区域和亲密注视区域。

1. 公务注视区域

公务注视区域是人们在洽谈业务、商务谈判、磋商交易时做出的一种凝视行为。

注视区域在对方的双眼与额头之间。公务注视会使你显得严肃认真、有诚意。这种注视还会使你把握谈话的主动权和控制权，具有权威感。

2. 社交注视区域

在社交场合，眼睛应看着对方的双眼或双眼到唇心之间的区域，包括双眉、双眼、鼻子和嘴巴，但不直视瞳孔。这样会给人公事公办的感觉。在鸡尾酒会、舞会、交易会上，使用这种注视很容易形成一种良好的社交氛围。

3. 亲密注视区域

在亲人之间、恋人之间，目光应注视对方的双眼到胸部第二颗纽扣之间的区域。这样表示亲近、友善。但对陌生人来说，这种注视不宜、不可。在社交场合，女性应保持友善温和的目光。

（二）目光注视的方向

目光注视的方向、角度往往能准确地表达对他人尊重与否。

1. 正视

正视就是平视，表示理性、平等、自信、坦率，适用于在普通场合与身份、地位平等的人交往之时。

2. 俯视

俯视即目光向下注视他人，一般表示长辈对晚辈的爱护、宽容，也可以表示对他人的轻慢、歧视。

3. 仰视

仰视即抬眼向上注视他人，表示尊重与期待，适用于面对尊长之时。在与人交往时，不要站在高处俯视他人；在面对长辈或上级时，站立或就坐在较低处仰视对方，往往会赢得对方的好感。

（三）目光注视的时间

（1）在谈话时，若对方为关系一般的同性，应当时不时地与对方双目对视，以示尊重。在对对方表示关注时，如果双方关系密切，可较多、较长时间地注视对方，注视的时间占全部相处时间的2/3，以拉近彼此的心理距离。

（2）如果对方是异性，那么双目对视不宜持续超过10秒，最好是3~5秒。目不转睛或长时间地注视对方，会使对方感到不自在，也会让自己难堪。但是，如果一眼也不看对方，也是不礼貌的表现。

（四）目光注视的部位

（1）注视对方的双眼，以示对对方的尊重。

（2）注视对方的额头，表示严肃认真、公事公办。

（3）注视对方的眼部到唇部，表示礼貌、尊重对方。

（4）注视对方的眼部到胸部，多用于关系密切的男女之间，表示亲密、友爱。

（五）眼神的训练

眼睛是心灵的窗口，眼神作为一种无声的语言，起着传情达意的作用，有时甚至胜过语言。为了使眼睛成为传情的灵巧工具，在正确运用眼神的同时，还要注重训练眼睛的表现能力，使自己的眼神更富有感染力。

1. 眼睛扩大的训练

眼睛的大小是有限的，只有在自身生理条件允许的情况下充分地将眼睛扩大，才能表现较好的眼神。使眼睛扩大的主要方法是做绷眼练习，即尽力将额肌上提，带动两眼角尾部向上，眼皮绷紧，使眼皮最大限度地打开。绷眼练习可使眼扩大，同时也为亮眼练习打下基础。

2. 眼睛光亮的训练

在眼睛扩大练习的前提下，还要使眼睛晶亮闪光，这样才能使眼睛具有更好的表现力。这一练习主要是训练眼力的高度集中。眼力集中练习，可通过睁大两眼，平视镜中自己的一只眼进行。初练时，眼睛会出现流眼泪、眨眼睛等现象。

3. 眼睛灵活度的训练

眼睛灵活度的训练是要将眼珠练得灵活。具体练习方法：先做有目标练习，再做无目标练习，即在两眼的左、右、上、下，将红布或其他醒目的东西固定在一个点上，目标不要超过视线范围。眼球做左、右横线转动，上、下竖线移动或圆圈转动。练习时，头部不动，只让眼睛随目标转动。眼睛转动时，要保持绷紧眼皮。当眼睛练得有一定活动能力时，就可以进行无目标练习了，让眼睛自然转动。

（1）定眼，即眼睛盯着一个目标，分正定法和斜定法两种。

正定法：在前方 2~3 米远的明亮处，选一个点，点的高度与眼睛或眉基本持平，最好找一个不太显眼的标记，进行定眼训练。眼睛要自然睁大，但眼轮匝肌不宜收得太紧。双眼正视前方目标上的标记，目光要集中，不然就会散神。注视一定时间后可以双眼微闭休息，再猛然睁开眼，立刻盯住目标，进行反复练习。可以在白纸上画一个小黑点，然后贴在墙上看。

斜定法：要求与正定法相同，只是所视目标与视者的眼睛成 25 度斜角，训练要领同正定法。用眼睛看蜡烛，乘电梯或乘车时盯着一点看都是不错的选择。

（2）转眼，即眼珠在眼眶里上、下、左、右来回转动，包括定向转、慢转、快转、左转、右转等。定向转眼的训练有以下几项：

眼球由正前方开始，移到左眼角，再回到正前方，然后移到右眼角，如此反复练习。

眼球由正前方开始，由左移到右，再由右移到左，反复练习。

眼球由正前方开始，眼球移到上方，不许抬眉，回到前方；移到右方，回到前方；移到下方，回到前方；移到左方，回到前方。反复练习。

眼球由正前方开始，由上、右、下、左各做顺时针转动，每个角度都要定住。眼球转的路线要到位。然后做逆时针转动。反复练习。

左转：眼球由正前方开始，由上向左按顺序快速转一圈后，立即定在正前方。

右转：方法同左转，方向相反。

慢转：眼球按同一方向顺序慢转，在每个位置、角度上都不要停留，要连续转。

快转：方法同慢转，不同的是速度加快。

以上训练开始时，一拍一次，一拍两次，逐渐加快，但不要操之过急，正反都要练。最简易的方法就是伸出手臂，食指定于眼睛正前方，然后 360 度挥动手臂，眼睛紧盯食指转动。

（3）扫眼。眼睛像扫把一样，视线扫过路线上的东西都要看清，如看商品、看车牌号码、看行人、进行英语阅读等。

慢扫眼：在离眼睛 2~3 米处，放一张画或其他物品，头不动，眼睑抬起，由左向右，做放射状缓缓横扫，再由右向左，四拍一次，进行练习。视线扫过的所有东西尽量一次全部看清。眼球转到两边位置时，一定要定住。逐渐扩大扫视长度，两边可增视斜角 25 度，头可随眼动，但要平视。

快扫眼：要求同慢扫眼一样，但速度加快，由两拍到位加快至一拍到位。两边定眼。可结合上述眼神练习进行表演及小品练习。

初练时，眼睛会有酸痛感，这是正常现象，其间可闭目休息两三分钟。待眼睛肌肉适应了，这些现象也就消失了。

常言道："手之所至，腿随之；感情所至，心随之；心之所至，感情随之；感情所至，味随之。"在训练中，要注意动作与感情的结合。

（六）修炼眼神要点

（1）眼神要灵活。眼神中流露出的是你的过去、现在和将来。灵活的眼神，会给人一种流动的美感。

（2）眼神要有礼貌。在公交车、电梯等近距离空间，应避免目光对视良久。在公共场合，应避免上下打量，左顾右盼；众目睽睽之下，要用眼神树立自己的形象。

（3）平常注意不要有斜视、俯视、不屑一顾、轻浮等不礼貌的眼神。

（4）恰当地运用眼神，需要加强文化、品德修养。

九、不良仪态举止

一个人的举止端庄、行为文明、动作规范，是良好素养的表现。良好的素养能帮助一个人树立良好形象，也能为组织赢得美誉；反之，则会损害组织形象。以下不受欢迎的坏习惯和不良举止应该在交际中努力戒除：

1. 打哈欠

在与人谈话的时候，尤其是当对方滔滔不绝地发表意见时，你也许会感到疲倦，这时要按捺住性子让自己不打哈欠，因为这时候打哈欠往往会让人感觉你不耐烦了，而不是你疲倦了。

2. 掏耳和挖鼻

大家正在喝茶、吃东西的时候，掏耳的小动作往往会令旁观者感到恶心。这个小动作实在不雅，而且有些失礼。同样，用手指挖鼻也是非常失礼的动作。

3. 剔牙

宴会上，谁也免不了有剔牙的小动作。既然这个小动作不能避免，就得注意一些，比如剔牙时不要露出牙齿，而且不要把碎屑乱吐，最好用左手掩嘴，头略向侧偏，吐出碎屑时用纸巾接住。

4. 搔头皮

有些头皮屑较多的人，在社交场合也忍不住搔头皮，从而使头皮屑乱飞，这必然会令旁人大感不快。搔头皮这种举动在社交场合是非常失礼的，特别是在宴会上，或者较为严肃、庄重的场合。

5. 双腿抖动

这种小动作多发生在坐着的时候，站立时较为少见。虽然无伤大雅，但是双腿颤动不停，会令身边的人觉得不舒服，而且给人情绪不安定的感觉。同样，让跷起的腿钟摆似的打秋千也是相当难看不雅的姿态。

6. 频频看表

在与人交谈时，如果无其他重要约会，最好少看自己的手表。这样的小动作会让对方认为你还有重要的事情要处理，从而使谈话很难继续下去。同时，可能引起对方的误会，认为你没有耐心再谈下去。如果你确实有事在身的话，不妨婉转地告诉对方，并表示歉意。

实际案例

礼仪趣事 —— 形象创造的奇迹

曾任美国总统的老布什，能够坐上总统的宝座，成为美国“第一公民”，与他的状态表现分不开。1988 年，在总统选举中，老布什的对手杜卡基斯猛烈抨击老布什是里根的影子，没有独立的政见，而老布什在选民中的形象也的确不佳，在民意测验中一度落后于杜卡基斯 10 多个百分点。未料两个月以后，老布什以光彩照人的形象扭转了劣势，反而领先 10 多个百分点，创造了奇迹。原来老布什有个毛病，他的演讲不太好，嗓音又尖又细，手势及手臂动作总显得很死板，身体动作也不美。后来他接受了专家的指导，纠正了尖细的嗓音、生硬的手势和不够灵活的摆动手臂的动作，结果就有了独特的魅力。在以后的竞选中，老布什竭力表现出强烈的自我意识，并且在演讲的时候穿着卡其布蓝色条子厚衬衫，以显示“平民化”。终于，他改变了原来人们对他的评价，获得了最后的胜利。

资料来源：柯晶莹，常静．商务礼仪［M］. 上海：上海交通大学出版社，2022：23。

细节之处显精神，举止言谈见文化，一个人即使有美国总统的胆识和见地，也必须通过光彩照人的形象才能展现独特的魅力。可见，个人礼仪是一个人内在修养和素质的外在表现，同时也是人际交往中的一门艺术。随着社会的发展，人与人之间的交往越来越频繁，人们对个人礼仪更是倍加关注。那么，个人礼仪都包括哪些内容呢？我们应该如何遵循个人礼仪规范？

第三章 商务交际礼仪

第一节　称呼礼仪

实际案例

注意称呼

一天，有位斯里兰卡的客人来到南京的一家宾馆准备住宿。前厅服务人员为了确认客人的身份，在办理相关手续及核对证件时花费了较多的时间。看到客人等得有些不耐烦了，服务人员便用中文跟陪同客人的女士解释，希望能够得到对方的谅解。谈话中，服务人员习惯性地用了“老外”这个词来称呼客人。谁料这位女士听到这个称呼后立刻沉下脸来，表示极大的不满。原来这位女士不是别人，正是客人的妻子。见此情形，这位服务人员立即赔礼道歉，但客人的心情已经大受影响，始终不能释怀，还对这家宾馆产生了不好的印象。

资料来源：付桂萍．做派：在商务活动中合乎情境地展示自己［M］．长沙：湖南人民出版社，2013。

案例思考

1. 交际中怎样称呼才能表达敬意？
2. 本案例对你有何启示？

语言，是人类用以表达思想、联络情感、沟通信息的特有工具。在日常工作与生活中，语言是最重要的交际工具。俗话说：“言为心声。”所谓语言礼仪规范，是指运用语言文字不能不遵守的一些成规。语言的风度之美体现在言之有据、言之有礼、言之有情、言之有文。日常谈吐不仅能反映一个人的涵养，而且能体现一个人的知识水平和精神世界。

言谈是人际沟通的重要手段，具有不可替代的作用。若想通过言谈达到商务沟通的目的，除了在表达上要词义准确外，还要注意言谈的基本要求，以真诚的态度、文明的语言、专注的神态，实现以“礼”取胜。

“良言一句三冬暖，恶语伤人六月寒。”“一言可以兴邦，一言可以亡国。”会说话，在商务场合怎么强调其重要性都不为过。现在很多人认为，会说话，就是所说的话让人感觉舒服。所谓情商，就是说话让人感觉舒服的程度。

称呼，是指人们在日常交往中彼此间的称谓。称呼礼仪的总体要求有三个：一是合乎常规，二是照顾被称呼者的个人习惯，三是入乡随俗。

一、称呼的种类

称呼一般分为敬称和谦称两种。

（一）敬称

1. 称呼语

对别人的长辈可加“尊”字，如“尊叔”“尊祖父”等；对德高望重的长者，可在其后加“老”或“公”，如“李老”“张老”“郭公”，以示尊敬，现代常用尊称“您”“老”“兄”等。

2. 泛尊称（一般的敬称）

泛尊称包括以下几种：一般称呼语，“先生”“女士”“太太”“小姐”“小妹”“美女”“同志”；“老+姓氏”“大+姓氏”“小+姓氏”构成的称呼；“姓名+职业”“姓名+职务”“姓名+职称”等构成的称呼；以辈分高低称呼对方，对有身份者或长者，可用“先生”相称，也可在“先生”前冠以姓氏。

3. 美称

美称是指美好的称呼或声誉，表示对某人、某事、某物的赞美、肯定以及尊重，多用于书面语。以“贤”“令”等字代表，如“贤兄”“贤弟”“贤侄”“贤婿”“令尊”“令堂”“令荆”“令爱”“令郎”等（“令尊”指对方的父亲，“令堂”指对方的母亲，“令荆”指对方的夫人，“令爱”指对方的女儿，“令郎”指对方的儿子）。称对方子女，还可用“公子”“千金”。

4. 婉称

“阁下”，用于对部长级以上官员的称呼；“麾下”，用于对将帅的称呼；“驾”为古代帝王车驾的总称，“尊驾”“大驾”是对对方的敬称；“颜”，以容貌、脸色指代长者，“尊颜”“威颜”用于称呼男性，“慈颜”用于称呼女性。

（二）谦称

谦称一般有以下五种用法：①直接用贬义词自称及称与自己相关的事物，如“愚”、“敝”、“鄙”、“拙”（称自己夫人时用“拙荆”）、“犬”（称自己的儿子时用

“犬子”）；②用低下地位称呼自己，如“晚生”“学生”“在下”；③用低小辈分称呼自己，如“小弟”“小侄”“小王”；④不带姓氏，直呼自己的名字；⑤以“家”“舍”“小”称呼家属，如“家父”“舍弟”“舍侄”“小媳（儿媳妇）”。

二、生活中的称呼礼仪

生活中的称呼，主要是对亲属、朋友、熟人的称呼。

1. 对亲属的称呼

常规：“祖父”“曾祖父”“表兄”“表弟”“堂兄”“堂弟”“爷爷”“奶奶”等。

特例：对本人的亲属，应采用谦称。称辈分或年龄高于自己的亲属，可在其称呼前加“家”字，如“家父”“家叔”“家姐”。称辈分或年龄低于自己的亲属，可在称呼前加“舍”字，如“舍弟”“舍侄”。称自己的子女，则可在其称呼前加“小”字，如“小儿”“小婿”。

对他人的亲属，应采用敬称。对其长辈，宜在称呼之前加“尊”字，如“尊母”“尊兄”；对其平辈或晚辈，宜在称呼之前加“贤”字，如“贤妹”“贤侄”；若在其亲属的称呼前加“令”字，一般可不按辈分或长幼，如“令堂”“令尊”“令爱”“令郎”。

对待比自己辈分低、年纪小的亲属，可以直呼其名；称其爱称、小名，或者在其名字之前加上“小”字相称，如“铁蛋”“毛毛”“小宝”等。

2. 对朋友、熟人的称呼

敬称，对任何朋友、熟人，都可以人称代词“你”“您”相称。对长辈、平辈，可称“您”。对待晚辈，则可称“你”。以“您”称呼他人，是为了表示自己的恭敬之意。

对有身份者、年长者，可以“先生”相称，其前还可加上姓氏。

对文艺界、教育界人士，以及有成绩者、有身份者，均可称为“老师”。

对德高望重的年长者、资深者，可称为“公”或“老”，如“周公”。若被尊称者名字为双音，则可将其双名中的头一个字加在“老”之前，如可称沈雁冰先生为“雁老”。平辈的朋友、熟人，均可彼此间以姓名相称。长辈对晚辈也可这么做。对于邻居、至交，有时可用“大爷”“大娘”“大叔”“大婶”“爷爷”“奶奶”等类似血缘关系的称呼，令人感到亲切，称呼时也可加上姓氏。

三、工作中的称呼礼仪

工作上的称呼一般可以分职务性称呼、职称性称呼、学衔性称呼、行业性称呼、姓名性称呼五种。

1. 职务性称呼

职务性称呼一般可分为三种情况：

（1）仅称职务，如“主任”。

（2）在职务前加姓氏，如“张主任”。

（3）在职务前加姓名，仅适合极其正式的场合，如“张××副司令”。

2. 职称性称呼

职称性称呼也可分为三种情况：

（1）仅称职称，如“教授”。

（2）在职称前加姓氏，如“李教授”。

（3）在职称前加姓名，仅适合极其正式的场合，如“李××教授”。

3. 学衔性称呼

学衔性称呼主要用于增加被称呼者的权威性，以及增强现场的学术气氛，可以分四种情况：

（1）仅称学衔，如“博士”。

（2）在学衔前加姓氏，如“王博士”。

（3）在学衔前加姓名，如“王×博士”。

（4）将学衔具体化，说明其学科，如“理学博士王×”。

一般来说，学衔称呼只适合博士级别，如果是学士、硕士，则不用学衔称呼。

4. 行业性称呼

称呼职业：“老师”“教练”“律师”“警官”“医生”“法官”等。一般情况下，在此类称呼前可加上姓氏或姓名。比如，“万老师”“李教练”“张律师”“赵警官”“陈医生”“周法官”等。

称呼“小姐、女士、先生”：一般是对商界、服务业从业人员的称呼。注意，未婚者称“小姐”，然而现在该词与“同志”一样含义被异化了，不宜使用。已婚者或不明确婚否者称“女士”，可加上姓氏或姓名。

5. 姓名性称呼

在工作岗位上，姓名性称呼一般用于同事、熟人之间。姓名性称呼有以下三种情况：

（1）直呼其名，即把人的名字全称都叫出来，这是在正式场合下比较通用的称呼。

（2）只呼其姓，不称其名，但在前面加上“老”“大”“小”。

（3）只呼其名，不呼其姓，应用于同性之间，上司称呼下级，长辈称呼晚辈，亲友、邻里之间。

四、外交中的称呼礼仪

在外交场合，称呼要注意两点：一是掌握一般性规律，即国际上通行的做法；二是留心国别差异，加以区别对待。

1. 一般性规律

对任何成年人：男子称“先生”，女子称“小姐”（未婚者或不了解其婚否者）、“夫人”（已婚者和戴结婚戒指者）或“女士”（不了解其婚否者）。上述称呼，可加上姓名、职务、职称、学衔或军衔。

商务交往：一般称“先生”“小姐”“女士”。在国际商务交往中，一般不称呼交往对象的行政职务，这点与我国不同。

政务交往：一般称呼“先生”“小姐”“女士”。另外，还有两种叫法：一是称其职务；二是对地位较高者称“阁下”，还可加上“先生”，如“总理先生阁下”。要注意先后次序。在美国、德国、墨西哥等国，没有称“阁下”的习惯。

军界交往：主要以军衔相称。有四种情况：一是只称军衔；二是在军衔后加上“先生”；三是先姓名后军衔；四是先姓名、次军衔、后“先生”，如“巴顿将军先生”。

宗教界交往：一般称呼其神职。有三种叫法：一是仅称神职，如“牧师”；二是姓名加上神职，如“亚当神父”；三是神职加上“先生”，如“传教士先生”。

君主制国家的王公贵族：要尊重对方习惯，如称国王、皇后为“陛下”，称王子、公主、亲王为“殿下”，称有封号、爵位者为“爵士”“伯爵”“大公”。有时，可在其前加上姓名，如“西哈努克亲王”“拉那烈王子”等。

教授、法官、律师、医生、博士，因其地位较高，可直接以此称呼。具体有四种情况：一是直接称呼，如“教授”；二是加上姓名，如“伏特教授”；三是其后加上先生，如“法官先生”；四是其前加姓名，其后加“先生”，如“罗伯特博士先生”。

2. 国别性差异

在英国、美国、加拿大、澳大利亚、新西兰等讲英语的国家，人们的姓名一般名字在前，姓氏在后。例如：女子结婚后姓名通常由本名夫姓组成，如“玛格丽特（本名）·撒切尔（夫姓）”；有些英美人士姓名前冠以“小”字，与年龄无关，表明其沿用了父辈之名，如小布什。在十分正式的场合，要称名全称加“先生”“小姐”“女士”“夫人”；对关系密切的人，也可直呼其名，且不论辈分，家人和亲友间还可用爱称。

俄罗斯称呼：姓名=本名+父名+姓氏，如列宁原名为“弗拉基米尔·伊里奇·乌里扬诺夫”。妇女的姓名=本名+父名+婚前用父姓（婚后用夫姓），口头称呼一般只称姓氏或本名，如米哈伊尔（A）·谢尔盖耶维奇（B）·戈尔巴乔夫（C）只称B或A，表示客气和尊敬时称A+B；对长者表达敬意，方可仅称B。

日本的称呼与中国类似，但要分清姓和名。书写不可以分开，如桥本龙太郎，桥本是姓，龙太郎是名。日本妇女婚前用父姓，婚后用夫姓，本名不变。日本日常交往中一般只称姓，正式场合使用全称加上“先生”“小姐”“女士”“夫人”。

五、称呼礼仪的一般规则

一句话可以得罪人，同样，一句话也可以令人感到亲切，产生交谈的欲望。在人际交往中，应尽量减少使用专业术语，如医学专业术语、银行专业术语等。招呼语要通俗易懂，人们才能感到亲切和友善。陌生人之间的交往需要适度寒暄，以增进彼此的了解和好感。我们应该多练习寒暄语的运用，提高自己的人际交往水平。

打招呼的一般规则如下：

（1）男性先向女性致意。

（2）年轻者不管男女，均应先向年长者致意。

（3）下级应先向上级致意。

（4）两对夫妇见面，女性首先互相致意，其次男性分别向对方的妻子致意，最后男性互相致意。

（5）在大街上打招呼，三四步远是最好的距离，男子可欠身或点头，如果戴着帽子，则须摘去。

（6）与人打招呼时，忌叼着烟卷或把手插在衣袋里。

（7）女性在各种生活场景中，均应主动微笑点头致意，以示亲和。

（8）对熟人不打招呼或不应答向你打招呼的人都是失礼的行为。

（9）与西方人打招呼时，应避免中式用语“你上哪儿去”“你干什么去”等。在西方人看来，这有涉人私事之嫌，是失礼的语言，更不应说“吃饭了吗”，否则会被误认为你想邀请他一起吃饭。

（10）与少数民族及信奉宗教的人打招呼，应根据当地的宗教信仰及打招呼习惯。如与信奉伊斯兰教的人打招呼，首先应用“真主保佑”以示祝福，否则容易引起不必要的麻烦或误解，影响双方的正常交往。

（11）在服务性行业，一般要求顺着客户的心理与其进行适度的交谈。例如，当客户说“对不起，请问你们总经理在不在？”时，接待人员应当马上回答“您找我们总经理吗？请问贵公司的名称？麻烦您稍等一下”。与此同时，要自然展现出合适的肢体语言，并用充满关怀的语气与对方交流。在商务交往中，要学会根据环境使用不同的关怀话语，拉近与交往对象之间的距离。充满关怀的话语能让人愿意与你交往，并对你产生好感。在商务交往中，应避免使用双关语、忌讳语及不当言辞，因为那样很有可能令人感到不舒服。

六、称呼的禁忌

在人际与商务交往中，不宜采用以下六种错误称呼：

1. 庸俗的称呼

所谓庸俗的称呼，是指亲密无间的人之间相互的叫法，以表示亲密或亲昵的关系。

然而，在正式场合采用这样的称呼，是既失礼又失身份的表现，如“哥们儿”“死党”。

2. 他人的绰号

在任何情况下，当面以绰号称呼他人都是不尊重对方的表现，特别是不能因形体特点耻笑人，不能拿别人的姓名乱开玩笑。比如，明朝开国皇帝朱元璋最忌讳别人叫他“朱和尚”“朱重八”“朱叫花子”，特别是当他当了皇帝之后，如果听到民间有谁这么叫他，那是要砍头的。

3. 地域性称呼

有些称呼具有地域特征，如“师傅”、“小鬼”、“憨包”（云南方言）、“憨公”（湖南方言）、“瓜娃子”（四川方言）、“瘪三”、“小赤佬”（上海方言）等，不宜不分场合、不分对象地滥用。

4. 简化性称呼

在正式场合，有很多称呼不宜简化。比如，把“张局长”“王处长”“赵总经理”称为“张局”“王处”“赵总”就显得有些不礼貌。

5. 错误性称呼

在称呼对方时出现错误，显然是十分失礼的。常见的错误称呼无非就是误读或是误会。误读就是念错姓名，为了避免这种情况的发生，对于不认识的字，要事先有所准备。如果是临时遇到，就要谦虚请教。误会主要是指对被称呼者的年纪、辈分、婚否以及与其他人的关系做出错误判断。比如，将未婚女士称为“夫人”，就属于误会。

鉴于此，对中国的百家姓，特别是里面难念的姓氏，要特别注意。比如，仇（qiú）、蒯（kuǎi）、尉迟（yùchí）、皋（gāo）、单（shàn）、仉（zhǎng）、逄（páng）、缑（gòu）等。

6. 无称呼

需要称呼对方时，如果根本不用任何称呼，或者代之以“喂” “前头的那位”“嘿”“那边的”等，都是极不礼貌的。

为了不让人家称呼的时候尴尬，也避免自己的孩子尴尬，在给自己孩子取名时也应注意，千万别取容易引起歧义、让人嘲笑且让自己尴尬的名字。比如，“朱尚术”（猪上树）、“朱布儒”（猪不如）、“蔡泰贤”（菜太咸）、“秦寿”（禽兽）、“刘汉坚”（留汉奸）、“裴光”（赔光）、“裴虔”（赔钱）、“郝建”（好贱）、“史珍香”（屎真香）等。

知识拓展

中国古代称呼礼仪

中国古代称呼十分讲究，一般有以下几种情况：

1. 直称姓名

大致有三种情况：

（1）自称姓名或名，如“五步之内，相如请得以颈血溅大王矣”，“庐陵文天祥自序其诗”。

（2）用于介绍或作传，如“遂与鲁肃俱诣孙权”，“柳敬亭者，扬之泰州人”。

（3）称所厌恶、轻视的人，如“不幸吕师孟构恶于前，贾余庆献谄于后”。

2. 称字

古人幼时命名，成年（男20岁、女15岁）取字，字和名有意义上的联系。字是为了便于他人称谓，对平辈或尊辈称字是出于礼貌和尊敬，如称屈平为“屈原”，称司马迁为“司马子长”，称陶渊明为“陶元亮”，称李白为“李太白”，称杜甫为“杜子美”，称韩愈为“韩退之”等。

3. 称号

号又叫“别号”“表号”。名、字与号的根本区别是：前者由父亲或尊长取定，后者由自己取定。号，一般只用于自称，以显示某种志趣或抒发某种情感。对人称号也是一种敬称，如陶潜号“五柳先生”，李白号“青莲居士”，杜甫号“少陵野老”，白居易号“香山居士”，李商隐号“玉溪生”，贺知章晚年自号“四明狂客”，欧阳修号“醉翁”、晚年又号“六一居士”，王安石晚年号“半山”，苏轼号“东坡居士”等。

4. 称谥号

古代王侯将相、高级官吏、著名文士等死后被追加的称号叫“谥号”，如称陶渊明为“靖节征士”，称欧阳修为“欧阳文忠公”，称王安石为“王文公”，称范仲淹为“范文正公”，称王翱为“王忠肃公”，称左光斗为“左忠毅公”，称史可法为“史忠烈公”，称林则徐为“林文忠公”。称奸臣秦桧为“缪丑”则是一种“恶谥”。

5. 称斋名

称斋名是指用斋号或室号来称呼。比如，南宋诗人杨万里的斋名为“诚斋”，人们称其为“杨诚斋”；姚鼐因斋名为“惜抱轩”而被称为“姚惜抱”“惜抱先生”。又如，称蒲松龄为“聊斋先生”，称梁启超为“饮冰室主人”等。

6. 称籍贯

唐代诗人孟浩然是襄阳人，故而人称“孟襄阳”；张九龄是曲江人，故而人称“张曲江”；柳宗元是河东（今山西永济）人，故而人称“柳河东”；北宋王安石是江西临川人，故而人称“王临川”；明代戏曲家汤显祖是江西临川人，故而人称“汤临川”。

7. 称郡望

韩愈虽系河内河阳（今河南孟州市）人，但因昌黎（今辽宁义县）韩氏为唐代望族，故韩愈常以“昌黎韩愈”自称，世人遂称其为“韩昌黎”。苏轼本是四川眉州人，可他有时戏称自己为“赵郡苏轼”“苏赵郡”，就因为苏氏是赵郡的望族。

8. 称官名

把官名用作人的称谓在古代相当普遍。例如：称贾谊为“贾太傅”；东晋大书法家王羲之官至右军将军，至今人们还称其为“王右军”；王维曾任尚书右丞，世称“王右丞”；杜甫曾任左拾遗，故而被称为“杜拾遗”，又因任过检校工部员外郎，故又被称为“杜工部”；刘禹锡曾任太子宾客，故而被称为“刘宾客”；柳永曾任屯田员外郎，故而被称为“柳屯田”；苏轼曾任端明殿翰林学士，故而被称为“苏学士”。又如，“孙讨虏聪明仁惠”，“孙讨虏”即孙权，因他曾被授讨虏将军的官职，故称。《与妻书》曰：“司马春衫，吾不能学太上之忘情也。”“司马”指白居易，因曾任江州司马而得此称。

9. 称爵名

《训俭示康》中有“近世寇莱公豪侈冠一时”，寇准的爵号是“莱国公”，“莱公”是省称。《梅花岭记》中有“和硕豫亲王以先生呼之”，清代多铎被封为豫亲王。南北朝诗人谢灵运袭其祖谢玄的爵号“康乐公”，故世称“谢康乐”。唐初名相魏徵曾封爵郑国公，故世称“魏郑公”。名将郭子仪在平定“安史之乱”中因功封爵汾阳郡王，世称“郭汾阳”。

10. 称官地

称官地是指用任官之地的地名来称呼。比如，《赤壁之战》中：“豫州今欲何至?”因刘备曾任豫州刺史，故以官地称之。又如，贾谊曾被贬为长沙王太傅，世称“贾长沙”；“建安七子”之一的孔融曾任北海相，世称“孔北海”；陶渊明曾任彭泽县令，世称“陶彭泽”；骆宾王曾任临海县丞，世称“骆临海”；岑参曾任嘉州刺史，世称“岑嘉州”；韦应物曾任苏州刺史，世称“韦苏州”；柳宗元曾任柳州刺史，世称“柳柳州”；贾岛曾任长江县主簿，世称“贾长江”，他的诗集就叫《长江集》。

11. 兼称

《游褒禅山记》中有“四人者，庐陵萧君圭君玉，长乐王回深父，余弟安国平父、安上纯父”，前两人兼称籍贯、姓名及字，后两人先写与作者关系，再称名和字；《五人墓碑记》中有“贤士大夫者，冏卿因之吴公，太史文起文公，孟长姚公也”，前两人兼称官职、字和姓，后一人称字和姓；《梅花岭记》中有“督相史忠烈公知势不可为”，兼称官职与谥号，“马副使鸣騄、任太守民育及诸将刘都督肇基等皆死”，兼称姓、官职和名；《促织》中有“余在史馆，闻翰林天台陶先生言博鸡者事”，兼称官职、籍贯和尊称。

12. 谦称

(1) 表示谦逊的态度，用于自称。愚，谦称自己不聪明。鄙，谦称自己学识浅薄。敝，谦称自己或自己的事物不好。卑，谦称自己身份低微。窃，有私下、私自之意，使用它常有冒失、唐突之意。臣，谦称自己不如对方的身份地位高。仆，谦称自己是对方的仆人，使用它含有为对方效劳之意。

（2）古代帝王的自谦词有“孤”（小国之君）、“寡”（少德之人）、“不谷”（不善）。

（3）古代官吏的自谦词有“下官”“末官”“小吏”等。

（4）读书人的自谦词有“小生”“晚生”“晚学”等，表示自己是新学后辈；如果自谦为“不才”“不佞”“不肖”，则表示自己没有才能或才能平庸。

（5）古人称自己一方的亲属朋友时，常用“家”“舍”等谦词。“家”是对别人称自己辈分高或年纪大的亲属时用的谦词，如“家父”“家母”“家兄”等。“舍”用于谦称自己的家或自己的卑幼亲属，前者如“寒舍”“敝舍”，后者如“舍弟”“舍妹”“舍侄”等。

（6）其他自谦词。因为古人坐席时尊长者在上，所以晚辈或地位低的人谦称“在下”；“小可”是有一定身份的人的自谦，意思是自己很平常、不足挂齿；“小子”是子弟晚辈对父兄尊长的自称；老人自谦时用“老朽”“老夫”“老汉”“老拙”等；女子自称“妾”；老和尚自称“老衲”；对别国称自己的国君为“寡君”。

13. 敬称

敬称，表示尊敬客气的态度，也叫“尊称”。

（1）对帝王的敬称有“万岁”“圣上”“圣驾”“天子”“陛下”等。驾，本指皇帝的车驾。古人认为，皇帝当乘车行天下，于是用“驾”代称皇帝。古代帝王认为，他们的政权是受命于天而建立的，所以称皇帝为“天子”。古代臣子不敢直达皇帝，就告诉在陛（宫殿的台阶）下的人，请他们把意思传达上去，所以用“陛下”代称皇帝。

（2）对皇太子、亲王的敬称是“殿下”。

（3）对将军的敬称是“麾下”。

（4）对有一定地位的人的敬称：对使节称“节下”；对三公、郡守等有一定社会地位的人称“阁下”，现在多用于外交场合，如“大使阁下”。

（5）对对方或对方亲属的敬称有“令”“尊”“贤”等。令，意思是美好，用于称呼对方的亲属，如“令尊”（对方父亲）、“令堂”（对方母亲）、“令阃”（对方妻子）、“令兄”（对方的哥哥）、“令郎”（对方的儿子）、“令爱”（对方的女儿）。尊，用来称与对方有关的人或物，如“尊上”（称对方父母），“尊公”“尊君”“尊府”（皆称对方父亲），“尊堂”（对方母亲），“尊亲”（对方亲戚），“尊驾”（对方），“尊命”（对方的嘱咐），“尊意”（对方的意思）。贤，用于称平辈或晚辈，如“贤家”（对方）、“贤郎”（对方的儿子）、“贤弟”（对方的弟弟）。仁，表示爱重，应用范围较广，如称同辈友人中长于自己的人为“仁兄”，称地位高的人为“仁公”等。

（6）称年老的人为“丈”“丈人”，如“子路从而后，遇丈人”（《论语》）。唐朝以后，“丈”“丈人”专指妻父，又称“泰山”，妻母称“丈母”或“泰水”。

（7）称谓前面加“先”，表示已死，用于敬称地位高的人或年长的人，如称已经死去的皇帝为“先帝”，称已经死去的父亲为“先考”或“先父”，称已经死去的母亲为

“先慈”或“先妣”，称已经死去的有才德的人为“先贤”。称谓前加“太”或“大”表示再长一辈，如称帝王的母亲为“太后”，称祖父为“大（太）父”，称祖母为“大（太）母”。唐代以后，对已经死去的皇帝多称庙号，如唐太宗、唐玄宗、宋太祖、宋仁宗、元世祖、明太祖等。明清两代，也用年号代称皇帝，如称朱元璋为“洪武皇帝”，称朱由检为“崇祯皇帝”，称玄烨为“康熙皇帝”，称弘历为“乾隆皇帝”。

（8）对尊长者和用于朋辈间的敬称有“君”“子”“公”“足下”“夫子”“先生”“大人”等。

（9）君对臣的敬称是“卿”或“爱卿”。

（10）对品格高尚、智慧超群的人用“圣”来表敬称，如称孔子为“圣人”，称孟子为“亚圣”。后来，“圣”多用于帝王，如“圣上、圣驾”等。

14. 贱称

贱称表示轻慢斥骂的态度。比如，《荆轲刺秦王》中有：“今往而不反者，竖子也。”《毛遂自荐》中有：“白起，小竖子耳。”《鸿门宴》中有：“竖子不足与谋！”《孔雀东南飞》中有：“小子无所畏，何敢助妇语！”

15. 特殊称谓

特殊称谓主要有以下四种：

（1）百姓的称谓。常见的有“布衣”“黔首”“黎民”“生民”“庶民”“黎庶”“苍生”“黎元”“氓”等。

（2）职业的称谓。对一些以技艺为职业的人，称呼时常在其名前面加一个表示其职业的字眼，让人一看就知道这个人的职业身份。比如，《庖丁解牛》中的“庖丁”，“丁”是名，“庖”是厨师，表明职业；《师说》中的“师襄”和《群英会蒋干中计》中提到的“师旷”，“师”，意为乐师，表明职业；《柳敬亭传》中的“优孟”，是指名叫“孟”的艺人，“优”亦称“优伶”“伶人”，古代用于称呼以乐舞戏谑为职业的艺人，后也称“戏曲演员”。

（3）不同朋友关系的称谓。贫贱而地位低下时结交的朋友叫“贫贱之交”；情谊契合、亲如兄弟的朋友叫“金兰之交”；可以同生死、共患难的朋友叫“刎颈之交”；在遇到磨难时结交的朋友叫“患难之交”；情投意合、友谊深厚的朋友叫“莫逆之交”；从小一块儿长大的异性好朋友叫“竹马之交”；以平民身份相交往的朋友叫“布衣之交”；辈分不同、年龄相差较大的朋友叫“忘年之交”；不拘于身份、形迹的朋友叫“忘形交”；不因贵贱的变化而改变深厚友情的朋友叫“车笠交”；在道义上彼此支持的朋友叫“君子交”；心意相投、相知很深的朋友叫“神交”（也指彼此慕名而未见过面的朋友）。

（4）年龄的称谓。古人的年龄有时不用数字表示，不直接说出某人多少岁或自己多少岁，而是用一种与年龄有关的称谓来代替。

垂髫（tiáo）：三四岁至八九岁的儿童（髫，古代儿童头上下垂的短发）。

总角：八九岁至十三四岁的少年（古代儿童将头发分作左、右两半，在头顶各扎成一个结，形如两根羊角，故称“总角”）。

豆蔻：十三四岁至十五六岁（豆蔻是一种初夏开花的植物，初夏还不是盛夏，比喻人还未成年，故称未成年的少年时代为“豆蔻年华”）。

束发：男子十五岁（到了十五岁，男子要把原先的总角解散，扎成一束）。

弱冠：男子二十岁（古代男子二十岁行冠礼，表示已经成人，因为还没到壮年，故称“弱冠”）。

而立：三十岁（立，“立身、立志”之意）。

不惑：四十岁（不惑，“不迷惑、不糊涂”之意）。

知命：五十岁（知命，“知天命”之意）。

花甲：六十岁。

古稀：七十岁。

耄耋（mào dié）：八九十岁。

期颐：一百岁。

资料来源：http：//www. wenxm. cn/liyi/chuantong/987530. html。

第二节　介绍礼仪

实际案例

如此见面

小李大学刚毕业，在大华公司总经理办公室做秘书工作。一天，公司王总经理派他到机场去接广州明光公司销售部经理吴丽晶。小李准时来到机场，在出口处吴经理见到小李手中的字牌，走到小李面前说：“你好！你是小李吧，我是吴丽晶！”小李连忙用不大标准的普通话说：“是的，是的，我是小李，您好！您就是广州过来的狐狸精（吴丽晶）吧？我是王总派来接您的，我是东方大学行政管理专业毕业的研究生，现在是王总的秘书。”他一边说一边伸手准备与吴经理握手。

资料来源：吴蕴慧，徐静．现代礼仪实务［M］．上海：上海交通大学出版社，2011。

案例思考

面对小李这样的称呼、这样的自我介绍、这样的握手方式，吴经理会有什么感觉？

一、自我介绍礼仪

在人际交往中正确得体地介绍自己，不仅人助于扩大交际范围，而且有助于自我宣传、自我展示，从而使沟通更加顺畅。自我介绍，即将本人介绍给他人。

（一）自我介绍的注意事项

自我介绍需要注意以下事项：

1. 注意态度

态度一定要自然、友善、亲切、随和。应镇定自信、落落大方、彬彬有礼，既不唯唯诺诺，也不虚张声势、轻浮夸张，表达自己渴望认识对方的真诚情感。任何人都愿意被他人重视，如果你态度热忱，那么对方也会热忱。语气要自然，语速要正常，语音要清晰。在自我介绍时，镇定自若，潇洒大方，有助于给人留下良好印象；相反，如果你流露出畏怯和紧张，结结巴巴，目光不定，面红耳赤，手忙脚乱，则会给他人留下不好的印象，也会影响彼此间的沟通。

2. 注意时机

要抓住时机，在适当的场合进行自我介绍。比如，选择在对方有空闲，而且情绪较好，又有兴趣时进行介绍，就不会使对方感觉被打扰。

3. 注意时间

自我介绍应言简意赅，尽可能地节省时间，以半分钟左右为佳，一般不宜超过 1 分钟。话说得多了，不仅显得啰唆，而且交往对象未必记得住。为了节省时间，做自我介绍时，还可用名片、介绍信加以辅助。

4. 注意方法

进行自我介绍时，应先向对方点头致意，得到回应后再向对方介绍自己。如果有介绍人在场，自我介绍则会被视为不礼貌。应善于用眼神表达自己的友善、关心以及沟通的渴望。如果你想认识某人，最好预先获得一些有关他的信息，如性格、特长、兴趣爱好等，这样在自我介绍后，便很容易融洽交谈。在获得对方的姓名之后，不妨口头加重语气重复一次，因为每个人都会乐意听到自己的名字。

5. 注意内容

自我介绍应包括以下基本内容：本人的姓名、供职的单位，以及具体部门、担任的职务和所从事的具体工作。这些基本内容，在自我介绍时应一口气连续报出。这样既有助于给人以完整的印象，又可以节省时间。要真实诚恳，实事求是，不可自吹自擂，夸大其词。

（二）自我介绍的形式

一般来说，自我介绍有以下五种形式：

1. 工作式

工作式适用于工作场合。介绍时，应告诉对方本人姓名、供职单位，以及部门、职务或所从事的具体工作等，比如，“你好，我叫××，是××公司的销售经理。”“我叫××，在××学校上学。”

2. 应酬式

应酬式适用于某些公共场合和一般性的社交场合。这种自我介绍最为简洁，往往只介绍姓名即可，如“你好，我叫××。”“你好，我是××。”

3. 交流式

交流式适用于社交活动中。用这种方式自我介绍，通常是希望与交往对象进一步交流和沟通，一般应介绍姓名、工作、籍贯、学历、兴趣及与交往对象的某些熟人的关系，如“你好，我叫××，在××工作。我是××的同学，都是××人”。

4. 问答式

问答式适用于应试、应聘和公务交往。问答式的自我介绍，应该是有问必答，问什么就答什么。

5. 礼仪式

礼仪式适用于讲座、报告、演出、庆典、仪式等正规而隆重的场合。用这种方式做自我介绍，通常应介绍姓名、单位、职务等，同时还应加入一些适当的谦辞、敬辞，如“各位来宾，大家好！我叫××，是××学校的学生。我代表学校全体学生欢迎大家光临我校，希望大家……”。

二、介绍他人礼仪

从礼仪上讲，介绍他人时如果是多人，最重要的是被介绍者的先后顺序。也就是说，在介绍他人时，介绍者应当先介绍谁、后介绍谁是需要十分注意的。

在商务交往中，经常需要在他人之间架起人际关系的桥梁。他人介绍，又称“第三者介绍”，是经第三者为彼此不相识的双方引见、介绍的一种交际方式。他人介绍通常是双向的，即对被介绍的双方各做一番介绍。有时，也进行单向的他人介绍，即只将被介绍者或某一方介绍给另一方。为他人做介绍时，需要把握顺序和方式。

（一）介绍他人的顺序

在为他人做介绍时，谁先谁后是一个重要的礼仪问题。根据商务礼仪规范，在为他人做介绍时，必须遵守“尊者优先了解情况”的规则。首先，要确定双方地位的尊卑；其次，介绍位低者；最后，介绍位尊者。这样，可使尊者先了解位低者的情况。根据规则，为他人做介绍时的顺序大致有以下八种：

（1）介绍上级与下级认识时，应先介绍下级，后介绍上级。

（2）介绍长辈与晚辈认识时，应先介绍晚辈，后介绍长辈。

（3）介绍年长者与年幼者认识时，应先介绍年幼者，后介绍年长者。

（4）介绍女士与男士认识时，应先介绍男士，后介绍女士。

（5）介绍已婚者与未婚者认识时，应先介绍未婚者，后介绍已婚者。

（6）介绍同事、朋友与家人认识时，应先介绍家人，后介绍同事、朋友。

（7）介绍来宾与主人认识时，应先介绍主人，后介绍来宾。

（8）介绍与会先到者与后来者认识时，应先介绍后来者，后介绍先到者。

（二）介绍他人的方式

由于实际需要的不同，为他人做介绍时的方式也不尽相同。介绍他人主要有以下六种方式：

1. 一般式

一般式也称“标准式”，以介绍双方的姓名、单位、职务等为主，适用于正式场合，如“请允许我来为两位引见一下，这位是×××公司营销部主任××小姐，这位是××集团副总××小姐”。

2. 简单式

简单式是指只介绍双方姓名一项，甚至只提到双方姓氏而已，适用于一般的社交场合，如“我来为大家介绍一下，这位是谢总，这位是徐董，希望大家合作愉快”。

3. 附加式

附加式也称“强调式”，用于强调其中一位被介绍者与介绍者之间的关系，以期引起另一位被介绍者的重视，如“大家好！这位是××公司的业务主管××先生。这是小儿××。请各位多多关照”。

4. 引见式

用引见式进行介绍时，介绍者要做的，是将被介绍双方引到一起，适用于普通场合，如“两位认识一下吧。大家其实都曾经在一个公司共事，但不是一个部门，接下来的，请自己说吧”。

5. 推荐式

介绍者经过精心准备再将某人推荐给其他人时，通常会重点介绍所推荐之人的优点。通常，推荐式适用于比较正规的场合，如“这位是阳××先生，这位是××公司的赵××董事长。阳先生是经济学博士，管理学专家；赵总，我想您一定有兴趣和他聊聊吧”。

6. 礼仪式

礼仪式最为正规，适用于正式场合，在语气、表达、称呼上更为规范和谦恭，如“孙女士，您好！请允许我把北京××公司的执行总裁李××先生介绍给你，李先生，这位就是广东××集团的人力资源经理孙××小姐”。

经介绍与他人相识时，既不要有意拿腔拿调或心不在焉，也不要低三下四，应根据实际情况灵活运用社交礼仪。例如，当男士位高望重而女士为年轻晚辈时，则应先把女士介绍给男士，即性别顺序要让位于地位顺序。又如，在集体介绍时，可按座次顺序，也可从贵宾开始介绍。在介绍时，除女士与年长者外，被介绍人一般应起立、微笑握手致意，并说“您好”“幸会”“久仰”之类的客套话。如果介绍是在谈判桌或宴会桌上进行的，那么被介绍的双方不必起立，只需微笑点头即可，介绍后可说些客套话。

（三）集体介绍

集体介绍实际上是介绍他人的一种特殊情况，是指被介绍的一方或者双方不止一人的情况。介绍集体时，被介绍双方的先后顺序至关重要。具体来说，集体介绍大体可分两种情况：一是为一人和多人做介绍，二是为多人和多人做介绍。

1. 集体介绍的9种情况

（1）规模较大的社交聚会，有多方参加，各方均可能有多人，为双方做介绍。

（2）大型的公务活动，参加者不止一方，而且各方不止一人。

（3）涉外交往活动，参加活动的宾主双方皆不止一人。

（4）正式的大型宴会，主持人一方人员与来宾均不止一人。

（5）演讲、报告、比赛，参加者不止一人。

（6）会见、会谈、各方参加者不止一人。

（7）婚礼、生日晚会、当事人与来宾双方均不止一人。

（8）举行会议，应邀前来的与会者往往不止一人。

（9）接待参观、访问者，来宾不止一人。

2. 集体介绍的顺序

进行集体介绍的顺序可参照他人介绍的顺序，也可酌情处理，但要注意，越是正式、大型的交际活动，越要注重介绍的顺序。

（1）先少数后多数。当被介绍者双方地位、身份大致相似时，应先介绍人数较少的一方。

（2）强调地位、身份。若被介绍者双方身份、地位存在差异，身份、地位较高者即使人数较少或只有一人，也应将其放在尊贵的位置，最后进行介绍。

（3）单向介绍。在演讲、报告、比赛、会议、会见时，往往只需要将主角介绍给广大参加者。

（4）人数多一方的介绍。若一方人数较多，可采取笼统的方式进行介绍，如“这是我的家人”“这是我的同学”。

（5）人数较多各方的介绍。若被介绍的不止两方，需要对被介绍的各方进行位次排列。排列的方法：①以其负责人身份为准；②以其单位规模为准；③以单位名称的英文字母顺序为准；④以抵达时间的先后顺序为准；⑤以座次顺序为准。

3. 集体介绍的注意事项

集体介绍的注意事项与他人介绍的注意事项类似。

（1）不要使用易产生歧义的简称。在首次介绍时，要准确地使用全称。

（2）不要开玩笑，要很正规。介绍时要庄重、亲切，切勿开玩笑。

第三节　问候礼仪

所谓问候，就是问好、打招呼，即在和别人相见时，以语言或动作向对方致意的一种方式。在问候时，一定要注意问候的内容、态度、次序等。

一、问候的方式

问候的方式有两种，分别适用于不同场合。

1. 直接式

所谓直接式问候，就是直接以问好作为问候的主要内容。它适用于正式的交往场合，特别是在初次接触的陌生商务及社交场合，如“您好”“大家好”“早上好”等。

2. 间接式

所谓间接式问候，就是以某些约定俗成的问候语，或者在当时情境下较为适合的话题作为问候的主要内容。间接式问候主要适用于非正式、熟人间的交往，如“最近过得怎样”“忙什么呢”“您去哪里”等。

二、问候的态度

问候是敬意的一种表现，态度很重要。在问候的态度上，一定要注意以下五点：

（1）主动。向他人问候时，要积极、主动。同样，当别人首先问候自己时，要立即予以回应，千万不要摆出一副高不可攀的样子。

（2）热情。问候他人时，要表现得热情、友好、真诚，无表情或者拉长苦瓜脸、表情冷漠地问候不如不问候。

（3）大方。问候他人时，必须表现得落落大方。矫揉造作、神态夸张，或者扭扭捏捏，会给人留下虚情假意的坏印象。

（4）专注。问候的时候，要面含笑意，与他人有正面的视觉交流，做到眼到、口到、意到，不要在问候对方的时候，目光游离、东张西望，这样会让对方感觉你心不在焉。

（5）自然。问候他人时要自然，自然才能显得真诚。

三、问候的次序

在正式场合，问候一定要讲究次序。具体来说，有以下两种情况：

（1）一对一的问候。两人之间的问候，通常是“位低者先问候”，即身份较低者或年轻者首先问候身份较高者或年长者。

（2）一对多的问候。如果同时遇到多人，特别是在正式会面的时候，既可以笼统地加以问候，如说“大家好”，也可以逐个加以问候。当一个人逐一问候多人时，既可以由“尊”而“卑”、由“长”而“幼”地依次而行，也可以由“近”而“远”地依次而行。

四、问候语的民俗性和地域性

问候语具有非常鲜明的民俗性和地域性特征。比如，北京人爱问别人：“您吃了吗？”其实质就是问好，你要是答“还没吃”，意思就不大对劲了。如果这样问候外国人，则常会被人理解为“要请我吃饭”“讽刺我不具有自食其力的能力”“多管闲事”“没话找话”，容易引起误会。

在阿拉伯人之间的问候中，也有一句与“您吃了吗？”异曲同工的问候语：“牲口好吗？”你可别生气，人家这样问候你，绝不是拿你当牲口，而是关心你的经济状况如何。在过着游牧生活的阿拉伯人眼中，还有什么比牲口更重要的呢？问你“牲口好吗？”，是关心你的日子过得怎么样。

为了避免误解，商界人士应以“您好”“忙吗”为问候语，最好不要乱说。牵涉个人私生活、个人禁忌等方面的话语，最好别拿出来“献丑”。例如，一见面就问人家“现在还吃不吃中药”，会令对方反感至极。

五、特殊问候

特殊问候一般有以下三种情况：

（1）节日问候。节日问候是指在节日到来时，向远方的或不常见面的亲友及关系较密切的商业客户致以问候。这是联络感情最简便也极有效的方式。

（2）喜庆时的问候与道贺。在对方有店铺开业、事业有成、乔迁新居等喜事时，应向其表示祝贺并致以问候。

（3）不幸时的问候与安慰。在对方有事业受挫、家庭变故、失恋、遭灾、失去亲人等不幸发生时，应对其表示同情、给予安慰。

第四节　见面礼仪

在交往中，见面时行一个标准的见面礼，会给对方留下深刻而美好的印象，直接体现施礼者良好的修养。我们需要掌握常用的见面礼仪。

由于各国、各民族、各地区在历史、文化传统和风俗习惯等方面的不同，人们采用的见面礼仪往往千差万别。比较常见的见面礼有拱手礼、脱帽礼、举手礼、鞠躬礼、屈膝礼、拥抱礼、亲吻礼、合十礼等。下面我们就来说说东、西方不同的见面礼仪。

一、东方见面礼仪

这里所说的东方，主要是指受儒家文化影响的东亚国家，如朝鲜、韩国、日本、新加坡、越南等。这些东方国家的见面礼仪主要有三种。

（一）拱手礼

拱手礼，又称“作揖”，是古代汉民族的相见礼。行礼时，双手互握合于胸前。拱手礼的正确做法是：行礼时，双腿站直，上身直立或向前微倾，左手在前、右手握拳在后，两手合抱于胸前，有节奏地晃动两三下，并微笑着问候。

拜年时，最好避免在着装和行礼上的中西结合。比如，穿西服拜年时，最好行鞠躬礼，而不行拱手礼，否则反差过大，会让人觉得别扭。拱手礼在东亚国家，如朝鲜、韩国，特别是在日本盛行。

（二）鞠躬礼

鞠躬礼，即上身向前弯曲，源自古代祭天仪式，后世演绎成日常礼节。弯腰、低头，避开对方视线，向其表示恭顺和没有敌意，成了向人致意，表示尊敬、谢意和致歉等的常用礼节。

鞠躬礼既适用于庄严肃穆或喜庆欢乐的仪式，又适用于普通的社交和商务活动场合。常见的鞠躬礼有以下三种：

1. 三鞠躬

三鞠躬的基本动作如下：行礼之前应当先脱帽，摘下围巾，身体肃立，目视受礼者。男士的双手自然下垂，贴放于身体两侧裤线处，女士的双手下垂搭放在腹前，身体上部向前下弯 15~90 度，然后恢复原样，如此三次。

2. 深鞠躬

深鞠躬的基本动作同三鞠躬，区别在于深鞠躬一般只鞠躬一次，但要求弯腰幅度一定要达到 90 度，以示敬意。

3. 社交、商务鞠躬礼

行礼时，要立正站好，保持身体端正，面向受礼者，距离为两三步远。以腰部为轴，整个肩部向前倾 15 度以上，一般是 60 度，具体视行礼者对受礼者的尊敬程度而定，同时问候“您好”“早上好”“欢迎光临”等。

弯腰的幅度越大，表示敬意越大、越深、越厚。致礼的弯腰角度在 15 度左右，表示一般致礼、致谢、问候。敬礼的弯腰角度在30度左右时，表示恳切致谢。敬大礼的弯腰角度是45度左右，表示诚恳致敬、致谢和歉意。敬最大礼的弯腰角度是90度左右。

在特定的群体中，应向身份最高、规格最高的长者行45度鞠躬礼；向身份次之者，行30度鞠躬礼；向身份对等者，行15度鞠躬礼；特殊情境，如婚礼、葬礼、谢罪、忏悔等场合，才行90度大鞠躬礼。

鞠躬的次数可视情况而定，唯有追悼会与喜庆的场合才用三鞠躬。如果戴帽，应先将帽子摘下再施礼，鞠躬次数为三次。行鞠躬礼时，目光不能斜视或环顾，不能嘻嘻哈哈，口里不能叼烟或吃东西，动作不能过快，要稳重、端庄，并表现出对对方的崇敬之情。受礼者一般要鞠躬还礼，长者、女士、宾客还礼时可不鞠躬，欠身点头即可。

（三）合十礼

合十礼，是将双掌十指相合于胸部正前方，五指并拢，指尖向上，手掌上端和鼻尖基本持平，手掌在整体上向外倾斜，双腿直立，上身微欠，同时头微微向前俯下。严格地讲，合十礼是佛教专用的礼节，因而在南亚和东南亚信奉佛教的国家十分盛行，在欧洲、美洲和非洲并不多见。

在国际交往中，当对方用这种礼仪向我们敬礼时，我们也应双手合十还礼。在行礼时，可以面带微笑，但最佳神态是庄严而凝重，切莫在行此礼时嬉皮笑脸、手舞足蹈，或同时点头，那会显得不伦不类。

合十礼盛行于东亚和南亚信奉佛教的国家或佛教信徒之间。

二、西方见面礼节

（一）拥抱礼

拥抱礼一般是指交往双方互相以自己的双手揽住对方的上身，借以致意。虽然中国人对此不习惯，但是这种礼节在国际社会上运用得十分广泛，是欧美各国熟人间、朋友间表达亲密感情的一种礼节。拥抱礼在中东欧、阿拉伯各国、大洋洲各国、非洲与拉丁美洲的许多国家较为常见，但在东亚、东南亚国家则较为少用。在欧洲、美洲、大洋洲，男女老幼之间均可采用拥抱礼，而在亚洲、非洲的绝大多数国家，尤其是在阿拉伯国家，拥抱礼仅适用于同性之间，异性之间拥抱是绝对不被允许的。

拥抱礼的标准方法是“左、右、左”交替拥抱。行礼时，两人走近后，正面相对而立，先各自抬起右臂，把右手搭在对方的左肩之后，随后左臂下垂，以左手扶在对方的腰部右后侧，右臂偏上，左臂偏下，按各自的方位，两人头部及上身都向左前方相互拥抱，然后头部及上身再向右前方拥抱，再次向左前方拥抱以后，礼毕。

拥抱礼在庆典、仪式、迎送等较为隆重的场合多见，在政务活动中尤为如此，在私人性质的社交、休闲场合可用可不用。在某些场合，如谈判、检阅、授勋等大多不用。拥抱礼通常与接吻礼同时进行，但礼仪性质的拥抱多见于男子之间或女子之间，而非男女之间。

（二）亲吻礼

亲吻礼是西方国家常用的会面礼。有时，它会与拥抱礼同时采用，即双方会面时既拥抱又亲吻。在行礼时，双方关系不同，亲吻的部位也会有所不同。长辈吻晚辈，应当是吻额头；晚辈吻长辈，应当是吻下颌或面颊；同辈之间，同性应贴面颊，异性应当吻面颊。行贴面亲吻礼时，应先贴一次右侧，再贴一次左侧。接吻仅限于夫妻与恋人之间。

需要注意的是，行亲吻礼时非常忌讳发出亲吻的声音。将唾液弄到对方脸上，是非常尴尬的事情。在亲吻别人时，应点到为止。不论与对方的关系如何，不论双方是否同性，都不宜表现得过于强烈、过于投入。一般唇部象征性地接触一下即可。在西方国家，亲吻礼既适用于同性之间，也适用于异性之间。在一些国家，亲吻礼仅限于同性之间使用，异性之间绝对不能使用。

（三）吻手礼

吻手礼即男士亲吻女士的手背或手指。吻手礼的正确动作是：男士行至女士面前，先立正致意，然后以右手或双手捧起女士的右手，俯首用自己微闭的嘴唇，象征性地轻吻一下女士的手背或手指背。

吻手礼的接受者仅限于已婚的女性。这种礼节主要流行于欧美国家。其特点也决定了它宜在室内进行，在户外不合时宜。施吻手礼的部位应当是女士的手背或手指背。被吻的手大多是右手。吻手时，无论双方关系如何，都不宜表现得过于热烈，点到为止，而且必须是轻轻的、象征性的接触。

三、东西方通用见面礼节

（一）点头礼

点头礼就是颔首礼。点头礼的做法是：头部向下轻轻一点，同时面带笑容。不要反复点头不止，点头的幅度也不宜过大。

点头礼适用的范围很广。路遇熟人，或与熟人、朋友在会场、剧院、歌厅、舞厅等不宜交谈之处见面，以及遇上多人而无法问候时，都可以点头致意。行点头礼时，最好摘下帽子，以示对对方的尊重。

（二）举手礼

行举手礼的场合与行点头礼的场合大致相同，可向距离较远的熟人打招呼。行举手礼的正确做法是：右臂向前方伸直，右手掌心向着对方，拇指叉开，其他四指并齐，轻轻向左右摆动。应注意不要将手上下摆动，也不要在手部摆动时用手背朝向对方。

（三）脱帽礼

脱帽礼在东西方国家都比较盛行，是指利用脱掉帽子的方式来敬礼。脱帽礼分脱帽、拿帽和提帽等几种。应邀做客，应一进门就脱下帽子（及大衣）交给主人放好。

在室内期间，不应戴帽子，进入公共场所如教堂、戏院、演讲厅、教室等，也应脱下帽子，离开时才能戴上。在旅馆或公寓的电梯上，如果有女子在场，男子应脱下帽子拿在手上。男子如果停下来与女子谈话，也应脱下帽子，在谈话期间将帽子拿在手上是很有礼貌和修养的表现。男子向女子打招呼，或学生向教师致意，以及向路遇者打招呼时，通常都应把帽子向上微微提一下，以示敬意。

行脱帽礼时，戴制服帽者，通常应双手摘下帽子，然后以右手持之，端在胸前；戴便帽者，则既可以右手完全摘下帽子，又可以右手微微一抬帽檐代之。在正规场合，要求完全摘下帽子。在社交场合，有时允许女士不摘帽子，而男士则不能享有此项待遇。脱帽礼用途广泛，除了用于见面之外，还适合其他场合，如正规的演奏国歌、升挂国旗或是步入娱乐场所、进入他人居室或办公室等。

（四）注目礼

1. 注目礼的概念

注目礼，泛指以目注视对方的见面礼节，也是军礼之一，行礼时应身体直立，眼睛注视目标。人不是孤立的存在，而是渴望与他人互动的存在，他人的关注往往是人内心最大的渴望。

升国旗的时候全体给国旗行注目礼；

幸福和重要的时刻，总需要他人见证，并留下纪念；

女为悦己者容，功成名就衣锦还乡时，最想让在意的人看见；

大人物出访，总是一群人簇拥、关注；

商家的人气，产品的销量，明星的粉丝……这一切都关乎注目礼。

注目礼是“注目+礼”，注目是注视别人的目光，礼是别人与“我”互动的行为和结果。

2. 注目礼的作用

任何人自己证明自己、自己肯定自己的价值都不会让别人信服，只有通过别人的注目礼才能反证自我。

自以为长得美叫臭美，别人以为美才真美。

说自己能力多强没用，有比较、有衬托才会让人相信。

一桩事单方面说了不能算，必须有“旁证”——证人和证据才行。

考察一个人除了直接交往外，更重要的是听听这个人的亲戚朋友对他的评价。

“我”的言行得到他人的反馈和比较是证明自我、完善自我的主要方式。

“我”与他人比较，如比外貌、比才艺、比财富、比吸引力……都是通过他人对

"我"的看法和反馈，对"我"的思想、行为、性格等进行确认、证明和纠正。这个"我"可以小到个人（个人与个人之间）和企事业组织（机构与机构之间），也可以大到民族和国家（民族之间、国家之间）。

3. 注目致礼的原因

"我"为何注目致礼他人？别人为何注目致礼"我"？总结原因有以下两点：

（1）人是群居的集体性动物，不是孤僻的、独来独往的动物。对人类来说，孤独往往伴随着痛苦，孤苦、死亡的意象是人类不喜欢的，阖家团聚、欢声笑语才是人类的普遍追求。

（2）"我"为什么注目"你"？是因为"你"引发了"我"的兴趣，"我"对"你"有兴趣是因为"我"的习性和匮乏，"你"能满足我的内在匮乏，这个匮乏包括好奇心、内心需要等。佛家的"缘分"与"注目礼"息息相通，男人注目女人是"缘"，两人结婚了是"分"，也就是说"注目"是"缘"，"礼"就是"分"，用销售的眼光看，"注目"就是吸引，"礼"就是成交和买单。

4. 注目礼的共性

人类的注目礼有什么特性？换言之，人类普遍关注并致礼的东西是什么？人类注目并致礼的东西无外乎美色、权力、财富、名誉这四种，因为这四种东西是人类最匮乏的东西。

财富是人生存发展必需的；权力是掌握资源和实现自我价值的工具；美色是人类的享受；名誉是人类在心理和精神上的追求，也是掌握资源和实现自我价值的手段。

5. 注目礼的层次

注目礼有六个不同层次：一是看一眼；二是看几眼、挑毛病、不喜欢；三是欣赏、喜欢；四是承认、认同；五是信任、依恋；六是崇拜、执着。

对象不同，注目礼的表现与质量也不同。对于心里在乎的人，注目礼质量会很高；反之，则质量就低。功成名就的人，最得意的是获得熟人的注目礼。发达显贵了，最在乎衣锦还乡的荣耀，不喜欢锦衣夜行。夺冠了，最渴望与爱人和亲人分享成功的喜悦……可以说，追求高质量的注目礼是人奋斗的重要动力。心里在乎的人，一个眼神、一句鼓励或赞美，都能让人多年难忘。曾经心仪的女子、敬重的师长、对手，当年看不起自己的上司、情敌等，他们的注目礼往往是优质的注目礼。

弗洛伊德曾经说："性的满足与成为伟人是人奋斗的原动力。"杜威也曾说："每个人都渴望成为重要人物。"伟人和大人物都收获了芸芸众生与熟人圈高质量的注目礼。

（五）握手礼

握手礼是人们在日常社会交往中常用的礼节，是沟通思想、交流感情、增进友谊的重要方式，是现代交际和应酬的礼节之一。握手是大多数国家见面和告别的礼节，也是表达祝贺、感谢、鼓励和同情等情感的常用形式。得体的握手能够传递热情、欢迎、鼓励、友谊等多种信息，不得体的握手则会传递厌烦、轻视等信息，甚至可能引发双方的矛盾。在商务场合，握手礼的使用十分强调规范性。

1. 握手礼的起源

我们先来看看握手礼的起源。

说法一：战争期间，骑士都穿盔甲，除两只眼睛外，全身都包裹在铁甲里，随时准备冲向敌人。如果表示友好，就在互相走近时脱去右手的甲胄，伸出右手，表示没有武器，互相握手言好。后来，这种友好的表达方式流传到民间，就成了握手礼。当今行握手礼也是不戴手套的，朋友或互不相识的人初识、再见时，会先摘下手套，再握手，以示对对方的尊重。

说法二：握手礼来源于原始社会。早在远古时代，人们以狩猎为生，如果遇到素不相识的人，为了表示友好，就赶紧扔掉手里的打猎工具，并且摊开手掌让对方看看，示意手里没有藏东西。后来，这个动作被武士学到了，他们为了表示友谊，不再互相争斗，就互相摸一下对方的手掌，表示手中没有武器。随着时代的变迁，这个动作逐渐形成了现在的握手礼。

说法三：握手礼来源于原始社会。当时，原始人居住在山洞里，他们经常打仗，使用的武器是棍棒。后来，他们发现可以消除敌意，结为朋友，而最好的表达方式是见面时先扔掉手中的棍棒，再握一下对方的手。

握手礼仪主要包括握手的时机、握手的方式、握手的顺序和握手的禁忌等内容。

2. 握手的时机

（1）常见的时机：①遇见久未谋面的熟人时；②在比较正式的场合与相识之人道别时；③自己作为东道主迎送客人时；④向客户辞行时；⑤被介绍给不相识者时；⑥在外面偶遇同事、朋友、客户或上司时；⑦感谢他人的支持、鼓励或帮助时；⑧向他人或他人向自己表示恭喜、祝贺时；⑨应邀参与社交活动见到东道主时。

（2）不宜握手的情况：①对方手部有伤时；②对方手里拿着较重的东西时；③对方忙着其他事情，如打电话、用餐、主持会议、与他人交谈时；④对方与自己距离较远时；⑤所处环境不适合握手时。

3. 握手的方式

作为一种常规礼节，握手的具体方式颇有讲究。

（1）握手的四个要点：①神态。与他人握手时，应当神情专注、认真、友好。在正常情况下，握手时应目视对方双眼，面含笑容，并同时问候对方。②姿态。与人握手时，一般应起身站立，迎向对方，在距对方 1 米左右时伸出右手，握住对方的右手手掌，上下晃动一两下，并且令其垂直于地面。③力度。握手的时候，用力既不可过轻，也不可过重。若用力过轻，有怠慢对方之嫌；若不看对象而用力过重，则会使对方因难以接受而产生反感。正式场合的握手力度一般以 2 千克左右为宜。一般来讲，如果两人比较熟悉或久别重逢，力度可以大些，时间也可以长些。④时间。一般来讲，在普通场合与别人握手的时间以 3 秒左右为宜。

（2）标准的握手姿势。标准的握手姿势是：握手时，双方相距约 1 米，上身稍向前倾，头微低，伸出右手，四指并拢，拇指张开，两人的手掌与地面垂直，相握并轻轻摇动，一般以 3 秒为宜。男士与女士握手，一般只轻握女士的手指部分，拇指轻压中骨节；两男士握手时，提倡虎口相压，显得有力度和气势，代表着自信与真诚的问候。握手时，双方应正视对方，面带笑容，并以简要的语言向对方致意，可以说一些客套话，如“您好”“认识您很高兴”等。当知道对方受到表彰或有喜事时，可以说“恭喜您”“祝贺您”，以表示祝贺。欢迎客人时，可以说“欢迎您”“欢迎光临指导”；欢送客人时，可以说“祝您一路顺风”。与尊敬的长者握手时，可采取双握式，即右手紧握对方右手，再用左手加握对方的手背和前臂。除了年老体弱者或有残疾者外，一般不坐着握手。

（3）简易、正确的握手方式。在问候之前，双方应各自伸出右手，手掌略向前下方伸直，掌心向左，两人手掌平行相握。在商务合作中，握手时要面带微笑，上身稍向前倾，头略低，并且要注视对方的眼睛，以示认真和恭敬。

4. 握手的顺序

握手时，在顺序上讲究“尊者居先”。在正式商务场合，握手时伸手的次序依据双方所处的社会地位、职务、身份而定，而在社交和休闲场合，则主要依据年龄、性别、婚否等情况来确定。

（1）职位、身份高者与职位、身份低者握手，应由职位、身份高者先伸手。

（2）长辈与晚辈握手，应由长辈先伸手。

（3）年长者与年幼者握手，应由年长者先伸手。

（4）女士与男士握手，应由女士先伸手。

（5）已婚者与未婚者握手，应由已婚者先伸手。

（6）社交场合的先至者与后来者握手，应由先至者先伸手。

（7）接待客人时，应由主人先伸手，表示对客人的欢迎。

（8）客人告辞时，应由客人先伸手与主人相握，以示请主人就此留步。

一人同多人握手时，可以采用由尊至卑、由近及远的顺序或按顺时针方向依次进行。多人同一人握手，不要急于出手，应等身份地位高的人先与对方握手，轮到自己的时候再伸手。在社交和商务场合，若碰到违反顺序先伸出手的情况，也应毫不迟疑地立即回握，对对方先伸出来的手视若不见或是斤斤计较、跟对方理论，甚至拒绝与他人相握，是极为失礼的行为。

5. 握手的禁忌

握手时，有以下九项禁忌：

（1）一只手与对方相握时，另一只手不要拿着报纸、公文包等东西不放，也不要插在衣袋里。

（2）不要争先恐后，应当依次而行。

（3）不宜戴着手套与别人握手，无论是男士还是女士，在握手前必须脱下手套、帽子。如果手套不易脱去或不便脱去，应申明原因，表示歉意。女士在社交场合穿晚礼服时，可以戴着薄纱手套与人握手，这种手套可视为女士服饰的一部分，可以不脱下。男士无论何时都不能在握手时戴着手套。

（4）不要戴着墨镜与人握手，患有眼疾或眼部有缺陷除外。

（5）不要用左手与他人握手，也不要用双手与异性握手，更不要拒绝与他人握手。

（6）在与西方人士交往时，不要两人握手时与另外两人相握的手形成交叉状，这种形状类似十字架，在他们看来是不吉利的。

（7）握手时不要把对方的手拉过来、推过去，或者上下左右抖个不停。

（8）握手时不要长篇大论，点头哈腰，也不要过于热情，显得过分客套。

（9）不要仅握住对方的手指尖，不要用很脏的手与他人相握，也不能在与人握手之后，立即擦拭自己的手。

不同国家的人握手习惯不同，大部分欧洲国家的人，握手是标准的见面礼，但那只是轻轻一碰。东欧一些国家的人初次见面行握手礼，朋友之间可以拥抱和亲吻脸颊。通常情况下，美国人在相互介绍后，双方只是笑笑，说声“嗨”或“喂”，而不是一本正经地行握手礼，只有在正式场合，他们才注重握手礼，并且握手时力度和幅度较大，胳膊上下摆动，甚至带动肩膀。在中东及海湾国家，一般以握手表示问候，但当你到当地人家里访问时，主人可能会亲吻你的双颊表示欢迎，此时要以同样的礼节回应对方。

第五节　名片礼仪

一、名片溯源

名片起源于交往，而且是文明时代的交往，因为名片离不开文字。原始社会没有名片，那时人烟稀少，环境险恶，人们生存艰难，交往很少，文字还没有正式形成。早期的结绳记事只存在于同一部落内部，部落与部落之间没有往来。到了奴隶社会，尽管出现了简单的文字，也没有出现名片。奴隶社会经济不发达，绝大部分人固着在土地上，奴隶没有受教育的权利；少量世袭奴隶主形成小的统治群体，由于统治小圈子长期变化不大，加上识字不太普遍，也没有形成名片的条件。

名片最早出现于封建社会。战国时期，中国开始形成中央集权统治的国家，随着铁器等先进生产工具的使用，经济得到发展，从而带动文化发展，以孔子为代表的儒家学派与其他流派形成百家争鸣的局面。各国都致力于扩大疆土，扶持并传播本国文化，战争中出现大量新兴贵族。秦始皇统一六国以后，开始了伟大的改革：统一全国文字，分封诸侯王。咸阳成了全国的中心，各路诸侯王每隔一段时间就要进京述职，诸侯王为了拉近与朝廷当权者的关系，经常联络感情，于是出现了早期的名片——“谒”。所谓“谒”，就是拜访者把名字和其他介绍文字写在竹片或木片上（当时还没发明纸张），作为给被拜访者的见面介绍文书。

名片见于西汉史籍时称为“谒”。《释名 · 释书契》载：“谒，诣告也。书其姓名于上以告所至诣者也。”东汉时，谒又叫“名刺”。《后汉书》载，祢衡曾身怀名刺求见于人。在挖掘的汉墓中发现，这种谒或名刺系木简，长 22.5 厘米，宽 7 厘米，其上有执名刺者名字，还有籍贯，与现在的名片相似。

到了唐代，木简名刺改为名纸。唐代长安新科进士以红笺名纸互换，以便交流。晚唐又唤作“门状”“门启”，都是自报家门的联络方式。宋代的名纸还留有主人的手迹。南宋张世南在《游宦纪闻》中记述，他藏有黄庭坚书写的名纸，而秦观送他的名纸类似今天的贺年片。北京故宫博物院还藏有北宋书法家蔡襄的《门屏帖》，据陆游在《老学庵笔记》中考证，类似“名刺”。

元代易名刺为“拜帖”，明清时又称“名帖”“片子”。其内容也有改进，除自报姓名、籍贯外，还书写了官职。清代《竹枝词》有诗为证：“是新拜帖都兴小，三寸来长二寸宽”，“红笺二寸书名姓，曾许怀间半刺通”。由诗可知，清代的名帖很小，而且是梅红纸。经考证，清代人的名帖已经不同于唐人手写，而是写好楷书，镌好木戳，印在梅红纸上。后来又出现了白纸名帖（详见徐珂的《清稗类钞 · 风俗类》）。

“名帖”与今天名片的格式大致相同，而女子的名片，已婚者还加上了夫家姓氏。其尺寸也有常式：阔二寸，长三寸。名帖为文人交流、拜访之用，通常主人拜访朋友，让仆人或书童将名帖交给对方门公，门公再呈于自家主人。苏州长篇弹词《描金凤》中有一段，写苏州人钱知节因降雨有功，去北京拜访宰相，门公要他交 500 两银子才肯通报。王定保《唐摭言》载，这在唐朝已成风习，唐人刘鲁风递了名刺，也被典谒所阻。在清朝李百川的《绿野仙踪》一书中，有考生投帖求见，主人于冰不想见，便让门公说自己不在家。可见，名帖在当时已很流行。

唐宋文人出外拜客，还喜带个拜匣，拜匣中有笔墨，可当场手书。清代印制了名帖，手书名帖便少了，除非主人是大书法家，有意露一手。拜匣也为文物。清末民初的拜匣制作得十分精致，匣盒系木质或漆器，上绘山水人物图，今北京故宫博物院收藏的拜匣典雅精美，欣赏价值颇高。

到了明代，统治者沿袭了唐宋的科举制度，并使之平民化，读书便成了一般人改善生活的唯一出路，识字的人随之大量增加。人们交往的机会增加了，学生见老师、小官见大官都要先递上介绍自己的名帖，即唐宋时的“门状”。名帖这时才与“名”字有了瓜葛，明代的名帖为长方形，一般长七寸、宽三寸，递帖人的名字要写满帖面。

如递帖给长者或上司，名帖上所书名字要大，名帖上名字大表示谦恭，名帖上名字小会被视为狂傲。

直到清朝才正式有“名片”的称呼。清朝是中国封建社会的终结，由于西方国家的不断入侵，中国与外界交往增加了，和国外的通商也加快了名片的普及。清朝的名片开始向小型化发展，特别是在官场，官小使用较大的名片以示谦恭，官大使用较小的名片以示地位。

有时候，名人的名片会被人利用。清道光年间，浙江鄞县举人徐时栋参加当地官员的宴会，得知有人曾用他的名片前往官署徇私说情，幸被识破。另一些乡绅名人的名片也大抵如此。其原因就是，这些人在过年时四处散发名片，名片大量外流（《烟屿楼笔记·卷五》）。后来，许多名人都在名片背面注明“不作他用”字样，以免被狡诈之徒利用。

二、基本格式与内容

名片是商务交往中最经济适用的交际工具，是一个人身份地位的象征，是一个人尊严、价值的外显方式，被人们称为“第二张脸面”。

（一）名片的基本格式

名片的主体是名片上提供的信息。名片上提供的信息包括文字、图片（图案）、单位标志等，数码信息也是其中的一种，但不能构成名片的主要内容。

1. 信息选择

文字信息包含单位名称，名片持有人名称、头衔和联系方法。部分商业名片还有经营范围（多种文字可以选择）、单位的座右铭或吉祥字句。

2. 标志选择

单位用户如果有自己公司的标志，大多要印在名片上。

3. 图片选择

可以在名片上印上个人照片、图片、底纹、书法作品和简单的图案，以使名片更具个性。如果使用胶印或激光打印，可不必考虑图片的大小；如果采用丝网印刷，由于简单丝印分辨率较低，应使用较大的图片。

（二）名片的主要内容

名片上一般包含以下信息：

1. 姓名

姓名是名片上最重要的内容，一般使用本名、实名。为了给人留下深刻的印象，名字的设计上可以做些特殊处理。比如，将手写签名拍成照片印上去就很有特色。对于生僻字或者多音字，最好能在下面印上拼音，或英文名字，以免被人读错。

2. 职务

名片上应该标明最重要和最主要的一两项职务，无须将所有职务或荣誉都列出，那样会给人华而不实的感觉。如果持名片者有多个头衔，如××理事、××委员、××顾问、××经理等，必要时可以分别制作名片，以便在不同场合使用。

3. 学位和职称

学位和职称是学历与资历的象征、证明。高学位和高职称一般可以在名片上标明。

4. 单位名称

单位名称（公司名称、企业名称）也是名片的重要内容之一。名片上应注明单位的全名，而不能只写简称或缩写代码。如果一个人从事两种以上的职业，可以都印在名片上。

5. 地址

一般而言，单位的地址也是名片的必备内容。一般应标注单位的办公地址，有时还需加印分公司的地址，以显示单位的庞大。另外，单位的网址属于地址的一种，也可以印在名片上。

6. 联系方式

在名片上，应标注最主要的办公联系电话、传真号码和手机号码。电子邮箱地址也可以作为联系方式印在名片上。

7. 商标或服务标志

在名片上印上单位的商标或服务标志，有利于加深对方对自己所在单位的印象。有的企业有自己的标志色，拥有标志色的名片对企业的宣传意义重大。

8. 单位的服务宗旨或口号

将单位的服务宗旨或口号印在名片上，与单位形象、名称或广告语相呼应，有利于客户加深对本公司或企业的印象，提高本公司或企业的知名度。

9. 业务项目或产品

为了提升名片持有者的业务形象，可以把业务项目或产品印在名片的背面，以达到宣传或促销的目的，从而创造更多的商机。

10. 照片、祝福语或格言

在名片上印上个人的照片，通常在服务业或保险业中比较常见，这样可以让客户加深印象。另外，可以制作一些比较前卫的个性化名片，将自己的写真照片印到名片上，以体现自我。祝福语或格言多用于个人名片，具有让对方加深对自己印象的作用，有助于加强宣传效果。

11. 地图

在介绍门面或店面时，为了方便别人找到，省去电话解说的不便，可以将门面或店面所在的地址以地图的形式印在名片的背面。

三、名片的分类

在现代社会中，名片的使用相当普遍，其分类也比较多，并没有统一的标准，但一般而言，有以下三种：

1. 商业名片

商业名片为公司或企业进行业务活动时使用的名片，名片的使用大多以营利为目的。商业名片的主要特点为：常使用标志、注册商标，印有企业业务范围。大公司有统一的名片印刷格式，使用较高档的纸张，名片上没有私人家庭信息，主要用于商业活动。

2. 公用名片

公用名片为政府或社会团体在对外交往中使用的名片，名片的使用不以营利为目的。公用名片的主要特点为：常使用标志，部分印有对外服务范围，没有统一的印刷格式。名片的印刷应力求简单实用，注重个人头衔和职称，没有私人家庭信息，主要用于对外交往与服务。

3. 个人名片

个人名片为朋友间沟通感情、结识新朋友时所使用的名片。个人名片的主要特点为：不使用标志，设计个性化，可自由发挥，常印有个人照片、爱好、头衔和职业，使用的纸张依个人喜好而定，含有私人家庭信息，主要用于朋友交往。

四、名片的用途

对现代人来讲，名片作为一种交际工具，主要有六种用途：

1. 介绍自己

名片最主要的用途就是介绍自己。在名片上印有自己的基本信息，会客交友时，会让自我介绍变得更为简单便捷，特别是在对于自己的较高职务不便开口说出的情况下，有了名片，可以避免不少尴尬。

2. 维持联系

名片犹如“袖珍通信录”，利用它提供的信息，人们的交往可以变得更加现实、方便。

3. 结识他人（通报身份、拜会他人）

想要结识某人，先递送名片是一个不错的选择。这样先通报身份，也是对对方的一种尊重。初次前往他人居所或工作单位进行拜会时，可将本人的名片交由对方的门卫、秘书或家人转告给被拜访者，以便对方确认身份并决定见与不见。这种做法可以避免冒昧造访。

4. 彰显个性

为了彰显自己的个性，可以在名片上印上代表自己爱好和特点的座右铭或经典格言警句，从而使他人对自己有更多的了解，也容易给对方留下好感，以便加深交往。

5. 替代礼单

向他人赠送礼品或鲜花时，可以在礼品或花束中附上自己的名片，或将名片装入一个不封口的信封中，固定于礼品外包装的上方，这是说明“此乃何人所赠”的标准做法。

6. 替代便函

替代便函是指用名片来对他人表示答谢、祝贺、介绍、辞行、馈赠、吊唁、访问、留话等。可以在名片的左下角写下几行字或短语，以表达自己礼仪性的致意。

五、名片的索取

一般而言，索取名片不宜直截了当。比较可行的方法有交易法、激将法、谦恭法和联络法。

1. 交易法

交易法是指“将欲取之，必先予之”，也就是说，想要别人的名片时，最省事的方法就是把自己的名片先递给对方，所谓“来而不往，非礼也”。当你把名片递给对方时，对方不回赠名片是失礼的行为，所以对方一般会回赠名片给你。

2. 激将法

在交往对象地位、身份比自己高，或者身为异性有提防之心的情况下，把名片递给对方，对方很有可能不回赠名片。遇到这样的情况，不妨在把自己的名片递给对方的时候，略加诠释，如“王总，认识您很高兴，不知道能不能有幸跟您交换一下名片”，这样对方就不至于不回赠名片给你了，即便他真的不想给你，也会找个恰当的借口，不至于使你很尴尬。

3. 谦恭法

谦恭法是指在索取对方名片之前，稍做铺垫。例如，见到一位研究电子计算机技术的专家，你可以说“认识您非常高兴，虽然我玩电脑已经四五年了，但是与您这样的专业人士相比相形见绌。希望以后有机会继续向您请教，不知道以后如何向您请教比较方便”，前面的一席话都是铺垫，最后一句才是真正的目的，就是索取对方的名片。

4. 联络法

谦恭法一般在面对地位高的人时使用，对平辈、晚辈不太合适。面对平辈和晚辈时，不妨采用联络法。联络法的标准说法是："认识你太高兴了，希望以后能跟你保持联络，不知道怎么跟你联络比较方便？"

六、名片接受礼仪

接受别人的名片时，需要注意以下四点：

1. 态度恭敬谦和

接受名片时，不论有多忙，都要暂停手中的事情，并起身站立相迎，面带微笑，眼睛要友好地注视对方，并说"谢谢"，双手捧接，或以右手接过，不要用左手接过。一定要表现出自己对对方的恭敬、重视、诚恳之意。

2. 认真阅读

接过名片后，不要立即收起来，也不要随意玩弄、摆放，应捧到面前，从头至尾把名片认真默读或轻读一遍，意在表示重视对方。看不明白的，可以及时向对方请教。接受了对方的名片，看也不看一眼就装入口袋，或者随手扔在一边，甚至压上东西，都是对对方不恭敬、不礼貌的行为。

3. 妥善保存

接受他人名片后，应将对方的名片郑重地收藏于自己的名片夹或放于上衣口袋里，或者放在办公室显眼的位置，且与自己的名片区别放置。切勿将其随意乱丢、乱放、乱揉、乱折，或拿在手里随意玩弄，更不要装入裤子后面的口袋或交予他人，因为这些都是不礼貌的行为。

4. 及时回递

接受名片并妥善保存后，应随即递上自己的名片。如果自己没有名片，或已经用完，或没带名片，就要向对方表示歉意，再如实说明原因。例如，"很抱歉，我没有名片"，"对不起，今天我忘记带名片了"，"不好意思，今天我带的名片用完了"。如果接受了对方的名片而不迅速递上自己的名片，也不说明原因，是非常失礼的。

七、名片存放礼仪

在国外的企业、公司中，商务人员的名片放在什么地方是很有讲究的。

自己随身携带的名片，应放在专用的名片盒或名片夹中。在外出前，应将名片放在容易取出的地方，以便需要时迅速拿取。男士一般可以放在西装内袋或公文包里，女士可以放在手提袋里。在接过对方的名片后，应当面郑重地将其放在名片盒或名片夹中，不要弄脏或弄皱。回家后应及时进行整理，分类存放，可以在名片上记下相关的情况，如认识的时间、场合，是否亲自交接，是否回赠名片等。千万不要弄丢，以免影响将来的联系。另外，需要注意将自己的名片和他人的名片分开放置，否则，一旦慌乱中将他人的名片当作自己的名片送给别人，是件很糟糕的事。

八、名片递送礼仪

商务人员在递送名片时，需要注意以下三点：

1. 递送名片的时机

应事先把名片准备好，放在容易取出的地方，同时要掌握好递送名片的时机。初次见面时递送，表示介绍、认识；谈得较为融洽时递送，显得有诚意；道别时递送，表示希望与对方再次见面。不同的时间递送名片，目的、效果不同。

2. 递送名片的要领

向对方递送名片时，要双手呈上，用双手的大拇指和食指拿住名片上端的两个角，名片的正面朝向对方，把文字向着对方，以便对方阅读。应一边递交，一边清晰地说出自己的姓名，并面带微笑，以恭敬的态度友好地目视对方，并用诚挚的语调说“这是我的名片，请多指教”或“这是我的名片，以后请多关照”等，切勿以左手持握名片。递交名片的整个过程应当谦逊有礼、郑重大方。

3. 递送名片的顺序

双方交换名片时，通常的顺序是：位低者先把名片递交给位高者，晚辈先把名片递交给长辈，男士先把名片递交给女士。不过，假如对方先把名片拿出来了，也无须谦让，应该大方收下，然后拿出自己的名片来回送。

同时向多人递送名片时，可按由尊而卑或由近而远的顺序，或者按顺时针或逆时针方向依次递送。以独立身份参加活动的来宾，都应该递送名片，切勿跳跃式进行递送，甚至遗漏其中某些人，以免使人产生厚此薄彼的感觉。特别忌讳向一个人重复递送名片。

九、名片礼仪禁忌

使用名片时，一定要注意以下四种情况：

1. 不能在名片上随便进行涂改

在涉外交往中，名片犹如脸面，脸面是不可改的，也不能改，否则会贻笑大方。

2. 不宜在名片上提供住宅电话号码

涉外礼仪和我国传统礼仪的一大区别就是，涉外礼仪讲究保护个人隐私，有教养、有身份的人不会向别人索取住宅电话号码。因此，在涉外交往中，要注意公私有别。

3. 不应在名片上印有三个以上的头衔

名片上一般不应出现三个以上的头衔。一张名片上印的头衔越多，越有三心二意、用心不专、蒙人之嫌。很多有地位、有身份的人，会准备几种名片，对不同的交往对象，使用不同的名片强调自己的不同身份。

4. 忌使用虚假信息的名片

虚假信息总是会被人识破的，一旦识破，就会对个人及其所在单位或企业带来致命打击，个人形象与单位形象都将毁于一旦。

第六节　拜访礼仪

实际案例

寻找共同话题，破解拜访僵局

小程去大华公司谈有关合作的事情。负责和他接洽的是傲慢的李经理。10 分钟过去了，李经理没说一句话，连眼皮都没抬一下。小程意识到，如果不设法打破僵局，这次谈话就没法继续，还可能给双方的合作带来不利影响。

于是，小程就说："李经理，您公司的办公环境很棒啊，在这样的环境里面工作，一定特别舒心！"李经理的眼皮抬了一下，于是小程知道，李经理并没有睡着。他接着说："刚才我看到，您的下属一个个都在埋头紧张而有序地工作，刚才接待我的张小姐表现得对您很敬仰。您真是管理有方。咱们以后来日方长，我可要多多向您学习啊！"

李经理终于抬起了头，眼睛里透出了一丝笑意。"您办公室的这盆花养护得真好，既可以净化空气，又能美化环境。我回去可要建议建议我们老总在他办公室也放一盆。您知道这种花在哪儿有卖吗?"这回，李经理的嘴终于张开了，不仅告诉了小程在哪儿买的，还告诉了他一些养护的小窍门。

小程见李经理的话匣子终于打开了，就话锋一转，接着说："李经理，这是我们根据您的意愿，初拟的一份合作框架，您看……"

资料来源：吴清伙，陈乐群，梁传波. 商务礼仪［M］. 西安：西北工业大学出版社，2021：96。

商务交往中的拜访是指企业领导本人或委派他人到有业务往来的客户单位走访。商务交往中的拜访大多属于事务性拜访，主题明确：要么是感谢对方的支持、帮助，要么是洽谈以后的合作意向。其目的大多是联络感情，增进友谊，促进合作。

一、拜访的原则

拜访的原则主要有以下三个：

（1）有事必须上门拜访。"无事不登三宝殿"，无事就不必去打扰对方了。

（2）一定要事前预约。为了防止出现走空的情况，拜访前一定要预约，看对方何时方便。

（3）守时守约。一旦预约好了，就一定要守时守约；否则，会让对方觉得你言而无信。

二、拜访的类型

（一）根据拜访者的目的划分

根据拜访者的目的，拜访可以分为事务性拜访和礼节性拜访。

1. 事务性拜访

事务性拜访是指为了某一具体事务、公务或私事而进行的有特定目的的拜访。这类拜访又有洽谈性拜访和专题交涉性拜访之分。应根据事务的性质，选择双方都较合适的时间进行拜访。

2. 礼节性拜访

礼节性拜访是指亲朋好友、熟人之间，为了巩固原有关系、发展已有的情谊而进行的有特定目的的拜访。

礼节性拜访的时间包括以下四种：元旦、春节、五一、中秋节、国庆节等节假日；结婚、生子、乔迁、寿辰等喜庆之时；生病、受灾、亲人去世等天灾人祸之时；出差前与亲朋好友告别、回来探望之时。

（二）根据拜访者的身份划分

根据拜访者的身份，拜访可以分为因公拜访和因私拜访。

1. 因公拜访

因公拜访，顾名思义，就是因为公事而进行的拜访。这种情况下的拜访，一般是公事公办，不大讲私人人情。比如，领导看望、慰问因公受伤的职工。

2. 因私拜访

因私拜访，就是因为个人私事而进行的造访。这种拜访一般不谈工作或公务，纯属私人交往，是建立在个人情感上的沟通与交往。

有些时候，公私关系不容易区分，往往是公中有私、私中有公。

正确的做法是，平时注重人脉的积累。那种“无事不登三宝殿”、只在“有求于人”的情况下才急于去拜访的做法，绝不可取，因为那样会显得很功利、很势利，被访者一般不太乐意接待。

（三）根据拜访的性质划分

根据性质不同，拜访可以分为以下六种：

1. 一般性拜访

一般性拜访是指以看望问候为目的的拜访。此类拜访需要事先通知或告知对方。应采用电话、捎口信、书信或电子邮件等方式与被拜访者约定好时间、地点等事宜，不可贸然前往。如果与被拜访者不熟悉，可以通过第三方以介绍信的方式引荐。当拜访者到达后，拿出事先准备好的介绍信，说明自己的身份。值得注意的是，介绍信不能封口。

2. 探视性拜访

探视性拜访一般是指看望、探视病人的拜访。此类拜访需要事先了解要看望对象的基本病情，看对方的情况是否可以探视。另外，还要遵守医院的规定，不要在病人用餐、治疗、休息时去拜访。探视病人时，一般要带上有益于病人恢复健康的礼品，如水果、鲜花等。

3. 请教性拜访

请教性拜访是指以请教为目的的对年长、地位较高、资历较深、学识较丰富的人的拜访。此类拜访也需提前致电或事先告知对方，并告诉对方自己此去大概请教的问题，以便对方提前做好准备。

在请教的过程中，态度一定要诚恳、严谨，千万不可说话不着边际、傲慢无礼；不可东张西望或打哈欠；如果对方的回答与你所提的问题不一致，也不要直接说出来，应委婉客气地说明可能是自己没将问题表达清楚，以免对方难堪；当得到对方的回答后，准备告辞时，要真诚地向对方表示感谢，如“打扰您休息了”“真抱歉，占用您这么长的时间，感谢您的指导”等。

4. 突然性拜访

突然性拜访是指事先没有预约的拜访。因为没有预约，所以显得突然，一定要向对方解释自己突然造访的原因，并表达自己的歉意，尤其拜访时间是对方不方便的时候，更要说明理由，请对方原谅。一般只要心诚，对方是不会责怪的。

5. 遣人拜访

遣人拜访是指由于本人事务缠身，派遣别人代表自己前去的某种必需的拜访。值得一提的是，此类拜访在选派人的时候一定要慎重考虑，所派的人必须口齿伶俐，能够准确、正确地传达自己的意思，否则会适得其反，让对方觉得不被尊重。可以让被派遣人带上自己的亲笔信一封，或者打电话给对方，说明自己不能亲自前往的原因，并表示歉意。事后，你必须抽时间亲往致谢，或修书一封表示感谢。

6. 回访

回访是指被拜访者除了请教性拜访外，对其他礼节性拜访者进行的拜访。通常来讲，对初次拜访者，一般在 3 日内回访；对泛泛之交者，一般在 10 日内回访。如果回访的路途较远或交通不便，也可以以电话或书信形式致谢。

三、拜访前的准备

每次拜访都要事先做好准备。这既是对对方的尊重，也体现了本单位和本人严谨细致的工作作风。不要因为准备不足、仓促见面，给双方造成时间和精力上的浪费。

拜访前应做好以下四项准备：

1. 选择预约方式

拜访对方最好的预约方式就是当面预约。这样既显得亲切、自然，又比较可靠。当然还可以选择电话预约、信件预约、短信预约、微信预约等方式。这几种方式中，电话预约方式比较好，其他几种方式不够正式，也容易出错。

2. 确定拜访时间

选择什么时候去拜访，要以对方为中心，要客随主便。不能选择对方工作繁忙、家务事缠身、不方便之时、禁忌之时去拜访。具体时间的选择要视具体情况而定。如果是到对方家里去，一般应在下午三四点钟，或者晚上七八点钟，一定要避开吃饭、午休和晚上九点以后；如果是事务性拜访，需要到对方的工作场所去，应尽量避开周一和其他工作日上下班时间，因为很多公司周一要开例会，而上下班时间比较匆忙，根本就没有心思接受拜访。如果对方因特殊情况，预约的时间排得比较晚，则应在见面的头一天再确认一下，如"我们原约定明天见面，会不会有新的变化"，这实际上是提醒对方，怕对方事多忘记了。

3. 确定拜访地点

如果是事务性的拜访，应当选择办公地点或休闲场所。纯粹是工作性质的交往，一般不应去对方家里，特别是在夏天天气炎热之时，大家在家里穿着比较随便、暴露，你去对方家里，对方必须全副武装，会给对方带来不便，也会影响对方家人的休息和孩子的学习。最好选择在办公室或茶楼、酒店等休闲场所，或边喝边谈，或边吃边谈，气氛轻松、自在，双方的感觉也比较亲切，拜访的目的也容易达到。

如果是联络感情的拜访，应选择去对方家里。例如，对方升迁、有喜事，或过年过节，去看望对方，只能去对方家里。

4. 做好拜访准备

在拜访之前，还应做好以下四项准备工作：

（1）尽量充分了解对方情况。拜访前，对拜访对象做一些了解是非常必要的，特别是初次登门，一定要摸清对方的基本情况。比如，对方的经营状况、企业文化、企业在商界的信誉、对方的爱好等，以免交谈时因无话可说而陷入尴尬。

（2）明确拜访目的。如果是商业性拜访、事务性拜访，一定要事先明确自己前往的目的。目的明确，才能有的放矢。

（3）备好相关资料。在拜访前，一定要准备好相关资料，以备不时之需，以免到时手忙脚乱。

（4）备足费用。要把前往拜访的费用备足。最好备一些现金，以防在为对方选购礼物时，有些地方不能使用信用卡或微信转账而出现尴尬局面。

四、拜访时的礼仪

拜访他人时，应遵循以下四项礼仪：

1. 守时践约

拜访一定要按照双方约定的时间到达。一般情况下，应提前 3~5 分钟，或准时到达。因故失约，应及时通知对方；无故失约或迟到，是不礼貌的行为。不宜早到太长时间，因为有些人特别忙，时间安排得很紧凑，如果你提前太早到达，势必打乱别人的安排。如果已经早到了，可在外面休息一下，待约定时间到了再敲门而入。

2. 礼貌拜见

到达拜访地点后，要告知对方单位工作人员自己的姓名、单位及要拜访的对象，并静候工作人员的通报。如果被访者因事不能及时见面，应在工作人员指定的会客室耐心等待，不要到处走动，更不要乱翻别人的文件。

如果直接来到被访者的办公室外，进门前要先敲门或按门铃。敲门的声音不宜太重太急，一般轻敲两三下即可，不要手不停歇地敲下去；按门铃的时间也不宜太长，响两三声即可。即使门开着，也要站在门边轻轻敲门，待主人允许后再进入。

3. 举止文明

当主人开门迎客时，应主动向对方问好，并根据自己和对方的身份选择握手或行鞠躬礼。如果对方不止一人，应在主人的介绍下，一一问候与行礼。

进入室内后，只有主人让座时方可坐下。如果主人是年长者或上级领导，则主人不坐，自己不能先坐。主人请坐后，要先说声“谢谢”，然后按规范的坐姿坐下。

主人献上果品，要等年长者或其他客人伸手后，自己再取用。主人递烟、上茶，要双手接过，并表示感谢。如果主人没有吸烟的习惯，就要尽量控制自己的烟瘾，尽量做到不吸烟，以示对主人的尊重。

跟主人交谈时，态度要诚恳、语气要温和、用词要礼貌。自己要谈的内容，主题明确，开门见山。同时，要多听主人说话，注意观察主人的举止和表情。当主人有不耐烦或有难为情的表情时，应转换话题或语气；当主人有结束会见的表示时，即使话没谈完，也应知趣地起身告辞。

4. 及时告辞

拜访时间的长短，应根据拜访的目的和主人的意愿而定。通常情况下，宜短不宜长。如果是礼节性拜访或初次登门拜访，应控制在 15 分钟左右，最好不要超过 30 分钟。如果一味地逗留，只会给人留下不识时务的印象，反而影响以后的交往。

告辞时，应说一些“打扰了”“谢谢”“不好意思，占用你宝贵时间了”之类的客套话。若有其他人在场，就要遵守“前客让后客”的原则，并礼貌地向他们打招呼。主人相送时，应说“再见”“请留步”等礼貌用语。

第七节 接待礼仪

一、接待的类型

（一）以接待对象为标准划分

1. 公务接待

公务是指出席会议、考察调研、执行任务、学习交流、检查指导、请示汇报工作等活动。公务接待是指为了完成上下级之间、平行机关之间的公务活动而进行的接待。

根据《党政机关国内公务接待管理规定》，公务接待应当坚持有利公务、务实节俭、严格标准、简化礼仪、高效透明、尊重少数民族风俗习惯的原则。

2. 商务接待

商务接待是针对一定的商务目的而进行的接待活动。商务接待一般建立在商业谈判或者商业合作的基础上，其礼仪规格比较高。

首先，要了解清楚来宾的基本情况，包括其所在单位、姓名、性别、职务、级别及一行人数，以及到达的日期和地点。

其次，根据客户的具体情况确定具体的接待规格。

再次，根据对方意图和实际情况，拟出接待日程安排，报请领导批示。

最后，根据来宾的身份和其他实际情况，安排具体接待人员、住宿、接待用车、饮食等事宜。

3. 上访接待

上访接待是指政府部门对上访群众的接待。对有些单位来说，群众上访是比较常见的事，在接访过程中，需要注意一些问题。

一般的方法/步骤如下：

对待群众，要如同对待亲人一样，态度要热情，给群众让座、倒水这些看似基本的问题要解决好，给群众以温暖的感觉。

对群众反映的问题，要认真做好记录，可以让群众对所反映的问题厘清思路，如实把自己想要反映的问题说出来。

一般来说，最好是两个人一起接待群众，这样相互之间也是一种监督，对于一些事情的把控也可以相互提醒。

如果群众来得比较多，最好是请群众选出 3~5 个代表参加记录会，这样也不至于你一言、我一语的听不清，且浪费时间。

如果自己对政策比较熟悉，可以当时就给群众解释一些相关政策；如果自己对政策不熟悉，就不要乱解释，只做了解就可以了。

当问题收集完成以后，最好让群众代表确认一下所反映的问题是否属实，但不要轻易给出解决问题的承诺。

4. 朋友接待

朋友接待是指朋友之间为增进友谊、加强联系而进行的接待。

（二）以接待场所为标准划分

1. 室内接待

室内接待是指机关团体的工作人员在自己的办公室、接待室对各种来访者的接待。

2. 室外接待

室外接待是指对来访者到达时的迎接、逗留期间的陪访及送行时的接待。

虽然接待的类型不同，但是其所讲究的礼仪、遵循的原则大致相同。

（三）以接待的规格为标准划分

1. 特级接待

特级接待包括：中央部、委、局、办和省、市主要领导视察；省级职能部门主要领导视察。

2. 一级接待

一级接待包括：国内外大型企业负责人的考察及参观；区政府主要领导视察；市级党政群机关主要领导视察；区级党政群机关视察；战略投资伙伴、行业知名专家考察接待；新闻媒体发布会；金融机构主要负责人接待。

3. 二级接待

二级接待包括：国内中型企业负责人的考察、参观；区级街道部门的参观接待；与上游产品供应商的业务洽谈。

4. 一般接待

一般接待包括：区政府、区街道部门带领的一般人士参观；业内人士、兄弟公司的参观、交流接待；公司聘用的法律、设计、质量标准体系等顾问、专家的参观与交流接待。

（四）以接待的隆重程度为标准划分

1. 日常接待

日常接待就是一般的接待，也就是按照一般的礼节进行的接待。

2. 隆重接待

隆重接待就是在一般日常接待的基础上，张贴欢迎海报、悬挂欢迎横幅，有的还要安排献花等环节。

二、接待的原则

接待应该遵循以下四项原则：

1. “3A”原则

“3A”原则由美国学者布吉尼教授提出，因此也称“布吉尼原则”，即在人们的交往中要接受（Accept）对方、重视（Appreciate）对方、赞美（Admire）对方。因为其对应的英文单词都是以字母A开头，所以叫“3A”原则。

2. 对等对应原则

在接待客户时，要根据对方的身份、地位，兼顾对方来访的性质以及双方的关系安排接待规格，以便使来宾得到与其身份相称的礼遇，从而促进双方关系的稳定发展。要根据来访者的身份安排相应级别的领导和人员接待；按来访者所在单位性质以及来访内容，请相应的主管领导和职能部门接待。对于重要客户的接待，领导通常按约定时间在大楼入口处或单位大门口迎接。

接待方在与来宾进行礼节性会晤或正式谈判时，必须使己方到场的人数与来宾的人数基本相等。同时，接待方在为来宾安排宴请活动或为其准备仪式时，应尽量使之在档次、规格等方面与来宾的身份相称，并符合来宾的生活习惯，以体现东道主对来宾的关心与照顾。在接待外宾外商时，更应如此。

3. 不卑不亢原则

商务往来是为了寻求更密切的合作与发展，以及获得更大的利润。在竞争日益激烈的情况下，寻找合适的合作伙伴尤为重要，但不可为了利益丧失人格和尊严。无论对方是强还是弱，都应本着平等的原则进行交往。面对强者，妥协退让是在所难免的，但自己的根本利益是底线；面对弱者，也不要恃强凌弱。

4. 一视同仁原则

无论对方是否与自己有过交往，规模与实力如何，来自哪里，属于哪个民族，生活习惯、宗教信仰是否与自己一致，作为合作方，不能以任何理由对他们有所歧视，应一视同仁、平等对待。

三、接待（迎送）宾客的一般程序

（一）接待前的准备

对企业来说，接待工作通常从接到来客通知就进入准备阶段。这是整个接待工作的重要环节，一般应从以下七个方面入手：

1. 了解客人的基本情况

要安排好接待工作，首先，要搞清楚来宾人数、姓名、性别、职务、职称、年龄、民族、到达日期、所乘车次、航班和到达时间等信息，了解来宾的目的和要求，特别是食宿方面的要求、日程安排等；其次，要将上述情况及时向主管领导汇报，并通知有关部门人员做好接待准备。

2. 制定接待计划

接待计划就是把接待活动中要做的事情、时间等事先安排好，做到心中有数。接待一般的客人，可以根据惯例直接提出具体接待意见。接待重要客人或高级团体，应根据客人的意图、要求和本单位上司的意见，制定接待方案。要根据具体情况决定接待工作需要准备的具体内容，主要包括：接待工作的组织分工、日程安排、接机安排、食宿标准、用餐形式、下榻饭店等。接待方案要报送领导批准。可以视客人的规格、实际需要，灵活应对。

3. 确定接待人员

在挑选接待人员时，尤其是那些直接面对外宾的迎送人员、翻译人员、陪同人员、安全保卫人员以及司机，要优中选优，切勿滥竽充数。除了仪表堂堂、身体健康、政治可靠、业务上乘之外，还应将反应敏捷、善于交际、责任心强等列入用人的基本条件。外宾抵达后，需派人协助其办理出入境手续、乘机（车、船）手续以及行李提取手续或托运手续。如果来宾人数众多，行李也多，应先取出主要客人的行李，最好请对方派人配合，及时送往住地，以便主要客人更衣。

4. 确定迎送规格

确定迎送规格，主要是确定哪一级人员出面迎送。接待规格是从陪同领导的角度来考虑的，接待规格过高，会影响领导的正常工作；接待规格过低，会影响上下左右的关系，还会招致来宾的不满。所以，确定接待规格时应慎重、全面考虑。总的来说，应遵循“对等原则”，即主要迎送人员与主要来宾的身份地位相当。也就是说，确定迎送规格时，应根据来宾的身份和来访的目的，适当考虑双方的关系，同时注重通用惯例，综合平衡地进行安排。

5. 安排好交通工具

在接待工作中，必须准确掌握来宾乘坐的飞机（车、船）抵达的时间，要在客人抵达之前到达迎接地点，提前为客人准备好交通工具，不要等客人到了才匆匆忙忙去找交通工具，那样会让客人久等，还会给客人准备不充分、不重视自己的感觉。

6. 提前安排好住宿

在得知来宾抵达日期后，应首先考虑其住宿安排问题。在对方启程前先问清楚对方是否联系好住宿，如未联系好，或者对方初到此地，应询问是否需要为其预订酒店房间。如果是本单位负责安排，最好是等级较高、条件较好的酒店，这样会给对方一种被重视的感觉。

7. 准备礼品

为来宾选择礼品时，要注意礼品的档次、规格、数量、费用和赠送时机，最好突出礼品的纪念性。比如，有中国特色的丝绸、风筝、二胡、笛子、剪纸、筷子、图章、书画、茶叶等，往往更受外国人的青睐。礼品要有针对性。在选择礼品时，要尽可能地了解受礼人的性格、爱好、修养和品位，尽量把礼品送到其心坎上。要重视礼品的文化差异性。不同民族、不同国家有不同的文化传统，也有不同的文化禁忌。向外宾赠送礼品时，一定要注意文化、风俗习惯、宗教信仰等方面的差异和禁忌。

（二）接待中的礼仪

1. 迎客之礼

迎接客人的礼仪包括以下四点：

（1）提前接站。对于远道而来的来访者，应事先安排好接站事宜。一般客人，可以由业务部门或办公室人员去迎接；重要客人，必须由有关领导去迎接。迎接人员需提前在迎接地点等候，迟到是非常失礼的行为。如果是互不认识的、初次来访的客人，接待人员还应在出站口举牌迎接。

（2）真诚问候。发自内心、令人开心的问候语，是成功接待的第一步。接到客人后，首先应致以诚挚的问候，如“一路辛苦了”“欢迎您的到来”“久仰久仰”等，同时做自我介绍。

（3）主动帮忙。接待人员应该让客人有一种宾至如归的感觉，客人一到，除了必要的问候之外，还应主动帮助客人提取、装卸行李。这里要注意的是，不要拿客人的公文包或女士的随身小提包。因为公文包或小提包里面可能有客人很忌讳让外人知道的个人隐私物品。

（4）简短交流。接待人员将客人送往住地的途中，要主动询问客人在此停留期间有无需要帮忙的。把客人送到住所后，不应立即离去，可稍作停留，但时间不宜太长，因为旅途劳顿，应让客人早点休息。分别时，应与客人约定好下次联系的时间、地点和方式。

2. 待客之礼

客人到了，在招待客人时应注意以下七点：

（1）安排客人就座。应把“上座”（最佳的位置）让给客人坐。一般来说，长沙发优于短沙发（单人沙发），沙发椅优于普通椅，较高的座椅优于较低的座椅，距离门远的座位优于距离近的。此外，客人进屋后，主人要协助客人把携带的物品放好。

（2）言谈得体、交流融洽。得体的交流是做好接待工作的首要条件。商谈问题要紧扣主题，少说多听。如遇冷场，应主动寻找话题。谈话时，表情要自然，态度要诚恳，语气要温和，以尊重他人为要，不要强词夺理。

（3）礼貌奉茶。以茶待客是中国传统的待客之礼。在招待尊贵客人时，除茶具、茶叶要特别讲究外，敬茶也有许多讲究。茶水要浓度适中，量度适宜，倒茶不要过满，一般倒七八成满较合适。敬茶要先客后主、先尊后卑、先高后低。如果来宾较多，可以按照级别高低或长幼顺序敬茶，也可以按由近而远的顺序敬茶。

（4）答疑解惑。如果客人要找的负责人或领导不在场，接待人员要明确告诉对方负责人或领导因何事去何地了，以及何时回本单位。如有必要，可以请客人留下电话、地址，明确下次是客人来本单位还是本单位负责人或领导去对方单位回访。

客人来了，如果本单位负责人不能马上接见，接待人员要向客人说明等待理由与等待时间。如果客人愿意等，应该向客人奉茶，或提供杂志、报纸或书籍供客人在等待时翻阅。

（5）参观、娱乐安排。参观游览可以使外宾更多地了解中国文化、传统和国情。陪同客人参观、访问、游览时，要事先熟悉情况，安排好交通工具及相关物品。参观游览本地的名胜古迹，事先要了解开放的时间、是否有解说员等。如果没有或者不打算请解说员，就要由有关人员事先做好准备，到时进行解说。观看本地文艺团体的演出，事先要了解演出的场次、时间、联系好购票事宜。观看演出的座位以中间为好，应尽量购买中间座位的票。游览时，要注意照顾客人，做到热情、礼貌、周到，门票、车票费用尽量由主人支付。

（6）宴请。有时宴请也是待客的主要环节之一。宴请时，要做的工作主要是确定饭店、时间、菜单、经费、本单位出席人员等事宜。

（7）听取意见。在活动全部结束之后，要单独安排时间，请单位领导和客人会面，听取意见，交换看法，特别是对上级派来的视察团、检查团、考察团等，这一环节一定要安排妥当。

3. 送客之礼

中国人常说“迎人迎三步，送人送七步”。接待工作顺利完成后，后续的送客工作也是接待工作中很重要的环节。

送客，又被称为商务活动的“后续服务”。做好“后续服务”，可给人留下美好的回忆，树立良好的个人形象和单位形象，为以后的商务合作打下基础。

当客人准备告辞时，一般应婉言挽留。

送客时，应在客人起身后，再起身相送。主人送客人，一般送到电梯口或室外，重要客人要送到大门口、楼下或停车场的出入口。客人离去时，要挥手道别，目送客人远去。若是远方客人，要安排交通工具送到车站、码头或机场，还要等到车、船开动并消失在视线之外再走。如果是飞机，要等客人通过安检之后再走。

第八节 馈赠礼仪

一、馈赠的目的

馈赠是商务活动中不可缺少的交往内容。随着交际活动的日益频繁，馈赠礼品因其能起到联络感情、加深友谊、促进交往的作用，越来越受到人们的重视。

任何馈赠都是有目的的，了解馈赠的目的有助于正确选择馈赠礼品，从而使馈赠效果事半功倍。

1. 以交际为目的的馈赠

以交际为目的的馈赠有两个特点：一是送礼的目的与交际的目的一致；二是礼品的内容与馈赠者的形象相符。

2. 以维系和巩固彼此关系为目的的馈赠

以维系和巩固彼此关系为目的的馈赠，就是人们所说的“人情礼”。在人际交往过程中，无论是个人之间，还是组织机构之间，都是以感情为纽带来维系的。人类与生俱来的社会性，要求人们重视人际关系和感情，而馈赠则是维系和巩固人际关系的最好方法。这种有目的的馈赠强调礼尚往来，以“来而不往非礼也”为基本的行为准则。此类馈赠，在礼品的种类、价值的轻重、档次的高低、包装的优劣、情义的厚薄等方面都很复杂、多样化。

3. 以酬谢、感谢为目的的馈赠

以酬谢、感谢为目的的馈赠是为了答谢别人已经给予的帮助，因此礼品的选择非常关键，既要强调其物质价值，又要符合受礼者的心意。礼品的贵重程度，首先，取决于他人帮助的性质。帮助的性质分为物质的和精神的两类。一般来说，物质的帮助往往是有形的、能估量的；而精神的帮助虽是无形的、难以估量的，起到的作用却是相当大的。其次，取决于帮助的目的，是慷慨无私的，还是另有所图的，是公私兼顾的，还是纯属私人情感的。这点非常重要。如果对方帮助你是慷慨无私的，既能看出他的人品，又能在礼品选择上适当放松要求；如果是另有所图的，就要弄清楚对方所图的是什么，不要贸然送礼；如果是公私兼顾的，就要摸清对方的心理，这样才能做到有的放矢，选择正确的、恰当的礼物。最后，取决于帮助的时机。一般情况下，危难中见真情，越是在自己危难之时得到人家的帮助，馈赠的礼品越应该丰厚贵重。因此，得到帮助的时机是日后酬谢、馈赠他人最重要的衡量标准。

4. 以公关为目的的馈赠

以公关为目的的馈赠是一种为达到某种目的而用礼品作为馈赠进行的活动。此类馈赠，表面上看是不求回报的，而实质上索取的回报往往隐藏在之后的交往中，或金钱，或权势，或其他功利，多发生在经济利益、政治利益的追求中。

知识拓展

馈赠与行贿的区别

馈赠与行贿在形式上都是送礼，但两者有着严格的区别，主要体现在以下四个方面：

（1）目的不同。馈赠往往出于维护彼此的友谊和感情之目的；而行贿往往是出于希望受礼者给自己带来更大的好处，如晋升、加薪、批复工程项目等。

（2）数额不同。馈赠的礼品或礼金往往很大众化，一般人家随礼多少，自己也随礼多少，不会超出常理；而行贿的礼品或礼金往往数额巨大，超出常规的好多倍。

（3）方式不同。馈赠往往不避嫌，在有人在场的情况下也可以进行；而行贿往往会避开有人在场的情况，送得比较隐秘。

（4）对象不同。馈赠往往发生在亲朋好友之间，如果是公对公，那也是友好单位之间的一种正常的礼尚往来；而行贿，越是陌生人，越想通过各种关系来搭桥联络感情最后达到自己的目的，也就是说，行贿可以发生在任何人之间。

二、礼品馈赠的原则

1. 投其所好

选择礼品时，一定要考虑周全，有的放矢，投其所好。可以通过仔细观察或打听了解受礼者的兴趣爱好，有针对性地精心挑选合适的礼品，尽量让受礼者感觉到馈赠者在礼品选择上是花了一番心思的。

2. 礼轻情意重

礼物是言情寄意表礼的，它仅仅是人们情感的寄托物，因此，我们提倡“君子之交淡如水”，以及“礼轻情意重”。

知识拓展

千里送鹅毛

唐朝贞观年间，西域回纥国是大唐的藩国。一次，回纥国为了表示对大唐的友好，派使者缅伯高带了一批珍奇异宝去拜见唐太宗。在这批贡物中，最珍贵的要数一只罕见的珍鸟——白天鹅。

缅伯高最担心的也是这只白天鹅，万一有个三长两短，可怎么向皇帝交代呢？所以，一路上，他亲自喂水喂食，一刻也不敢怠慢。

有一天，缅伯高来到沔阳河边，只见白天鹅伸长脖子，张着嘴巴，吃力地喘息着，缅伯高心中不忍，便打开笼子，把白天鹅带到水边让它喝了个痛快。谁知白天鹅喝足了水，一扇翅膀，“扑棱棱”飞上了天！缅伯高向前一扑，只拔下几根羽毛，却没能抓住白天鹅，眼睁睁看着它飞得无影无踪。一时间，缅伯高捧着几根雪白的鹅毛，直愣愣地发呆，脑子里来来回回地想着：“怎么办？进贡吗？拿什么去见唐太宗呢？回去吗？又怎敢去见回纥国国王呢！”思前想后，缅伯高决定继续东行，他拿出一块洁白的绸子，小心翼翼地把鹅毛包好，又在绸子上题了一首诗：“天鹅贡唐朝，山重路更遥。沔阳河失宝，回纥情难抛。上奉唐天子，请罪缅伯高，物轻人意重，千里送鹅毛！”

缅伯高带着珠宝和鹅毛，披星戴月，不辞劳苦，不久就到了长安。唐太宗接见了缅伯高，缅伯高献上鹅毛。唐太宗看了那首诗，又听了缅伯高的诉说，非但没有怪罪他，反而觉得缅伯高忠诚老实，不辱使命，就重重地赏赐了他。

从此，“千里送鹅毛，礼轻情意重”的故事广为流传。

资料来源：https：//baike. baidu. com/item/%E5%8D%83%E9%87%8C%E9%80%81%E9%B9%85%E6%AF%9B%EF%BC%8C%E7%A4%BC%E8%BD%BB%E6%83%85%E6%84%8F%E9%87%8D/4571123？fr=aladdin。

3. 把握时机

送礼的时机选择不对，送礼的效果就会大打折扣，有时甚至会适得其反。送礼一般选择传统节日、喜庆之日、企业开业庆典及酬谢他人之时。

4. 场合选择

作为用于酬谢、应酬或特殊目的的礼物，一般情况下不宜在公开场合送出。只有礼轻情意重的特殊礼物，才适合在大庭广众面前赠送。

5. 禁忌

选择礼品时，主要有以下两个禁忌：

（1）我国内地的一些馈赠禁忌。一般来说，在我国内地的正式社交活动中，因公赠礼时，不应该选择以下五类物品：一是现金、信用卡、有价证券；二是价格高昂的奢侈品；三是烟酒等不利于健康的物品；四是易使异性产生误解的物品；五是触犯受赠对象个人禁忌的物品。

（2）我国港台地区的馈赠禁忌。在我国香港、台湾地区的风俗中，送礼者，非丧事一律不能送毛巾、剪刀等利器，含有“一刀两断”之意，以剪相送会使对方产生威胁之感。甜果是祭祖拜神专用之物，送人会让对方有不祥之感。粤语中“雨伞”音同“给散”，因而送雨伞会引起对方的误解。扇子是夏季用品，台湾地区俗称“送扇无相见”。台湾的居丧之家习惯不蒸甜食、不裹粽子，如果以粽子相送，会被对方误解。此外，内地人送礼不会送“小棺材”，但香港地区的人青睐红木制作的小型棺材摆件，寓意为“升官发财”。

在我国，看望病人不能送盆花，因为盆花有根。看望老人不能送钟，因为“钟”与“终”谐音。友人之间忌送伞，因为“伞”与“散”谐音。乌龟虽然长寿，却有“王八”的俗名，也不宜作为礼品相送。

6. 馈赠礼节

要使对方愉快地接受馈赠并不是件容易的事情。即便是精心挑选的礼品，如果不讲究赠礼的艺术和礼仪，也很难达到馈赠的预期效果。

（1）注意包装。精美的包装不仅可以使礼品的外观更具艺术性和高雅的情调，显出赠礼人的文化艺术品位，而且可以避免给人俗气的感觉。

（2）注意场合。当众只给一群人中的某一个人赠礼是不合适的，给关系密切的人送礼也不宜在公开场合进行。只有象征着精神方面的礼品，如锦旗、牌匾、花篮等，才可以在众人面前赠送。

（3）注意态度和动作。赠送礼品时，只有态度平和友善、动作落落大方并伴有礼节性的语言，才容易让受礼者接受礼品。

（4）注意时机。一般赠礼应选择在相见、道别或相应的仪式上。

（5）处理好有关票据。如果礼品上写有价格和标签，一定要提前清除干净。但如果礼品是有保修期的“大物件”，如家用电器、数码产品等，则可以在赠送礼品的时候把发票和保修单一起奉上，以便将来受礼人能够享受“三包”服务或方便其转手处理。

7. 接受礼仪

（1）在对方的馈赠是合理合法的，并对双方人际交往没有影响的情况下，应落落大方地接受，借口推辞反而是失礼的行为。

（2）在接受礼物时，应双手接过，并表示感谢。我国的习惯是不当面打开所收礼品。西方习俗则是当面打开礼物，并对礼物表示赞叹与欣喜。

（3）来而有往。接受了他人的馈赠，得想办法回礼才算礼貌，中国人崇尚“礼尚往来”，外国人同样重视。有礼有节的馈赠活动，有利于拉近双方的距离，增加合作的机会。

8. 巧拒礼仪

对于别人赠送的礼物，你无法接受，直接拒绝又会导致双方尴尬、影响人际交往时，通常有以下三种比较有礼貌的拒绝方法：

（1）先收后退。当面拒绝别人的礼物，无疑会使对方难堪，所以可先将礼物收下，私下里原封不动地送回。

（2）委婉拒绝、说明原因。可委婉暗示对方无法接受礼物，并说明原因，取得对方的理解。

（3）由第三人代为谢绝。当本人不便直接回绝时，可请他人代为谢绝。

9. 赠花的礼仪

鲜花是美好、吉祥、友谊和幸福的象征。我国早在汉代就有“折柳送别话依依”的诗句，可见在当时已有交际赠花之习俗。在当今社交中，无论是欢迎、送别、婚寿庆祝，还是节庆、开业、慰问、吊唁及国际交往中，都有送花的礼仪，习惯不同，花的含义也不同。

送花时必须注意得体，一般要做到以下两点：

（1）了解“花卉语”。人们经常以赠鲜花来言志明心。由于各地风俗不同，当我们以花为媒来传递信息时，要注意运用正确的“花卉语”，以免出现尴尬。以下是常见花卉的寓意：荷花象征纯洁、淡泊和无邪；月季花象征幸福、光荣；红玫瑰象征爱情；百合象征圣洁、幸福、百年好合；康乃馨象征健康长寿；梅花象征刚毅、坚贞不屈。在不同的国家和地区，同一种花也会有不同的寓意。比如，在一些国家，菊花和康乃馨被认为是厄运的象征；垂柳在美国表示“悲哀”，但在法国，柳是“仁勇”的象征。实际上，同一种类型的花卉，颜色不同，也有不同甚至截然相反的意思。比如，红色的郁金香是“爱”的表示，蓝色的郁金香象征“诚实”，而黄色的郁金香则象征“无望的恋爱”。

（2）不同场合的赠花。在不同的场合赠送不同的花，意义是不同的，因而要结合实际需要及不同对象，做出合适的选择。

向恋人赠玫瑰花的花语是“我真心爱你”；蔷薇花象征“我向你求爱，小天使”，桂花表示“我执意爱你”。这类花卉赠予恋人，可收“心有灵犀一点通”之功。若将这类花卉赠予其他对象，则会交际不成，反而引火烧身。

婚礼赠花，可以选择由红玫瑰、吉祥草、文竹组成的花束。红玫瑰象征爱情美好；吉祥草祝朋友吉祥如意、生活美满；文竹绿叶葱葱，祝朋友爱情永葆青春。此外，并蒂莲表示“恩爱如初、幸福长存”，百合花象征“百年好合”，它们和红色郁金香等都是婚礼的理想花卉。

慰问病人，送一束黄色月季花表示“早日康复”，送一束芝兰象征“正气清运、贵体早康”，也可以送由松、柏、梅花组成的花束，以鼓励病人与病魔做斗争“坚贞不屈”，“胜利属于你”。庆贺生日赠花，年轻一点的可送其火红色的石榴花、鲜红色的月季花或美丽的象牙花，祝其前程如火一样红烈、青春如红花一样鲜艳等；对年老者，赠之以万年青、寿星草、龟背竹等，以示祝福老人健康长寿、快乐幸福。

此外，新春佳节可以送大丽花、牡丹花、水仙花、桃花、吉庆果、金橘和富贵竹等；祝贺开业可以送红月季、牡丹、一品红、发财树（生意兴隆）等；看望父母可以送剑兰、康乃馨、百合、满天星（百年好合）等；送别朋友可以送芍药（依依惜别）；迎接亲友可以送紫藤、月季、马蹄莲（热情好客）等；给离退休者可以送兰花、梅花、红枫、君子兰等。

正式场合，如新店开张、庆典等，可送花篮；迎宾、欢送、演出中送给演员，大多送花环、花束；宴请、招待会等送胸花；参加追悼会时，送花圈以示哀悼。送花一般不能送单一的白色花，因为会被人认为不吉利；送玫瑰花时应送单数，不要送双数，但 12 除外，不要将红玫瑰送给未成年的小姑娘；不要将浓香型的鲜花送给病人；送一束花时，最好用彩色透明纸将花包装好，再系一根与鲜花颜色相匹配的彩带，这样既便于携带，又使花显得更漂亮。

对花的色彩进行选择的原则是，要适合使用环境。在喜庆场合、举办商务会展时，应选择浓重温暖的色调，如红色、橙色、黄色。会场、大厅、会客室等宽敞的地方不宜使用小花器。在大的色调上，要避免靠色，插花鲜艳，背景就要淡雅。在房间入口或过道较窄小的地方，宜用简洁整齐、带有欢快色彩的插花，体形不要过大。新店开张，公司开业，宜送月季、紫薇等，这类花花期长，寓意兴旺发达、财源广进。

知识拓展

馈赠礼仪——季节与花语

圣诞节：在寒冷的冬天，百花凋零，只有细长的圣诞红随风摇曳。因此，送菊花、玫瑰和圣诞红为宜。

春节：这是合家团聚、一家大小互道新年快乐的好时节，以送水仙花、天堂鸟、佛手、百合、松枝为宜。

母亲节：这是感谢母亲恩情的节日，可以用插花来表达孝心，也可以送康乃馨。

仲夏插花：夏天阳光高照，炙热难当，我们需要的是清凉舒适。插花以莲花、康乃馨、玫瑰为主，花材不宜多，以清淡感为佳。

秋季插花：秋天枫叶红满山，金风送爽，宁静飘逸，是诗人的季节。插花以百合、黄菊为主，因为它们具有秋天特有的风情。

冬季插花：冬天寒风瑟瑟，人们都愿意留在家中，不妨送红玫瑰、铁树叶等代表冬日温情的花，能令人们心中充满暖意。

具体来说，每一种花都有各自的寓意，即花语，见表 3-1。

表 3-1　不同花卉的花语

序号	花名	花语（含义、寓意）
1	剑兰	高雅、长寿、康宁
2	文竹	健康、长寿
3	非洲菊	坚强、有毅力、适应力强
4	兰花	热情
5	康乃馨	慈祥、温馨、真挚（有祝早日康复之意）
6	紫丁香	初恋

续表

序号	花名	花语（含义、寓意）
7	野丁香	谦逊、美好
8	雏菊	娇小玲珑、精灵可爱（有“你很受欢迎”之意）
9	太阳菊	热情、充满活力、生气勃勃
10	樱花	心灵美
11	鸢尾	热情、适应力强
12	红罂粟	安慰、慰藉
13	金百合	艳丽、高贵中显纯洁
14	野百合	幸福即将来临、好运即将开启
15	天堂鸟	自由、幸福、如意、吉祥
16	山茶花	美好的品德
17	红茶花	质朴、美德
18	红掌	热情、热心、热血、鸿运当头
19	牡丹	拘谨、害羞
20	马蹄莲	纯洁、质朴、幸福、清秀
21	常春藤	结婚、白头偕老
22	水仙	清芳幽雅、冰莹秀丽、尊敬、自尊
23	美人蕉	坚实
24	仙客来	天真无邪、纯洁活泼
25	杜鹃	节制、盼望
26	风信子	凝聚生命力、自我丰盛、自我发展
27	红蔷薇	求爱、爱情
28	一串红	喜气洋洋、满堂吉庆
29	黄色郁金香	爱的绝望
30	红色郁金香	宣布爱恋
31	蓝色郁金香	诚实、可靠
32	月季	幸福、光荣、富贵
33	蝴蝶兰	美丽夺目、须时常滋润
34	荷花	纯洁、淡泊、天真、无邪
35	非洲紫罗兰	亲切繁茂、永远美丽、永远漂亮
36	梅花	刚毅、坚贞不屈

资料来源：柯晶莹，常静．商务礼仪［M］．上海：上海交通大学出版社，2022：73。

第九节　乘车礼仪

一、上下车礼仪

当主人与客人同乘一辆轿车时，主人应为同车的第一主宾打开轿车的右侧后门，用手挡住车门上沿，防止客人碰到头。待客人坐好后再关门，注意不要夹了客人的手或衣服。然后，从车尾绕到左侧为另外的客人开门或自己上车。

如果和女士、长辈一同乘车，应请女士、长辈先上车，并为对方开关车门。抵达目的地时，主人首先下车，然后为客人打开车门。

如果乘坐旅游车或面包车等交通工具，应让位尊者、宾客先上车；下车时，位尊者、宾客在主人之后。

二、应注意的乘车细节

倘若女士裙子太短或太紧不宜先上车，男士不必过分谦让。女士上车时，得体的方法是：先背对车座，轻轻坐在座位上，合并双脚并一同收入车内；下车时，也要双脚同时着地，不可跨上跨下，有失大雅。

轿车的前排，特别是副驾驶座，是车上最不安全的座位。因此，按照惯例，在社交场合，前排座位不宜请妇女或儿童坐。在公务活动中，副驾驶座，特别是双排五座轿车上的副驾驶座，被称为“随员座”，专供秘书、翻译、警卫、陪同等随行人员就座。

乘坐公共汽车、火车或地铁时，座位可供选择的余地并不太大。比较而言，有关座次的讲究也相对较少。

基本的规矩是：临窗的座位为上座，临近通道的座位为下座；与车辆行驶方向相同的座位为上座，与车辆行驶方向相反的座位为下座。

在有些车辆上，乘客的座位分列于车厢两侧，即乘客是对面而坐的。在这种情况下，应以面对车门一侧的座位为上座，以背对车门一侧的座位为下座。

乘车时应以礼待人，并且落实到许多细节上。具体来说，应注意以下三个方面的问题：

（1）上下车的先后顺序。在涉外交往中，尤其是在许多正式场合，上下车的先后顺序不仅有一定的讲究，而且必须认真遵守。乘坐轿车时，按照惯例，应当恭请位尊者先上车、后下车，位卑者则应当后上车、先下车。乘坐公共汽车、火车或地铁时，通常由位卑者先上车、先下车，位尊者则应当后上车、后下车。这样规定是为了便于位卑者寻找座位，照顾位尊者。

（2）就座时的相互谦让。不论是乘坐何种车辆，就座时均应相互谦让。争座、抢座、不对号入座，都是非常失礼的。在相互谦让座位时，除对位尊者给予特殊礼遇之外，对待同行人中地位、身份相同者，也要以礼相让。

（3）乘车时的律己敬人。在乘坐车辆时，尤其是在乘坐公共交通工具时，必须将其视为一种公共场合，自觉地讲究社会公德，遵守公共秩序。对于自己，要处处严格要求；对于他人，要时时友好相待。

第四章

位次礼仪

老子在《道德经》里说：人法地、地法天、天法道、道法自然。

《礼记·曲礼上》曰：夫礼者，所以定亲疏，决嫌疑，别同异，明是非也。所谓“定亲疏”，就是要把人与人之间关系的亲疏远近确定好。

孔子说：父子有亲，君臣有义，夫妇有别，长幼有序。

这些都在告诉我们：万物皆有序列。礼仪，在很大程度上，就是讲究尊卑、长幼、高低有序。这里的序，是指顺序、次序、秩序、位次、序列等。无论是宴请、乘车还是开会、仪式等场合，都必须讲究位置的次序。本章讲述宴请、会议、乘车、行进等场合的位次礼仪。

第一节 位次礼仪的原则

一、面门设座/面门为尊

所谓面门设座，是指一般情况下，以面对正门之位为尊位，即面门为尊。如果是会议场合，这个尊位就是主席之座，两边就是参加会议的客人或拜访者的座位，或者高级管理人员、助理的座位；如果是宴请场合，这个位子就是最尊贵的客人的座位（见图 4-1）。

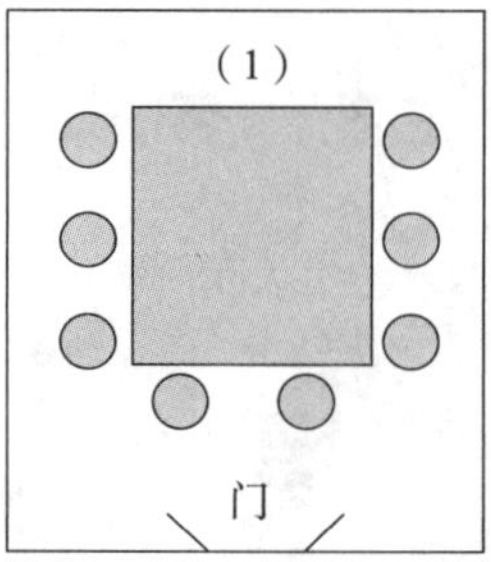

图 4-1 面门为尊［（1）为尊位］

二、依景设座

所谓依景设座，是指最尊贵的位子设在室内主要景致处，如字画、背景墙、讲台等。比如，人民大会堂里各个会议厅的主要墙面上都有字画，那么字画下面的座位就是尊位（见图 4–2）。

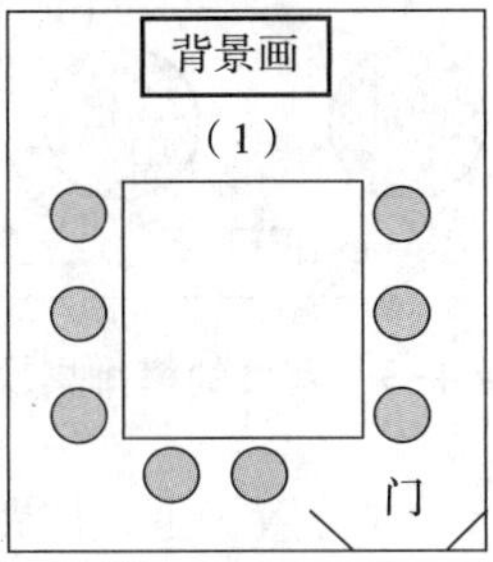

图 4–2 依景为尊［（1）为尊位］

三、以右为上

中国人讲究“以右为上”，主要是指参照者的右手边坐的往往是最尊贵的客人。

四、中心为上

中心为上是指当座次或位次排序十分对称时，中心的位置一般是公认的最尊贵的位置。

五、近尊远卑

近尊远卑是指在每张餐桌上，距离该桌主人较近的座位尊于较远的座位。或者说，如果有一个最尊贵的位置或中心人物，以此为参照，越是靠近此位或此人，就越显尊贵；反之，离此位或此人越远，关系越疏，地位越卑微。

第二节 宴请时的位次礼仪

在宴请中，桌次和座次的排列顺序体现着主人给予宾客的礼遇规格，两者都是宴请礼仪的重要内容。

一、中式宴请中的桌次礼仪

中餐宴会一般采用圆桌，视参加人数多少设一桌或多桌。多桌分主桌和辅桌，在排列圆桌的时候，大致会遇到六种情况。

1. 两桌的小型宴会

当宴请现场只有两张餐桌时，两张桌既可以横排，也可以竖排。

当两桌横排时，桌次以右为尊，以左为卑（以从室内面向宴会厅正门的视角为基准）（见图 4-3）。

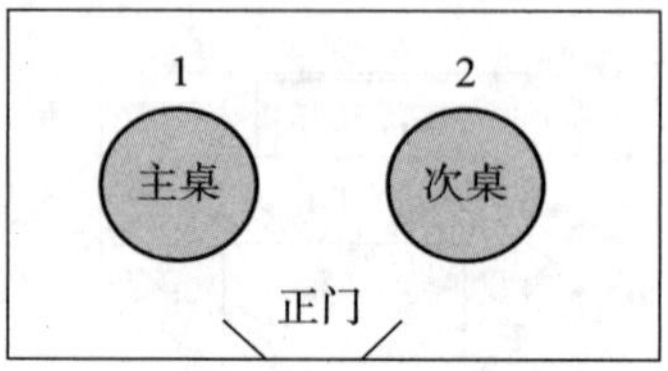

图 4-3　两桌的横排桌次

当两桌竖排时，桌次以距离正门远的位置为上，以距离正门近的位置为下（见图 4-4）。

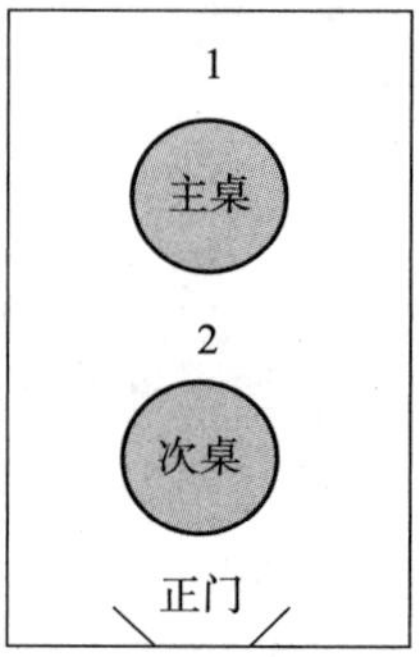

图 4-4　两桌的竖排桌次

2. 三桌宴会的桌次

三桌或三桌以上的宴会也叫“多桌宴会”，其排列方法除了要遵守两桌排列的规则外，还应考虑距离主桌的距离，即距离主桌越近，桌次越高；距离主桌越远，桌次越低。

一般而言，只要谨记“中心为上”“面（远）门为上”两个原则就可以把不管多少桌排列好。

具体来说，三桌有以下三种排法：横向排序（见图 4-5）、纵向排序（见图 4-6）和对称排序（见图 4-7）。

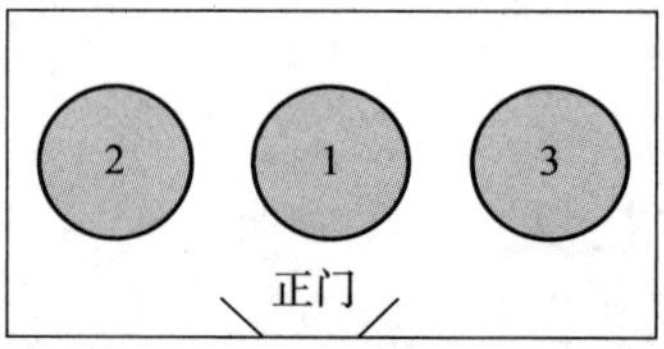

图 4-5　三桌的桌次：横向排序

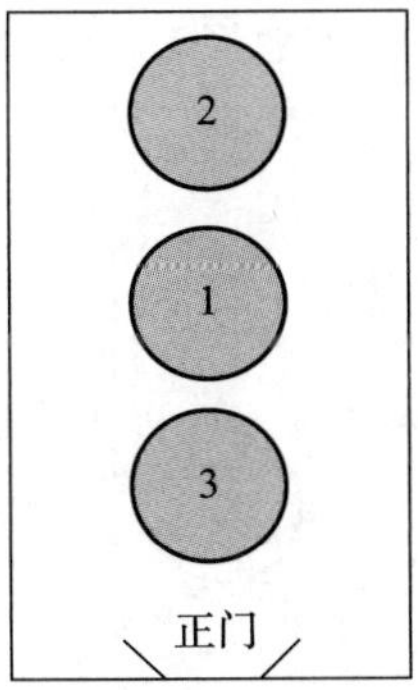

图 4-6 三桌的桌次：纵向排序

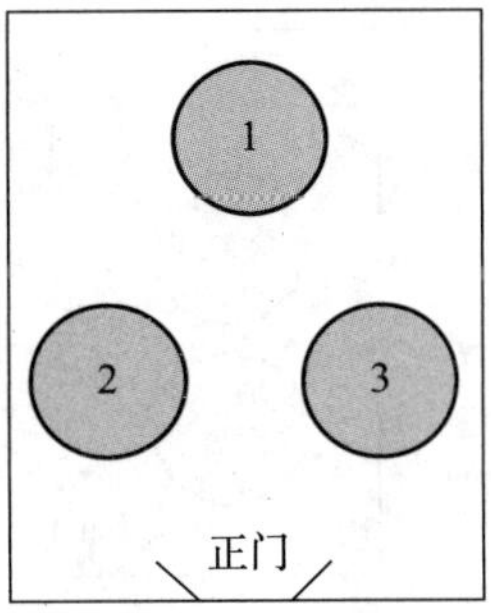

图 4-7 三桌的桌次：对称排序

3. 四桌宴会的桌次

四桌宴会一般也有三种排序方式：横向排序（见图 4-8）、纵向排序（见图 4-9）和对称排序（见图 4-10）。

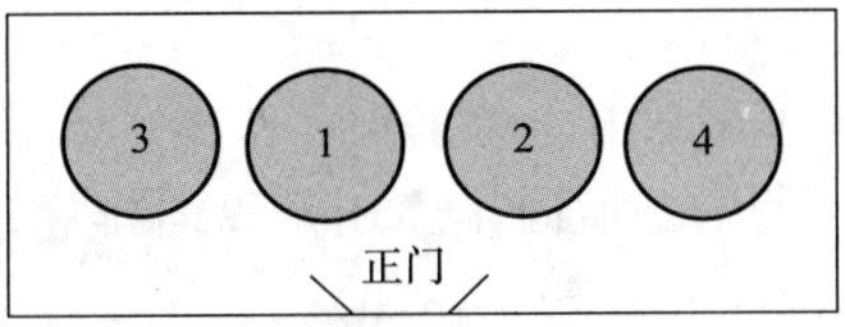

图 4-8 四桌的桌次：横向排序

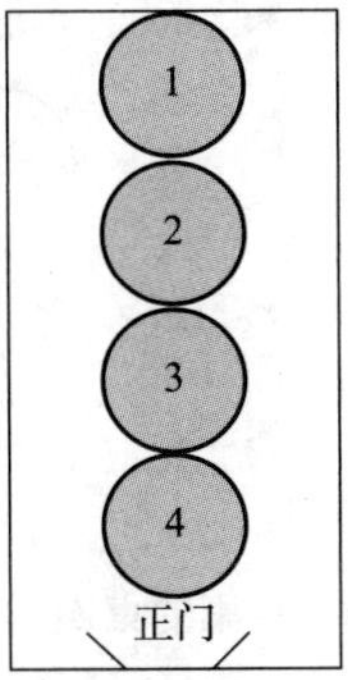

图 4-9 四桌的桌次：纵向排序

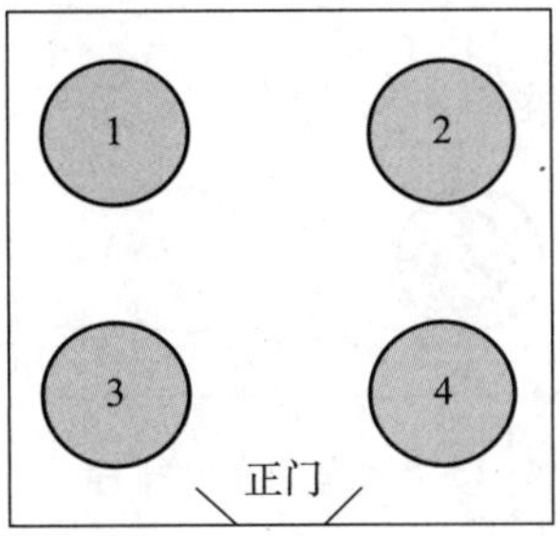

图 4-10 四桌的桌次：对称排序

4. 五桌宴会的桌次

五桌的宴会一般有三种排序方式：横向排序（见图 4-11）、纵向排序和对称排序（见图 4-12）。

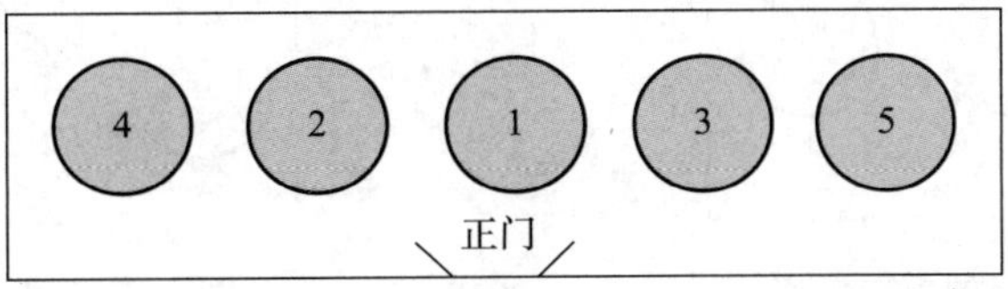

图 4-11 五桌的桌次：横向排序

五桌的纵向排序与上述四桌的纵向排序类似，这里省略示意图。

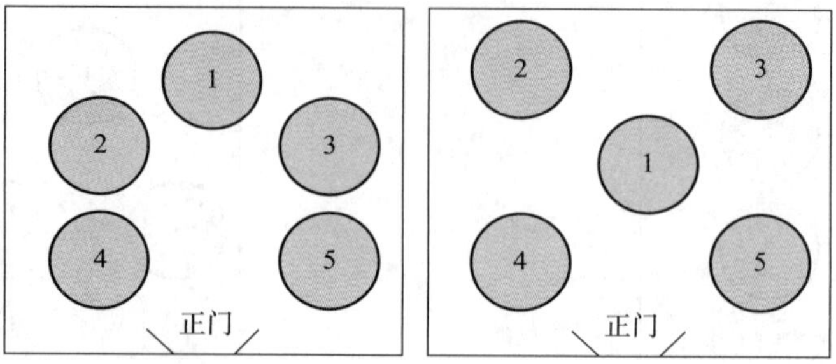

(a) 面门为上　　(b) 中心为上

图 4-12　五桌的桌次：对称排序

5. 六桌宴会的桌次

六桌宴会的桌次排序与四桌的类似，这里不再赘述。

6. 七桌及以上的宴会桌次

七桌、九桌的宴会桌次排序与五桌的类似，八桌、十桌的宴会桌次排序与四桌类似，十桌以上的依此类推。无论是横向排序还是纵向排序，都可以遵照前面的排法。这里具体介绍对称排序（见图 4-13 至图 4-20）。

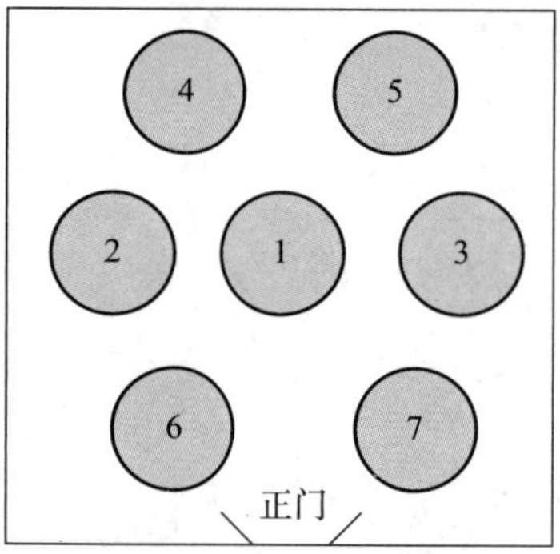

图 4-13　七桌的桌次排序

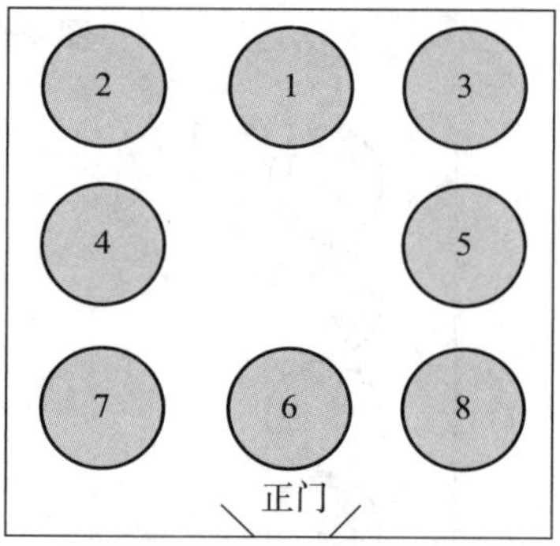

图 4-14　八桌的桌次排序

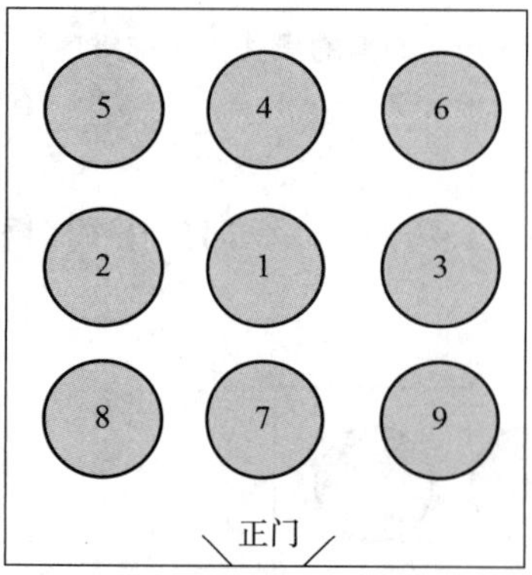

图 4-15　九桌的桌次排序

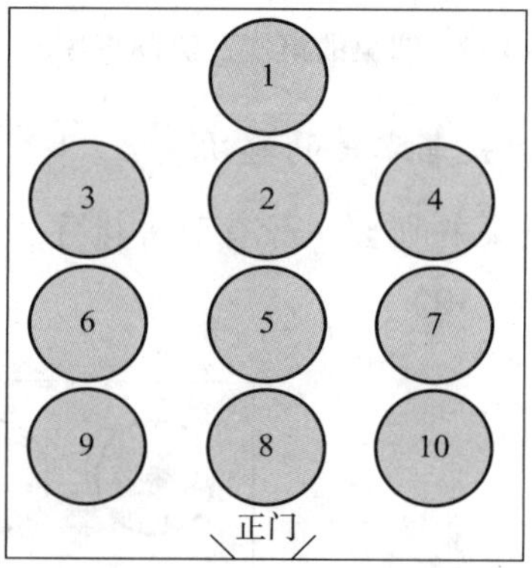

图 4-16　十桌的桌次排序

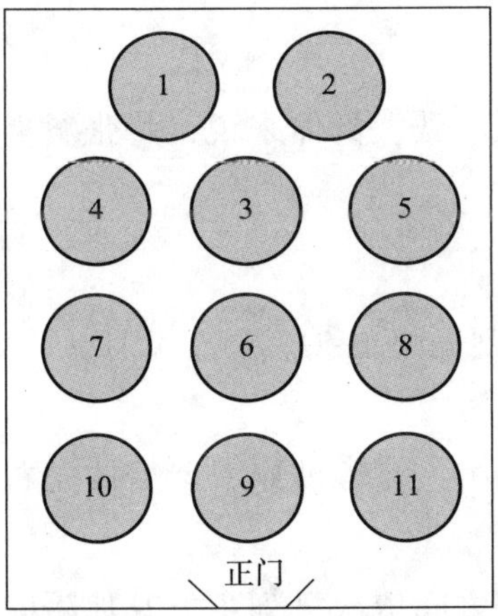

图 4-17 十一桌的桌次排序

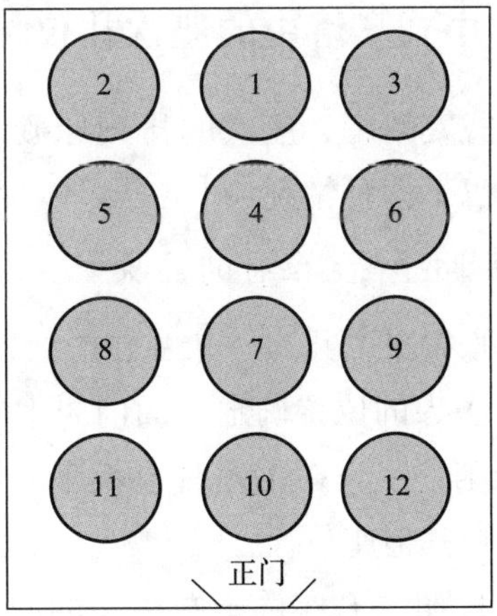

图 4-18 十二桌的桌次排序

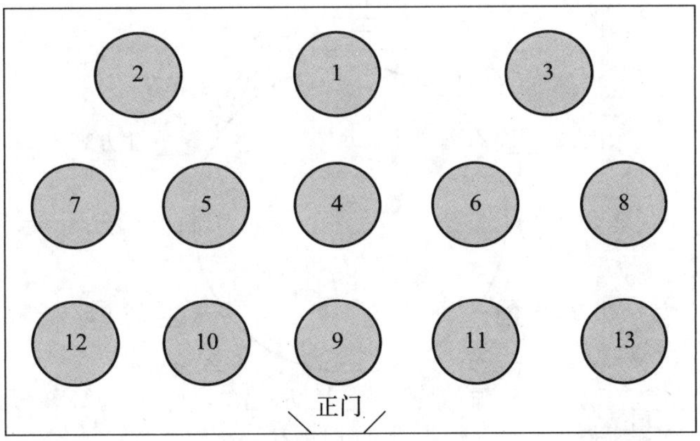

图 4-19 十三桌的排列方式：远门为上

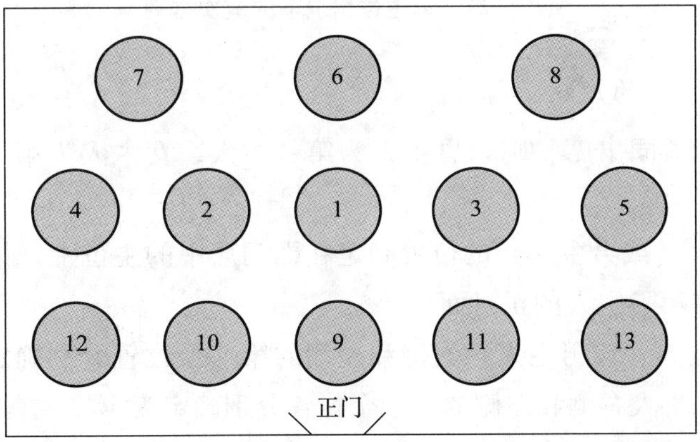

图 4-20 十三桌的排列方式：中心为上

二、中式宴请中的座次礼仪

在中式宴请中，座次的排列原则与上述原则一致。具体来说，每张餐桌位次的安排可分为以下两种情况：

1. 每桌一个主位时的座次

当每张餐桌上只有一个主位时，座次排列规则见图 4-21。

（1）主人的位置确定在面门居中的主位上。

（2）第一主宾在主人右边就座，第二主宾在主人左侧就座，然后按先右后左的顺序依次排列其他座位。

（3）按照“右座尊于左座”的原则，在宾位之间依次排列主方其他陪同人员的位置，并做到主客相间。

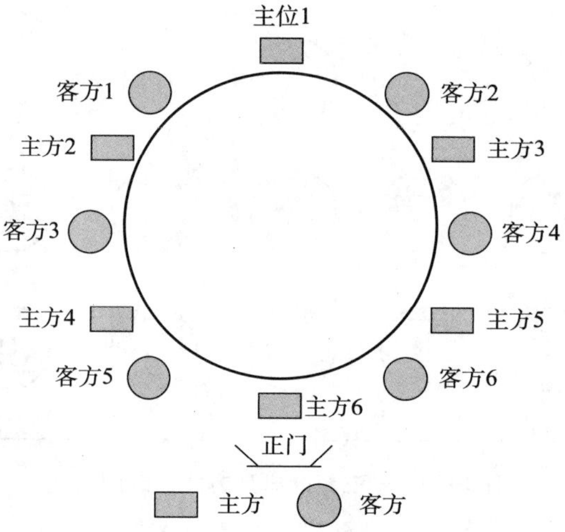

图 4-21　单主位情况下的座次排列

2. 每桌两个主位的座次

如果双方夫妇共同出席，则以男主人为第一主人，女主人为第二主人，座次的排列规则见图 4-22。

（1）第一主人（或男主人）的位置确定在面门居中的主位上，第二主人（或女主人）的位置确定在第一主人的正对面。

（2）将第一主人（或男主人）右侧和左侧的第一个位置分别确定为第一主宾位和第三主宾位，第二主人右侧和左侧的第一个位置分别确定为第二主宾位和第四主宾位。

（3）按照“右座尊于左座”的原则，在宾位之间依对角线顺序安排主方其他陪同人员的位置，并做到主客相间。

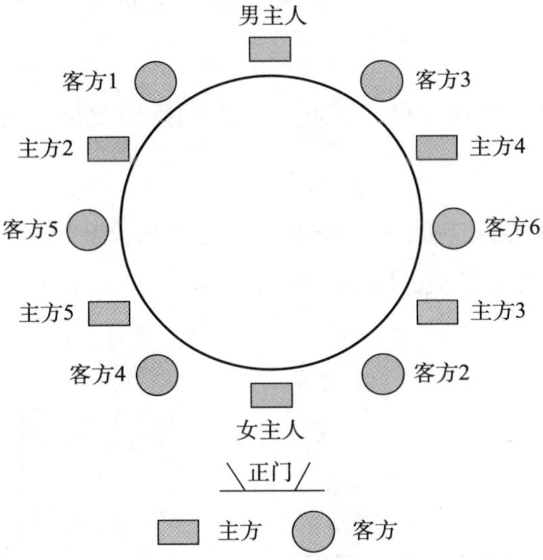

图 4-22 双主位情况下的座次排列

三、西式宴请中的座次礼仪

西餐与中餐的座次排列既有许多相同之处，也有许多不同之处。西餐宴会席位排列主要是座次问题。除了非常盛大的宴会外，一般不涉及桌次。

（一）座次排列的原则

西餐座次排列的总体原则是：女士优先，以右为尊，面门为上，近高远低，交叉排列。

1. 女士优先

在西餐礼仪里，女士处处受尊重，尤其是安排家宴时，一般女主人为第一主人，在主位就座，而男主人为第二主人，在第二主人的位置就座。

2. 以右为尊

“以右为尊”是基本原则。就某一具体位置而言，右侧要高于左侧之位。例如，在排列西餐席位时，应安排男主宾坐在女主人右侧，安排女主宾坐在男主人右侧。

3. 面门为上

在餐厅内，以餐厅门作为参照物，面对餐厅正门的位子尊于背对餐厅正门的位子。

4. 近高远低

西餐桌上席位的尊卑，是由其距离主位的远近决定的。距离主位近的位置要尊于距离主位远的位置。

5. 交叉排列

在排列席位时，男女应当交叉排列，熟人和生人也应当交叉排列。一个就餐者的对面和两侧往往是异性或不熟悉的人，这样可以广交朋友。

（二）座次的排列

西餐的餐桌一般用长桌或方桌，因此，座次的排列方法主要分长桌和方桌两种。

1. 长桌的座次排列

使用长桌时，有两种排位方法：一种是男、女主人在长桌的中央相对而坐（见图 4-23），另一种是男、女主人分别坐在长桌的两端（见图 4-24）。

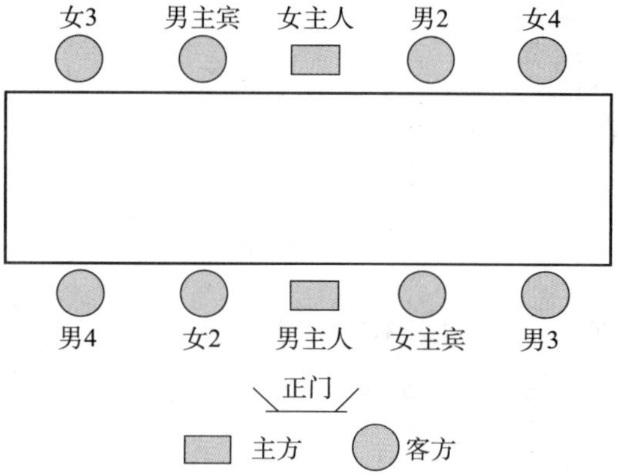

图 4-23　长桌的排位方法一

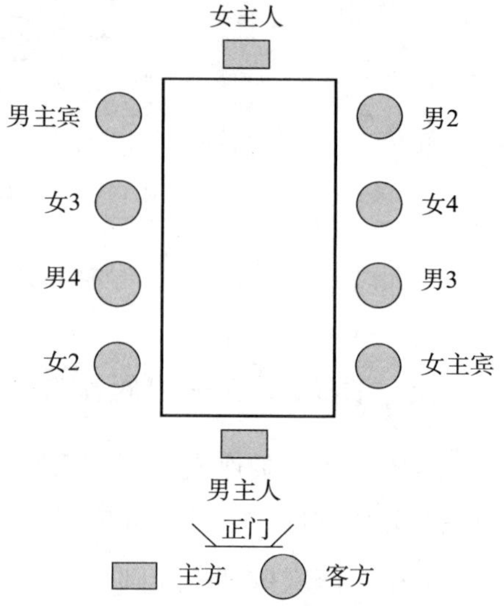

图 4-24　长桌的排位方法二

2. 方桌的座次排列

使用方桌时，排位方法如下：就座于餐桌四面的人数应相等，一桌共坐 8 人，两侧各坐 2 人的情况比较多见，即男、女主人与男、女主宾对面而坐，所有人均各自与自己的恋人或配偶坐成斜对角（见图 4-25）。

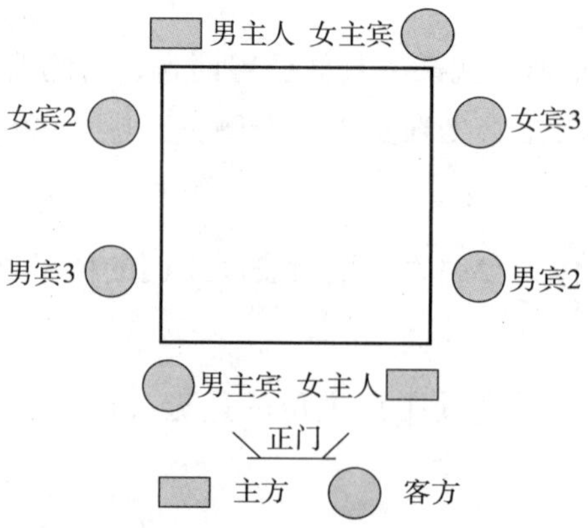

图 4-25　方桌的座次排列

第三节 商务会议中的位次礼仪

按规模来分，商务会议可分为小型会议和大型会议。不同规模的会议，其座次安排的礼仪规则有所不同。

一、小型会议的座次安排

小型会议的座次安排分为圆桌会议和方桌会议两类。一般情况下，小型会议的座次安排又可以变形为椭圆形、圆形、半圆形、长方形、方拱形、“T”字形等。在方桌会议中，特别要注意座次的安排。如果只有一位领导，那么他的座位一般应安排在长方形的短边，或者是比较靠里的位置。也就是说，以会议室的门为基点，在里侧是主宾的位置。如果由主客双方参加，一般分两侧就座，主人坐在会议桌的右边，而客人坐在会议桌的左边。

为尽量避免这种主次安排，有时以圆形桌为布局，即圆桌会议。在圆桌会议中，不用拘泥这么多的礼节，主要规则是以门为基准点，较靠里面的位置是比较主要的座位。

二、大型会议的座次安排

一般情况下，大型会议与会者众多、规模较大，座次的安排比较复杂，主要分为群众席的座次安排和主席台的座次安排。

（一）群众席的座次安排

群众席的布局一般采用大小方形、半圆形等，其座次可以采取以下三种方式排列：一是以主席台为基准点，面向主席台，从左往右分部门或分单位纵向依次排列（见图 4-26）；二是以会场座位的中间为基准点，分部门或分单位先左后右、一左一右呈纵向排列（见图 4-27）；三是以主席台为基准点（主席台为会场的前端），分部门或分单位从前向后横向依次排列（见图 4-28）。

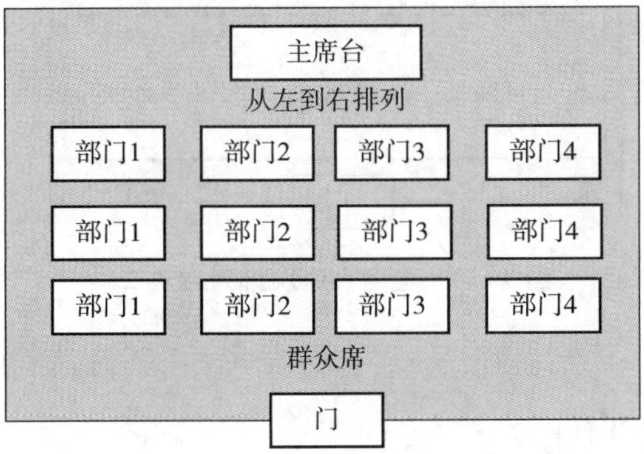

图 4-26 群众席座次排列方法一

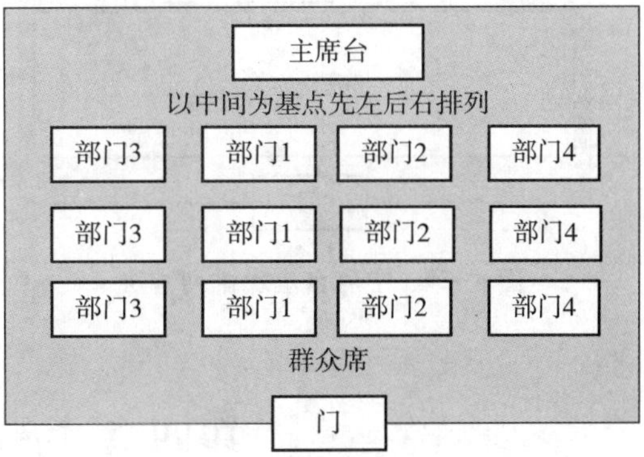

图 4-27 群众席座次排列方法二

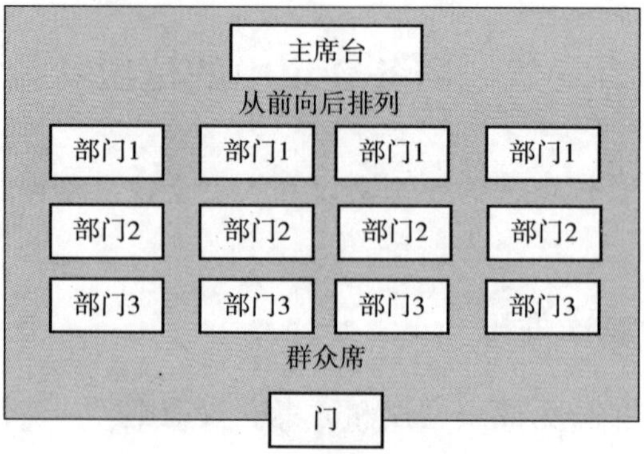

图 4-28　群众席座次排列方法三

（二）主席台的座次安排

主席台的座位依照职务的高低或选举的结果安排。国内会议一般以职务最高者居中，然后依照先左后右、前高后低的原则排列座位（见图 4-29）。按照中国传统，以右为上，但主席台的座位应从观众席的视角来看。台上中心人物的左边，在台下观众看来，就是中心人物的右边。如果主席台上人员为双数，则中心为两人，左者为尊，次者居右，然后按一左一右的顺序依次排列（见图 4-30）。应注意的是，在商务场合，尤其是国际商务场合，奉行“以右为尊”的原则。因此，应根据会议的具体情况，合理安排座次。另外，对邀请的上级单位或兄弟单位的来宾，其在主席台就座的座位也不一定完全按职务高低来排。通常应掌握的原则是：上级单位或同级单位的来宾，其实际职务略低于主人一方领导的，可安排在主席台适当位置就座，体现出对客人的尊重。

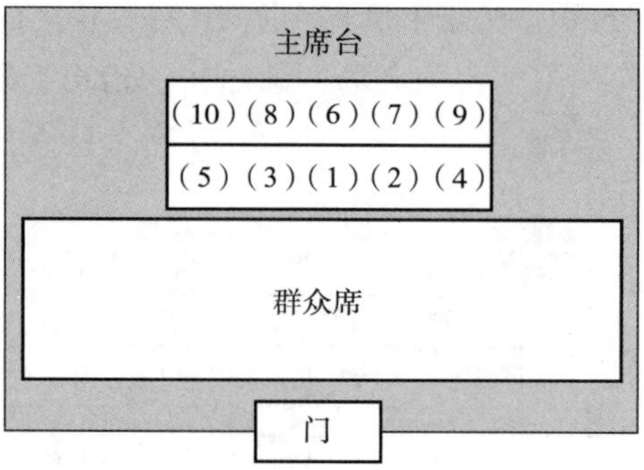

图 4-29　主席台座次排列方法一

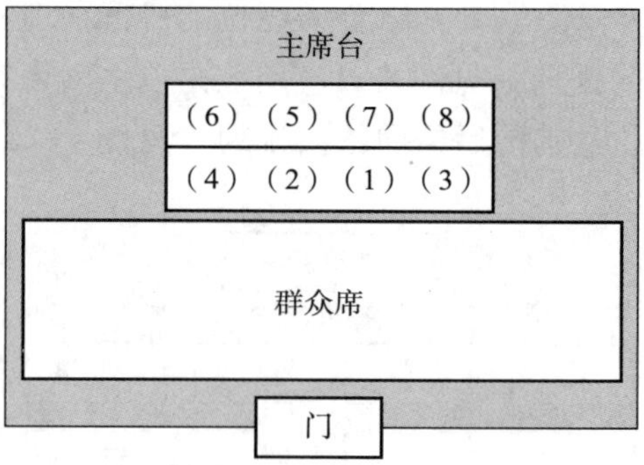

图 4-30　主席台座次排列方法二

第四节　洽谈会的座次礼仪

洽谈会可分为双边洽谈和多边洽谈两种情况。

一、双边洽谈

举行双边洽谈时，应使用长桌或椭圆形桌子，宾主分坐于桌子两侧。若采取横桌式，即桌子横放，则面对正门的一方为上，属于客方，背对正门的一方为下，属于主方（见图 4-31）。若采取竖桌式，即桌子竖放，则以进门的方向为准，右侧为上，属于客方；左侧为下，属于主方（见图 4-32）。在进行洽谈时，各方的主谈人员应在自己一方居中而坐，其余人员则应遵循右高左低的原则，依照职位的高低自近而远地分别在主谈人员的两侧就座。如果需要翻译人员，则应安排其就座于仅次于主谈人员的位置，即主谈人员之右。

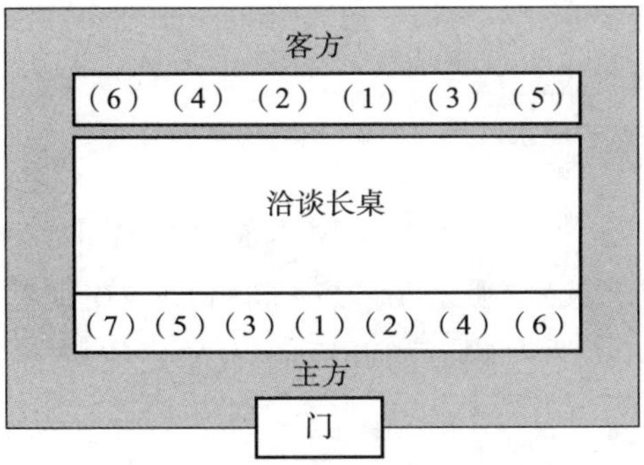

图 4-31 横桌式洽谈座次

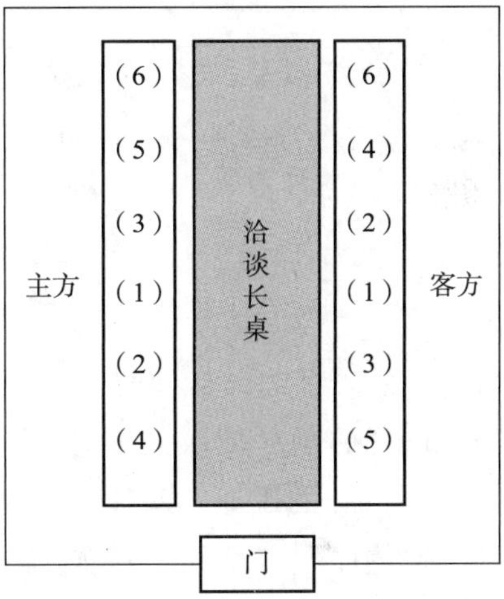

图 4-32 竖桌式洽谈座次

二、多边洽谈

举行多边洽谈时，为避免失礼，一般按照国际惯例以圆桌为洽谈桌，举行“圆桌会议”。这样一来，尊卑的界限就被淡化了。即便如此，在具体就座时，也应讲究有关各方的与会人员尽量同时入场，并同时就座。最基本的原则是，主方人员不应在客方人员之前就座。另一种是主席式。主席式座次排列是指在谈判室内面向正门设置一个主席位，在各方代表发言时使用，其他各方人士一律面对主席位就座，各方代表发言后需下台就座。

第五节 签字仪式的位次礼仪

签字时各方代表的座次都由主方代为先期排定。合乎礼仪的标准做法如下：

第一，签署双边性合同时，应请客方签字人在签字桌右侧就座，主方签字人同时就座于签字桌左侧。双方各自的助签人应当分别站立于己方签字人的外侧，以便随时提供帮助。双方其他的随员，可按照一定的顺序在己方签字人的正对面就座，也可以按照职位的高低依次自左至右（客方）或自右至左（主方）地列成一行，站立于己方签字人的身后。当一行站不完时，可按照以上顺序并遵照“前高后低”的惯例，排成两行、三行或四行。原则上，双方随员人数应大体相近（见图 4-33）。

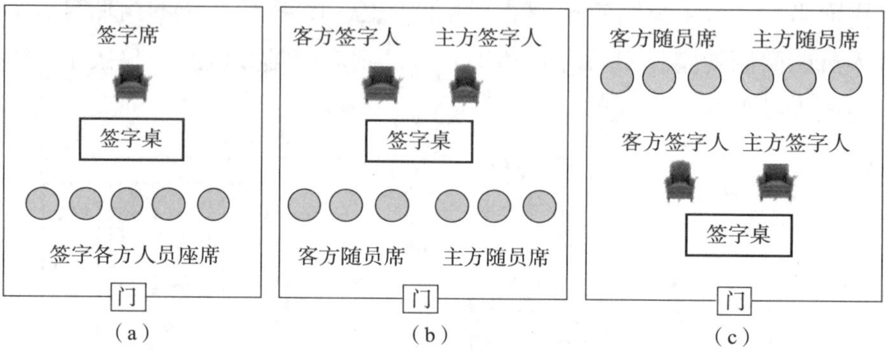

图 4-33　签字仪式座次

第二，签署多边性合同时，一般仅设一把签字椅，各方签字人签字时需依照有关各方事先同意的顺序依次上前签字。他们的助签人，则应随之一同行动。在助签时，依“右高左低”的规矩，助签人应站立于签字人的左侧。与此同时，有关各方的随员应按照一定的序列，面对签字桌就座或站立。

知识拓展

国际礼宾次序排列方法

按照国际惯例，礼宾次序排列可以采用以下四种方法。

一、按身份与职务的高低排列

这是礼宾次序排列最主要的根据，如按国家元首、副元首、政府总理（首相）、副总理（副首相）、部长、副部长的次序排列。

二、按字母顺序排列

这是一种比较客观的方法。在多边活动中，可按照参加国国名字母的顺序来排列礼宾次序，现一般以英文字母排列居多，但也有按其他语种字母排列的。这种排列方法最常见于国际会议、体育比赛中。在国际会议上，公布与会者名单、悬挂与会国的国旗、座位的安排等，均按国名英文字母的顺序排列。

联合国召开联合国大会、各专门机构的会议和悬挂会员国国旗的时候，均按国名英文字母的顺序排列，但为了避免一些国家总是居前排席位，每年抽一次签，决定本年度大会席位从哪个字母打头排起，从而让各国在运用这一排名原则时都有机会排在前列。

在国际体育比赛中，体育代表队名称的排列、开幕式入场顺序一般也按国名字母顺序排列（东道国一般排在最后）。代表团观礼或召开理事会、委员会等则按出席代表团团长身份的高低排列。

三、按报名时间排列

这种方法有助于东道国的管理和安排。这也是国际交往中经常采用的礼宾次序排列方法之一。其具体做法可分为三种情况：

（1）东道国对同等身份的外国代表团，按派遣国通知东道国该国代表团组成的日期排列。

（2）按各国代表团抵达活动地点的时间先后排列。

（3）按派遣国决定应邀派遣代表团参加活动的先后排列。

四、变通方法排序

这是一种权宜之计。在实际工作中，情况往往十分复杂，多种因素纠缠在一起。如有的国家不管以上种种惯例，把关系密切国家的代表排在最前列。因此，礼宾次序常常不能按一种方法排列，而是几种方法交叉使用，并考虑其他因素。如在一次多边国际活动中，其礼宾次序为：首先，按正式代表团的规格，即代表团团长的身份高低来确定；其次，在同级代表团中按派遣国通知代表团组成日期的先后来确定，对同级同时收到通知的代表团则按国名英文字母顺序排列。在安排确定礼宾次序时，还应考虑其他因素，如国家间的关系，所在地区，活动的情况、内容和对活动的贡献大小，以及参加活动的人的威望、资历等。通常的做法是：把同一国家、同一地区、同一宗教信仰或关系特殊的国家的代表团排在前面或排在一起。

对同一级别的人员，常把威望高、资历深、年龄大者排在前面。

在观看演出与出席宴会时，应将业务对口、语言相通、宗教信仰一致、风俗习惯相近的人员安排在一起。

进行礼宾次序排列时应注意以下几点：

（1）在几种方法中，确定一种后，便应一视同仁。如需变通，则变通的原则应统一，不能承认甲国的皇族而不承认乙国的皇族，也不能对 A 代表团按“通知代表团组成日期”排列，对 B 代表团按“抵达活动地点的时间”排列。

（2）确定国名字母的全称或简称按字母顺序排列时，如果按全称，则各国都按全称，如果按简称，则都按简称，不能混用。

（3）确定方法后，应公开告知各方，以免造成误解，如在东道国致各国的邀请书中注明“在级别相同的情况下，代表团团长的礼宾次序按通知代表团组成的日期先后确定。如果同时接到两个或两个以上的代表团的组成通知，将按其字母顺序确定先后”。

资料来源：柯晶莹，常静．商务礼仪［M］．上海：上海交通大学出版社，2022：152。

第六节　乘车时的位次礼仪

接待外宾乘坐轿车时，在座次方面要更讲究一些。确定轿车的座次，关键要看乘坐何种车辆。

一、乘坐小轿车

乘坐小轿车时，如有司机驾驶，以后排右侧为首位，左侧次之，中间座位再次之，前座右侧殿后，前排中间为末席。

如果由主人亲自驾驶，则以驾驶座右侧为首位，后排右侧次之，左侧再次之，而后排中间座为末席，前排中间座则不宜安排客人。如果主人亲自驾车，坐客只有一人，则应坐在主人旁边。若同坐多人，中途坐前座的客人下车后，在后面坐的客人应改坐前座，此项礼节最易被忽视。

主人夫妇驾车时，则主人夫妇坐前座，客人夫妇坐后座，男士要服务于自己的夫人，宜开车门让夫人先上车，然后自己再上车。

乘坐双排座或三排座轿车时，座次的具体排列，因驾驶员身份的不同，具体分为以下两种情况：

第一种情况，由所乘轿车的车主亲自驾驶轿车。

在这种情况下，双排五座轿车上其他四个座位的座次，由尊而卑依次应为：副驾驶座，后排右座，后排左座，后排中座（见图4-34）。双排六座轿车上其他五个座位的座次，由尊而卑依次应为：副驾驶座、前排中座、后排右座、右排左座、后排中座（见图4-35）。

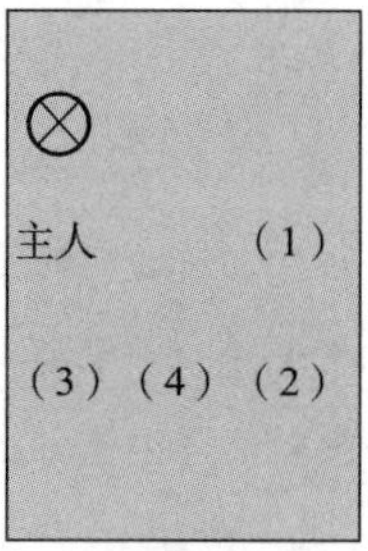

图4-34　主人驾车的双排五座轿车排座

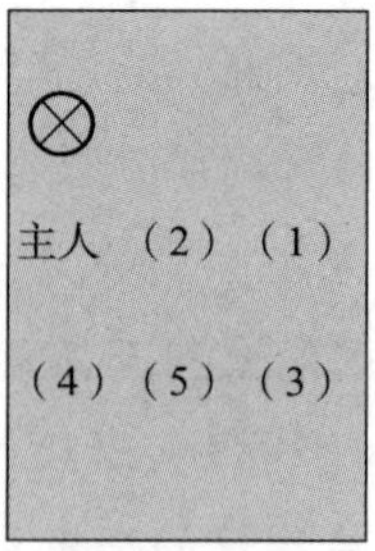

图4-35　主人驾车的双排六座轿车排座

三排七座轿车上其他六个座位的座次，由尊而卑依次应为：副驾驶座，后排右座，后排左座，后排中座，中排右座，中排左座（见图4-36）。

三排九座轿车上其他八个座位的座次，由尊而卑依次应为（假定驾驶座居左）：前排右座，前排中座，中排右座，中排中座，中排左座，后排右座，后排中座，后排左座（见图4-37）。

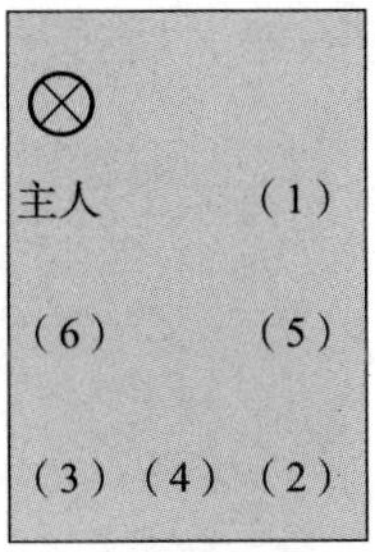

图 4-36 主人驾车的三排七座轿车排座

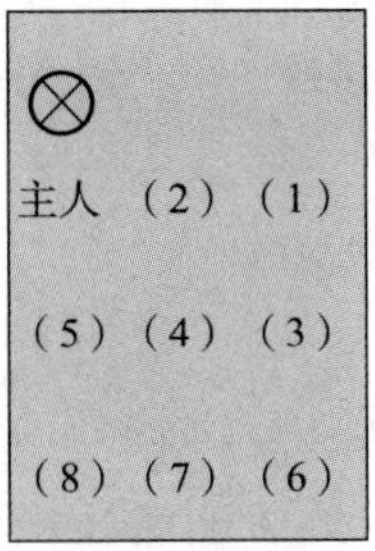

图 4-37 主人驾车的三排九座轿车排座

当主人亲自驾车时，若一个人乘车，则必须坐在副驾驶座上；若多人乘车，则必须推举一个人坐在副驾驶座上，否则就是对主人的失敬。

第二种情况，由专职司机驾驶轿车。

在这种情况下，双排五座轿车上其他四个座位的座次，由尊而卑依次应为：后排右座，后排左座，后排中座，副驾驶座（见图 4-38）。双排六座轿车上其他五个座位的座次，由尊而卑依次应为：后排右座、后排左座、后排中座、副驾驶座、前排中座（见图 4-39）。

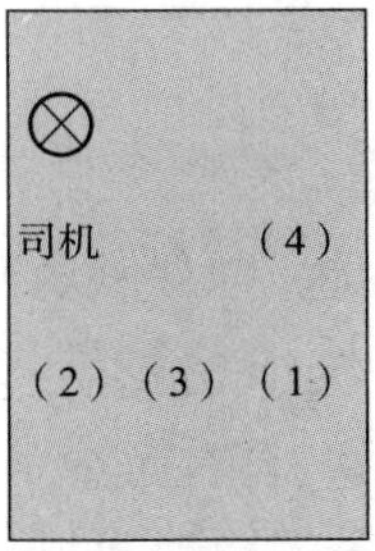

图 4-38 专职司机驾驶的双排五座轿车排座

图 4-39 专职司机驾驶的双排六座轿车排座

三排七座轿车上其他六个座位的座次，由尊而卑依次应为：后排右座，后排左座，后排中座，中排右座，中排左座，副驾驶座（见图 4-40）。

三排九座轿车上其他八个座位的座次，由尊而卑依次应为（假定驾驶座居左）：中排右座，中排中座，中排左座，后排右座，后排中座，后排左座，前排右座，前排中座（见图 4-41）。

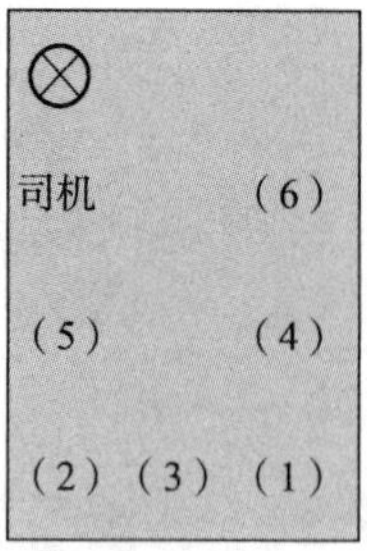

图 4-40　专职司机驾驶的三排七座轿车排座

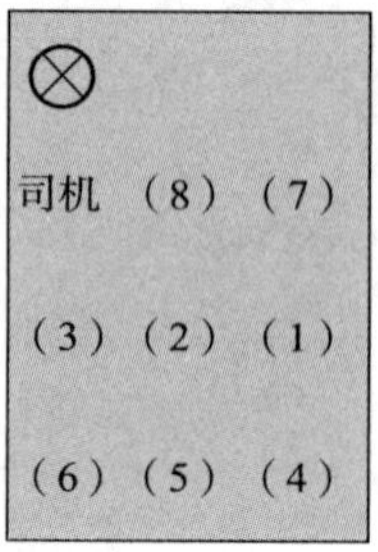

图 4-41　专职司机驾驶的三排九座轿车排座

二、乘坐吉普车

吉普车，简称"吉普"，是一种轻型越野车。乘坐吉普车时，无论谁驾驶，前排驾驶员身旁的副驾驶座都为上座。车上其他的座位，由尊而卑依次应为：后排右座，后排左座。上车时，后排位低者先上车，前排尊者后上车。下车时，前排位尊者先下车，后排客人再下车。吉普车排座见图 4-42。

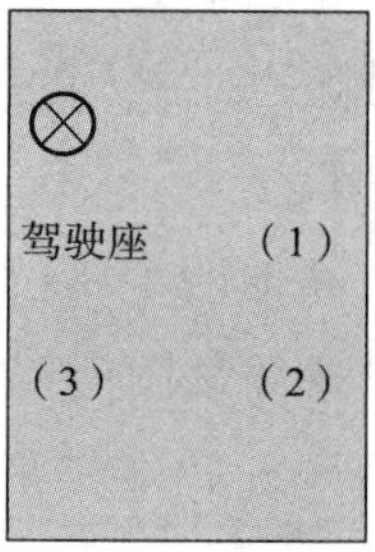

图 4-42　吉普车排座

三、乘坐旅行车

乘坐四排座或四排座以上的中型或大型轿车时，以前排，即驾驶员身后的第一排为尊，其他各排座位由前而后依次递减。各排座位又讲究"右高左低"，即座次的尊卑应当从右而左依次递减。简单地讲，可以归纳为：由前而后，自右而左。

我们在接待团体客人时，多采用旅行车接送客人。旅行车以司机座后第一排即前排为尊，后排依次为小。其座位的尊卑，依每排右侧往左侧递减。四排十座旅行车排座见图 4-43。

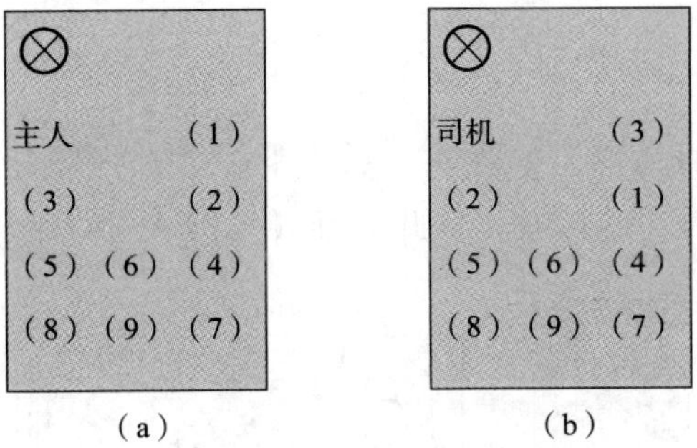

图 4-43　四排十座旅行车排座

第七节　行进中的位次礼仪

只要有两个或两个以上的人一起行走，就有行进次序之分。行进次序，或者行进位次，是指人们在行走中的位次顺序。如果是商务人员，在与领导或客人一起行走时，更应该注意这个问题。我们一起来看看不同情况下行进中的位次礼仪。

一、两人行

两人前后行走时，前为尊，后为次；并排左右行走时，右为尊，左为次（见图 4-44）。

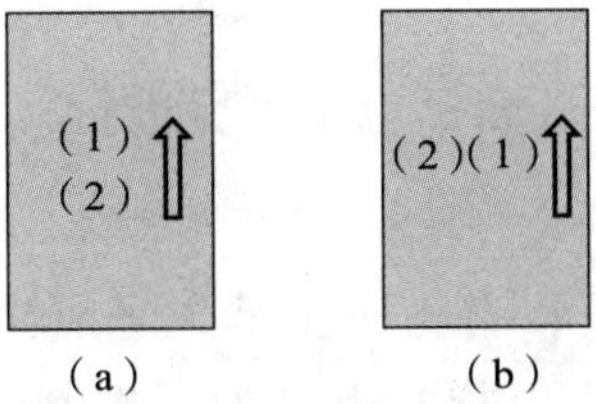

图 4-44　两人行中的位次

二、三人行

三人前后行走时，前为尊，中为次，后为下；并排左右行走时，中为尊，右为次，左为下（见图 4-45）。

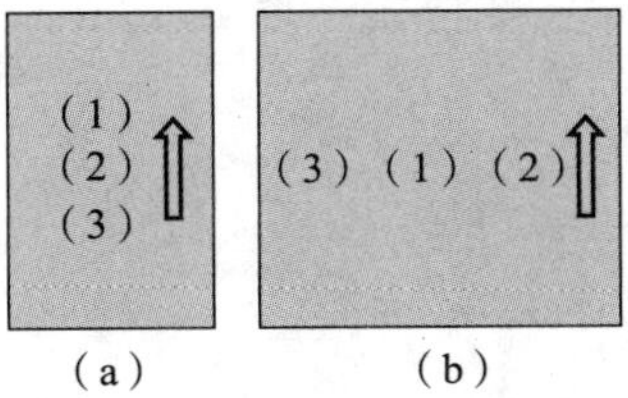

图 4-45　三人行中的位次

三、多人行

多人前后行走时，前为尊，中为次，后为下，依次为序；并排左右行走时，中为尊，右为次，左为下，再右，再左，依此类推（见图 4-46）。

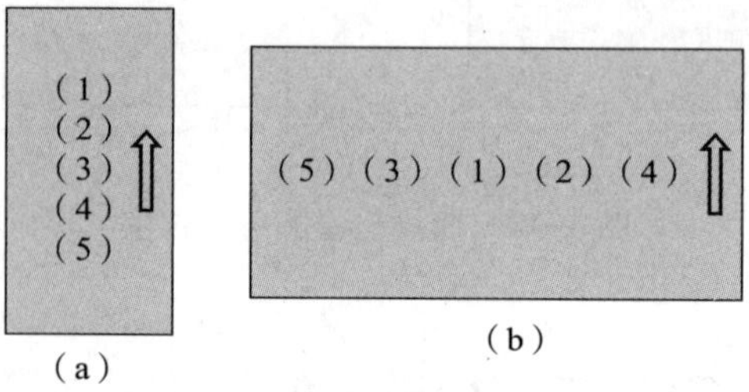

图 4-46　多人行中的位次

四、男女同行

男女同行时，一般女在右，男在左，因为以右为上，或者女在内侧，男在外侧，有男保护女的意思。

五、电梯进出顺序

与熟人、尊长、女士、客人等同乘电梯时，应根据电梯类型确定谁先进、谁先出。

1. 有专人管理的电梯

在有专人管理电梯的情况下，自己应主动后进后出。

2. 无人管理的电梯

在无专人管理电梯的情况下，自己应主动先进后出。先进电梯，是为了控制电梯（按钮），以方便同行的人；后出电梯，也是为了控制电梯（按钮）。总之，要从方便他人的角度出发。

第五章 商务宴请礼仪

实际案例

李嘉诚请客抽签排座次

一个月前我去香港，和李嘉诚吃了一次饭，感触非常大。李先生76岁，是华人世界的财富状元，也是内地商人的偶像。大家可以想象，这样的人会怎么样？一般优秀的人都会等大家坐好，才缓缓过来讲几句话。如果要吃饭，他一定坐在主桌，我们企业界20多人中相对有名气的人会坐在他边上，其余人坐在其他桌。还没有吃完，李先生就应该走了。如果他是这样，我们也不会怪他，因为他是华人首富。但是令我非常感动的是，我们进到电梯口，开电梯门的时候，李先生已在门口等着我们。然后他给我们发名片，这出乎我们的意料——因为以李先生的身家和地位已经不用名片了！但是他像做小买卖一样给我们发名片。发完名片，我们一个人抽了一个签，这个签是一个号，就是我们照相站的位置，是随便抽的。我当时想，为什么照相还要抽签？后来才知道，这是李先生用心良苦，为了大家都舒服，否则怎么站位呢？

抽号照相后又抽个号，说是吃饭的位置，又是为了大家舒服，最后让李先生说几句，他说也没有什么可讲的，主要是和大家见个面，后来大家鼓掌让他讲，他就说把生活当中的一些体会与大家分享吧。然后他看着几个老外，用英语讲了几句，对着大家又用粤语讲了几句，把全场的人都照顾到了。他讲的是“建立自我，追求无我”，就是让自己强大起来，要建立自我，追求无我，把自己融入生活和社会当中，不要给大家压力，让大家感觉不到你的存在，让大家接纳你、喜欢你。之后我们就吃饭，我抽到的是与他隔一个人的位子。我以为可以就近聊天，但吃了一会儿，李先生站起来，说抱歉，他要到那张桌坐一会儿。后来，我发现他们安排李先生在每桌坐15分钟，总共4桌，每桌只坐15分钟，正好1小时。临走的时候，他说一定要与大家握手告别，每个人都要握到，包括边上的服务人员。然后他又送大家到电梯口，直到电梯门关上才走。

这就是他的追求无我。显然，他都做到了。

资料来源：冯伦．李嘉诚递名片［J］．今日文摘，2007（11）：16。

案例思考

如何安排宴会座次？

19世纪，英国著名外交家帕默斯顿曾说："请客吃饭是外交的灵魂。"此话反映出用餐礼仪在各种交往中的重要程度。用餐本身是一个比较轻松、容易拉近人距离的过程。席间可以形成良好的沟通氛围，有助于消除各方的紧张感，减少彼此间的敌意，甚至餐桌上能解决很多在谈判桌上无法解决的问题，而这一切的前提是，无论是宴请一方，还是赴宴一方，都要遵守相关的礼仪规范。

用餐是人们的生活日常，许多人将其视为不起眼的环节而忽视其间的礼仪规范。实际上，用餐不仅可以反映人的修养和品性，也是商务活动中重要的辅助活动，因此被赋予了一定的社交、文化色彩。用餐礼仪越来越受到商务人士的重视。

第一节　宴请的基本礼仪

宴请是一种重要的社交活动，是人们在交往中表示欢迎、庆祝、答谢、饯行等以增进友谊和融洽气氛的重要手段。做好宴请的各项工作，遵守宴请的礼仪规范，会使商业活动达到事半功倍的效果。

一、宴请的种类

（一）按宴请的形式进行分类

按宴请的形式，可以分为：宴会、冷餐会、酒会、茶会和工作餐。

1. 宴会

宴会是指正规庄重的宴请活动，包括国宴、团体宴、正式宴、便宴和家宴等。

2. 冷餐会

冷餐会又称"自助餐"，是一种由客人自行挑选、自取自食的就餐形式。这种形式的特点是：方便灵活，不排列席位，不设固定的座位。常用于场面较大、宴请人数众多的正式活动。

自助餐供应冷菜、汤、热菜、点心、甜品、水果、酒水等。为了满足就餐者的不同口味，应尽可能使食物在品种上丰富多彩。为了方便就餐者进行选择，同一类型的食物应集中在一处摆放。冷餐会一般安排在12：00—14：00，或者17：00—19：00。

3. 酒会

酒会是以酒水为主招待客人的一种宴请形式。酒会提供的酒品除一些中外名酒、地方名酒、特色酒外，还有许多用酒和软饮料调制而成的鸡尾酒，所以酒会有时也被称为“鸡尾酒会”。

酒会上还应略备一些小吃，如三明治、面包、热香肠、炸薯片等供客人食用。酒会一般不设桌椅，仅置小桌或茶几，以便客人随意走动。

4. 茶会

茶会是以茶会友的一种简便的招待形式。茶会通常在较为宽敞的厅堂、会客室举行，内设沙发、座椅、茶几，以供与会者就座品茶。茶会以茶品为主，对茶叶和茶具的选择颇为讲究。茶叶要品牌知名、质量上乘，茶具要高雅、卫生。一般采用陶瓷制作的茶杯和茶壶，而不宜用玻璃杯和热水瓶，可略备点心和风味小吃，但要便于食用。

5. 工作餐

工作餐是现代交往中常用的一种非正式宴请形式，主要是利用进餐的时间，对工作中遇到的问题，边吃边谈，讨论交流。工作餐的时间通常安排在中午，一般不请家人和与工作无关的人参加。

（二）按宴请的规模分类

按宴请的规模，可以分为：国宴、团体宴、家宴和便宴。

1. 国宴

国宴是档次最高、级别最高、规格最高的宴会，盛大隆重，礼仪严格。凡是动用国家财政来宴请重要人物的，都属于国宴。比如，清朝时康熙帝、乾隆帝举办的“千叟宴”；人民大会堂举办的国庆宴；国家领导人为迎接外国首脑在中南海举办的各种宴会等。

知识拓展

千叟宴

1. 由来

康熙五十二年（1713 年）农历三月，康熙帝 60 岁寿诞，他在畅春园举办了第一次千叟宴，宴请从天下来京师为自己祝寿的老人。千叟宴是清朝时康熙帝、乾隆帝等为笼络臣民而举行的大型酒宴，因赴宴者均为老人，故称之。

首次举办的千叟宴，年 65 岁以上者，官民不论，均可按时到京城参加畅春园的聚宴。当时赴宴者有千余人，皆系耄耋长者，社会各阶层皆有。这次千叟宴之后，各地掀起了敬老爱老之风。康熙时期千叟宴宏大的场面给幼小的弘历留下了深刻印象，他继位后，效法其祖父，也举办了两次千叟宴。

清昭梿的《啸亭续录·千叟宴》中记录了康熙、乾隆时期千叟宴的盛况："康熙癸巳，仁皇帝六旬，开千叟宴于乾清宫，预宴者凡一千九百余人；乾隆乙巳，纯皇帝以五十年开千叟宴于乾清宫，预宴者凡三千九百余人，各赐鸠杖。丙辰春，圣寿跻登九旬，适逢内禅礼成，开千叟宴于皇极殿，六十以上预宴者凡五千九百余人，百岁老民至以十数计，皆赐酒联句。"

2. 历史

（1）康熙五十二年（1713 年）三月，清圣祖康熙帝 60 岁生日（又称"万寿节"）。他认为："自秦汉以降，称帝者一百九十有三，享祚绵长，无如朕之久者。"所以，他决定举办隆重、排场的万寿庆典（见《康熙实录》卷 254）。在京城，为庆祝活动搭置的彩棚，从西直门一直延伸到畅春园，长达 20 里。礼部特别做出规定，"今岁恭遇万寿六旬大庆，非寻常可比"，从三月初一至月终，京官都要穿蟒袍、补褂，打破只穿朝服七天的常例。

（2）康熙六十一年（1722 年）农历正月，康熙帝年届 69 岁，为了预庆自己 70 岁生日，他在乾清宫举办了第二次千叟宴，当时 12 岁的弘历作为皇孙参加了这次宴会。这年是康熙帝人生旅途的最后一年。

正月初一，宫中举行新年朝贺礼，饱经风雨又对自己六十年帝业颇感满意的老皇帝作了《六十一春斋戒书》诗。诗云：

性理参天地，经书辅国朝。
勿劳民力尽，莫使俗氛嚣。
不误农桑事，须轻内外徭。
风高林鸟静，雨足路尘清。
视察焉能隐，行藏岂可摇。
桑榆虽景暮，松柏后霜凋。
长养春容盛，宽严君德调。
倦勤应不免，对越愧明昭。

（3）乾隆五十年（1785 年）正月初六，四海承平，天下富足。适逢乾隆帝喜添五世元孙，乾隆帝为表示其皇恩浩荡，在乾清宫举行了千叟宴。宴会场面之大，实为空前。

自宗室王贝勒以下，内外文武大臣官员、致仕大臣官员、受封文武官阶过 60 岁者有 3000 余人，共聚一堂。

整个宫内觥筹交错，熙熙攘攘，殿廊下布 50 席，丹墀内 244 席，甬道左右 124 席，丹墀外左右 382 席，计 800 席之多。这些人中有皇亲国戚，有前朝老臣，也有从民间奉诏进京的老人。

席间，乾隆帝召一品大臣及 90 岁以上者至御前，亲赐饮酒。又命皇子、皇孙、皇曾孙在殿内依次敬酒。赐予大家诗刻、如意、寿杖、朝珠、缯绮、貂皮、文玩、银牌等。

当时推为上座的一位最长寿的百岁老人郭钟岳备受赏赉。据说他已有141岁。乾隆帝和纪晓岚还为这位老人作了一副对子：

花甲重开，外加三七岁月；

古稀双庆，内多一个春秋。

根据上联的意思，两个甲子年120岁再加三七二十一，正好141岁；下联是古稀双庆，两个七十，再加一，正好141岁；堪称绝对。

这场酒局体现出来的皇家气派自与民间大不相同，所有皇家贡品酒水也免费享用。在这五十年一遇的豪宴上，老人们争先恐后，一边说着“多亏了朝廷的政策好”，一边大快朵颐，狼吞虎咽。据说晕倒、乐倒、饱倒、醉倒的老人不在少数。

千叟宴这场浩大的酒局，被当时的文人称作“恩隆礼洽，为万古未有之举”。

随后，乾隆帝按康熙帝《千叟宴》诗原韵再赋《千叟宴》诗。

诗云：

抽秘无须更骋妍，惟将实事纪者筵。

追思侍陛髫垂日，讶至当轩手赐年。

君酢臣酬九重会，天恩国庆万春延。

祖孙两举千叟宴，史策饶他莫并肩。

（4）乾隆六十年（1795年），乾隆帝已是一个85岁的老人，为了不逾越祖父在位61年的纪录，他决定将皇位禅让给第十五子颙琰。嘉庆元年（1796年）正月初一，乾隆帝退位，作为太上皇。他在宁寿宫皇极殿举办了第二次千叟宴，此时，乾隆帝已86岁，60岁的老人与他已有26岁的年龄差距，因此规定，参宴老人的年龄由60岁改为70岁以上。

嘉庆元年（1796年）正月初四，禅位刚3天的太上皇在宁寿宫皇极殿再次举办千叟宴。在宁寿宫的皇极殿开宴，列名参席者3056人，列名邀赏者尚5000人，“其仪率多由旧，而盛事实视前有加”。即席赋诗3000余首。当时的席位安排如下：内外王公、贝勒贝子、台吉、一品至二品大臣席在殿内，朝鲜、回部、西藏、暹罗、安南、廓尔喀等地区来客在殿廊下，三品大臣官员在丹陛甬路，四品以下有职官员在丹墀左右，其余拜唐阿、护军、马甲、兵民、匠艺等均在宁寿门外。皇子、皇孙、皇曾孙、元孙等给殿内王公大臣敬酒，侍卫等给众叟依次行酒，并承旨分赐食物。乾隆帝虽然有些老态龙钟，但是在酒宴上仍豪迈不减当年。

宴会开始，中和韶乐奏响，在嘉庆帝的侍奉下，太上皇乾隆帝升上皇极殿宝座。嘉庆帝亲自率领3056名银须白发的耄耋老人山呼万岁，为太上皇祝寿。天下耆老为自己祝寿，太上皇乾隆帝心满意得。他从小就在宫内学习、走动，祖父康熙帝的雄才大略与所作所为为他树立了不朽的榜样。他继位后，继续推行祖父与父亲的治国方略，文治武功都有建树。

在宴会过程中，从内心生发出来的喜悦使平时严厉的太上皇充满了温情，他召请王公一品大臣与宴会中90岁以上的老叟到御座前，亲自赐给他们御酒。他又命自己的皇子、皇孙、皇曾孙、皇玄孙等给殿内王公大臣行酒，皇宫侍卫负责给殿外的与宴者行酒。106岁老人熊国沛和100岁老人邱成龙也参加了这次千叟宴，乾隆帝称他们为“百岁寿民”“升平人瑞”，赏六品顶戴，赏90岁以上老人梁廷裕等七品顶戴，以示太上皇养老敬老之意。

饮馔观剧结束后，与宴人员即席赋诗，这是中国古来君臣宴会上的传统，在清代达到极致。这次宴会后结集的诗作共有3497首。

这次千叟宴结束后，乾隆帝以太上皇身份继续掌控朝政3年，直到他驾崩。但从象征意义上看，这次宴会宣告着乾隆时代的结束，中国历史上的“康乾盛世”也在千叟宴的一片喧闹中画上了句号。

3. 当代发展

2006年10月28日，在永福举行千叟宴，此次千叟宴上年龄最大的寿星105岁，最小的70岁，100岁以上的老人有5位，平均年龄75岁。

2016年3月10日，在阆中市七里社区商业中心，来自七里18个社区2500多名60岁以上的老人共赴千叟宴吃坝坝席，感受社会各界对他们的关爱之情。这天正是农历二月初二，在川北习俗中，有“二月二，龙抬头”的说法，意思是春节在这一天结束，新一年的劳动生产开始。

4. 评价

邹容在《革命军》第2章中这样评价：“康熙开千叟宴数次，命群臣饮酒赋诗，均为笼络人起见。”

《四库全书》中这样形容这场酒宴：“尊老者，天之经，地之义，民之行也。”

5. 菜品名目

千叟宴菜品并不固定，与举办者的意愿有关，往往会随组织者的考量与兴趣而定夺，其主要目的是彰显组织者的关爱。

第一种：

每桌有十道菜，每道菜与一个乡镇及特产有关，具体见下表：

金玉汤（永福镇）	寿桃（桃城）	麻姑献寿（百寿镇）	果汁鸡球（三皇乡）
佛果酿（龙江乡）	马蹄胶（苏桥镇）	常安宫丁（永安乡）	板峡竹鱼（堡里乡）
锦寿面（罗锦镇）	福敬亲人（广福乡）		

第二种：

丽人献茗	君山银针
干果四品	怪味核桃、水晶软糖、五香腰果、花生粘

续表

蜜饯四品	蜜饯橘子、蜜饯海棠、蜜饯香蕉、蜜饯李子
饽饽四品	花盏龙眼、艾窝窝、果酱金糕、双色马蹄糕
酱菜四品	宫廷小萝葡、蜜汁辣黄瓜、桂花大头菜、酱桃仁
前菜七品	二龙戏珠、陈皮兔肉、怪味鸡条、天香鲍鱼、三丝瓜卷、虾籽冬笋、椒油茭白
膳汤一品	罐焖鱼唇
御菜五品	沙舟踏翠、琵琶大虾、龙凤柔情、香油膳糊、肉丁黄瓜酱
饽饽二品	千层蒸糕、什锦花篮
御菜五品	龙舟镢鱼、滑溜贝球、酱焖鹌鹑、蚝油牛柳、川汁鸭掌
饽饽二品	凤尾烧麦、五彩抄手
御菜五品	一品豆腐、三仙丸子、金菇掐菜、溜鸡脯、香麻鹿肉饼
饽饽二品	玉兔白菜、四喜饺
烧烤二品	御膳烤鸡、烤鱼扇
野味火锅（随上围碟十二品）	鹿肉片、飞龙脯、狍子脊、山鸡片、野猪肉、野鸭脯、鱿鱼卷、鲜鱼肉、刺龙牙、大叶芹、刺五加、鲜豆苗
膳粥一品	荷叶膳粥
水果一品	应时水果拼盘
告别香茗	杨河春绿

资料来源：https：//baike. baidu. com/item/%E5%8D%83%E5%8F%9F%E5%AE%B4/3363625？fr=aladdin。

2. 团体宴

团体宴在规格和标准上都低于国宴，通常是政府和团体有关部门为欢迎应邀来访的宾客或来访的宾客答谢主人而举行的宴会，也可以是民间各种团体为庆祝某一重要节日而举行的大型宴会。比如，云南红河哈尼族的长街宴。

知识拓展

长街宴——哈尼族祈福的宴席

长街宴作为哈尼族“十月年”中的一种习俗，是一个祈福的宴席。不同肤色、不同国度的人，带着美好的愿望，像朝圣一般来参加一年一度的长街古宴盛会，品宴席上福寿安康的“祝福”美食。人们从咪谷的“神位”席那里，请求喝一口阿倮欧滨的圣水，手里夹着一双筷子，从“龙头”席沿街吃到“龙尾”，互相祝福事事顺心，家兴业旺，平安幸福。

昂玛突节是哈尼族人民祭护寨神、拜龙求雨的节日，也是作为庄稼人的哈尼人最盛大的节日。这一天，家家户户要做黄糯米、三色蛋、猪、鸡、鱼、鸭肉、牛肉干巴、麂子干巴、肉松、花生米、欢心谷舞红米饭等近40种哈尼族风味的菜肴，准备好酒，抬到指定的街心摆起来，一家摆一两桌，家家户户桌连桌沿街摆，摆成一条700多米长的街心宴（当地人称“长龙宴”或“街心酒”），这是中国最长的宴席。

1. 节日起源

根据哈尼族历法，哈尼人把每年农历十月第一个属龙日作为新年的开始，相当于汉族春节的大年初一。哈尼族叫“干通通”或叫“泽腊和实”，也就是哈尼族传统盛大节日“十月年”。“十月年”的第五天要“开年门”，表示“辞旧迎新”。这一天，家家户户都把自家一年中的收获做成各式各样的美味佳肴（特别是欢心谷舞红米饭），用篾桌摆到寨子脚的“寨门”那里，摆成长长的宴席，让全村人品尝，让远方来的客人享用。这就是长街宴。

2. 节日习俗

每年公历12月初（农历十月初十左右），是元阳县俄扎乡哈播村哈尼族的春节——“昂玛突”节。“昂玛突”节是哈尼族人民祭护寨神、拜龙求雨的节日。“昂玛突”节展示的不仅是祭寨神的单一、特别的节日仪式，还蕴含着哈尼族文化中人与自然和谐相处的深意，反映了哈尼族传统生活习俗的独特风貌。

哈播村有450户1987人，全村都是哈尼人，以梯田农业为主要经济生活方式。“昂玛突”节活动进行三天。第一天举行立新寨门、封寨仪式，祭寨神“昂玛”，请寨神入村三项活动。第二天摆“长街宴”，沿村的小街从街头到街尾摆上丰盛的酒席，蜿蜒似龙，俗称“长龙宴”或“街心宴”。第三天继续第二天的宴会内容。在三天的庆典中，哈播村的男女老少都身着民族传统服装，喜庆过节。大家边吃边喝边叙，谈古论今，传诵着祖先选寨、建寨的功绩，同时祈求寨神“昂玛”保佑村寨人畜平安、风调雨顺、五谷丰登。村民相互祝福问好，以此庆祝生产丰收、生活改善。席间，老年妇女、年轻男女击鼓、敲锣、唱歌、跳舞助兴，气氛热烈，团结和睦。

“昂玛突”节的头一天，村中龙头就到村头的龙树林中央摆设祭桌，宰杀无杂色毛的“龙猪”，敬请龙来和大家共度佳节。请龙完毕，龙头就把“龙猪肉”切成与全村户数相等的小块分给各家各户吃。

3. 节日过程

摆宴席时，锣鼓喧天，热闹非常，全寨男女老幼穿着节日的盛装，带着子女，扶着老人，从四面八方集拢来入席。入席时，主持人龙头坐首席，其他人根据男女性别、年龄层次、兴趣爱好的不同，自愿组合围长桌而坐。各家各户的菜肴上桌时，都先端到龙头面前，让龙头品尝，接受龙头的真诚祝酒。龙头将各家各户菜肴扒出部分堆在一起，然后分发到各处，这种混合在一起的菜肴，示意全寨人同心合力祭神迎龙来和全寨人共度佳节。

长街宴开始，龙头率领全寨人高举酒杯，祝愿来年风调雨顺。凡参加宴会的人，第一筷夹各家摆在桌子中央切成小块的“龙猪肉”吃下，示意龙已入心，然后吃其他菜肴。如有游人遇上长街宴，人们会纷纷让座，拉人入席，盛情招待。每年参加长街宴的人数约4000人，宾主一起吃菜、喝酒、互相祝福，喜气洋洋。席间，老人们会借着酒兴，搬出各种乐器，唱歌跳舞。男女青年酒足饭饱后则相约走进竹林，谈情说爱。宴会至下午5时，龙头敲起鼓，绕席走过龙树下，众人合掌相送，示意送龙回家。入夜，酒席散去，青年男女唱歌跳舞，谈情说爱，通宵达旦。这样的活动要举行三天三夜。

4. 历年活动

长街宴是哈尼族特色文化的一个缩影，既生动体现了哈尼族同胞团结友善的传统，又集中展示了哈尼族的节日饮食、风俗礼仪、歌舞服饰等多方面的文化特色。

从2004年起，绿春县已连续4年成功举办“中国·绿春哈尼十月年长街古宴”活动，并被上海大世界吉尼斯总部誉为“世界上最长的宴席”，列为“上海大世界吉尼斯之最”，而2010年的绿春长街古宴共摆设了3050桌，长达4000米，参加人数达1万多人，其人数和规模再次刷新了吉尼斯世界纪录。

2008年11月2日，“中国·绿春哈尼十月年长街古宴”在绿春县城举行。参加绿春50年县庆的省、州领导与四方来宾云集哈尼家园，与绿春人民一起欢度“十月年”。活动现场，歌声、笑声连成一片。虽然下着小雨，但是大家的热情丝毫没有受到影响。大家一起吃菜、喝酒、互相祝福，锣鼓喧天，热闹非常，整条街上一眼望不到边的宴席一桌接着一桌，全县男女老幼身穿节日的盛装，个个喜气洋洋。中外游客深深被长街宴的盛况所吸引。美国小伙米嘉乐兴奋地告诉记者：“长街宴早已闻名遐迩，绿春一直是我向往的地方，很久以前我就想到这个地方来看看。此次来到绿春真是不虚此行，这里山美水美人更美，太吸引人了，真的不愿意离开。长街宴让我感叹，更别提这长街宴里包含的民族文化了。”

2015年11月13日，云南省红河哈尼族彝族自治州红河县的上万名哈尼族群众欢度传统节日“扎勒特”农历“十月年”，人们在山寨里沿村道摆上酒席，形成千米长街宴，十分热闹。

5. 节日意义

“昂玛突”节长街宴，展示了哈尼族人民在耕作文化中对水的认识和对自然的崇拜，同时也反映出哈尼族人民勤劳朴实、团结互助的传统美德。

资料来源：https：//baike.baidu.com/item/%E9%95%BF%E8%A1%97%E5%AE%B4/7318714？fr=aladdin。

3. 家宴

顾名思义，家宴就是在家里宴请亲朋好友。家宴是在家中以私人名义举行的宴请，因此，气氛轻松，不讲究严格的礼仪。

4. 便宴

便宴指非正式宴会，常见的是午宴、晚宴，也有个别情况下的早宴。其宴会形式简便，不明确排列席位，对菜肴的数量、上菜程序、餐具的使用等都没有严格的礼仪要求。

二、宴会准备礼仪

商务宴请是一种重要的社交活动，作为主人的商务人员应在宴请前做好以下准备工作：

1. 确定宴请的对象

根据宴请目的，事先确定宴请哪些人，以及被宴请人的姓名、国籍、职务、称呼、习惯、爱好等，并列出详细的宴请清单，以便确定宴请的规格、形式及主陪人等。

2. 确定宴请的形式

根据宴请目的和对象，确定宴请的举办形式，如中式宴请、西式宴请、自助餐等，其中，中式宴请在商务社交活动中最常用。

3. 确定宴请的时间

根据主客双方的具体情况确定宴请的时间。宴请的时间应避开重大节假日和双方的禁忌日，并应便于主客双方的出席。需要注意的是，宴请的时间应与客方的主宾协商确定，否则是极其失礼的。

4. 确定宴请的地点

根据宴请的规格和形式，事先确定宴请的地点。一般而言，宴请的地点应交通便利、环境幽雅、服务周全，宴请的场所应能容纳出席宴会的全体人员。

5. 确定菜谱

根据宴请的形式，以及被宴请宾客的年龄、性别、风俗习惯、健康状况、喜好和禁忌等，确定宴请的菜谱。菜谱中的菜肴应赏心悦目、富有特色并搭配合理。

6. 邀请宾客

具体工作准备就绪后，便可向宾客发出邀请。邀请的方式分为口头邀请（口头告知或电话邀请）和书面邀请。通常，邀请宾客出席商务宴会应采取书面邀请方式，具体形式为发送请柬。请柬的内容应包括邀请人的姓名或单位名称，被邀请人的姓名及称呼，宴请的形式、地点、时间，以及出席宴请的着装要求或提示等，必要时还应注明被邀请人的座次号。请柬应提前 1~2 周（甚至 1 个月）发出，特别重要的客人必须委派专人送达。请柬发出后，还应及时落实出席情况，以便安排或调整座位。

三、赴宴礼仪

参加宴会的人员在赴宴过程中应注意以下礼仪规范，以体现良好的修养：

1. 及时回复

接到宴会的邀请后，应尽快明确地表明自己能否出席，以便主人掌握出席人数，接受邀请后，不要随意变动。确有意外不能前往，要提前解释，并深致歉意。主宾如果不能如期赴宴，最好亲自登门致歉。

2. 注重仪表

出席比较正式的宴会应提前适度修饰自己的仪表。男士要修整须发，女士要美容化妆。无论男女，都要穿符合自己在宴请场合的身份且能突出自身气质的衣服。另外，对皮鞋和袜子的搭配，也要给予足够的重视，因为宴会上这些细节常常会被人关注。

3. 准时赴宴

赴宴者应按宴请的时间、地点及其他要求准时出席，既不要迟到，也不要过早抵达。到场太早，主人尚未做好接待准备，容易给主人添麻烦；到场过迟，则会使宴会受到影响，不仅会给主人带来不便，还会使其他宾客感到不悦。

4. 按位落座

在宴会厅，要按服务员的指引和主人的安排就座。要注意自己的仪态，既不要过于拘谨，也不要散漫随便。同桌如有长者和女士，应主动帮扶他们。

5. 文雅进餐

进餐取菜时，遇到自己爱吃的，不要盛得过多；不喜欢的，也不要一点不吃。在正式宴会上，表示厌恶某种食物或某一道菜是不礼貌的。吃东西要文雅，要闭嘴咀嚼，不要出声。咀嚼时不要张嘴说话，喝汤时要避免发出“呼噜”的声音。

在互相碰杯时，酒杯杯沿要比对方略低以示尊敬，并目视对方致贺词。

在宴会上，最好不要边喝酒边吸烟，也不要用手指或筷子剔牙，剔牙时要用餐巾或手将嘴部遮住。

6. 宴后致谢

在宴会未结束而自己已吃好的情况下，一般不可中途离席，等主人示意宴会结束，起身离席后，客人才可依次离席。离开前，应向主人道谢，如“谢谢您的款待”“您真是太好客了”“菜肴丰盛极了”，并向其他客人告别，再握手告辞。如果有事要提前离席，应向主人及同席的客人致歉。

第二节　中式宴请礼仪

在我国，具有传统风格的中式宴请是最常见的宴请形式，其礼仪规范涵盖的内容相当广泛，主要包括桌次和座次礼仪、上菜礼仪、餐具使用礼仪和就餐礼仪等。桌次和座次礼仪已经在前文“位次礼仪”中讲过，这里不再赘述。

一、中餐上菜礼仪

（一）上菜的顺序

在中式宴请中，上菜讲究一定的顺序。一般顺序如下：

1. 冷盘

冷盘即凉菜，通常是四种或四种以上菜品组成的大拼盘。冷盘往往都是开胃菜，如中国人餐桌上常备的酸萝卜、云南人餐桌上常备的凉拌折耳根（鱼腥草）。

2. 热炒

热炒即现炒的菜肴，一般有四种，但通常会被省略。

3. 主菜

主菜又称“大菜”或“大件”，通常有四道、六道或八道等偶数道，一般不超过十二道。这些菜肴（如全乳猪、烤羊腿等）是采用不同的食材，配以各种调味品，采用各种烹调方法制作而成的，是能体现宴席特色的菜品。

4. 汤

汤分为咸汤和甜汤，通常与点心搭配，即若上咸点心，则上咸汤，若上甜点心，则上甜汤。

5. 点心

宴会上一般不供应米饭，而是以糕、饼、包子、饺子等点心代替。

6. 果盘

果盘即各种水果的拼盘，是正餐后的一道清口菜，意在爽口、去油腻。

（二）上菜时的注意事项

向多张餐桌上菜时，应保证向各桌同时上菜，且第一道菜宜在开席前 5 分钟端上。

每上一道菜，都应将其移至第一主人和第一主宾的面前。

上菜和撤盘应分别从就餐者的左侧和右侧进行，但应避免在第一主人或第一主宾的身边操作。上菜节奏应根据宾客的要求和进餐速度灵活把握，以防菜品堆积或空盘、空台现象发生。

二、中餐餐具使用礼仪

中餐餐具主要有筷子、勺子、碗、碟、杯子和辅助餐具等，商务人员在使用这些餐具时应当注意相关礼仪。

（一）筷子的使用

用餐时，一定要将筷子的两端对齐，切忌出现一长一短的情况。

夹菜时，筷子上不能残留着食物，更不能舔食残留食物或把筷子含在嘴里；不能举着筷子犹豫不决地在菜盘上探寻、用筷子在菜盘里翻找挑拣或一次性夹过多的菜；夹菜途中，不能让菜汁一路滴落；若遇到其他客人夹菜，应注意避让。

在用餐过程中进行交谈时，应暂时放下筷子，而不能举着筷子在餐桌上挥舞，或者拿着筷子像要迫不及待地去夹菜；不能把筷子放在碗上，这样有祭奠或上香之嫌；不能用筷子敲打碗、盘或茶杯。

在长期的生活实践中，中国人对筷子的使用产生了许多禁忌。

（1）忌敲筷。在等待就餐时，不能坐在餐桌边一手拿一根筷子敲盆、碗或桌子。

（2）忌掷筷。在餐前发放筷子时，要把筷子一双双理顺，然后轻轻放在每个人的座位前。相距较远时，可以请人递过去，不能随手掷在桌上。

（3）忌叉筷。筷子不能一横一竖交叉摆放，不能一根是大头、一根是小头；筷子要摆放在碗旁边，不能放在碗上；客人吃完饭后不能把筷子平放在碗口，这表示对主人不满。

（4）忌插筷。不能在盛好饭后，把筷子直插在饭中，因为只有在上供祭品时筷子才这样直插。

（5）忌挥筷。在夹菜时，不能把筷子在菜盘里挥来挥去，上下乱翻；遇到别人也来夹菜时，要注意避让，谨防“筷子打架”。

（6）忌泪筷。在酒席上，夹了一筷子菜，滴答一路才放到嘴里，这叫“泪筷”，是很不礼貌的。

（7）忌杂筷。不能用杂色筷，即一个品种一根或一根一个花色图案；也不能用一长一短的筷子。

（8）忌舞筷。在说话时，不要把筷子当作道具，在餐桌上乱舞；不要在请别人用菜时，把筷子戳到别人面前，这样做是失礼的。

（9）忌截筷。不能随意把对方夹过来的菜中途夹走，这是很不礼貌的。在结婚喜宴上，不能使用白色筷子；而在葬礼宴上，则不能用红色筷子，除非是年过 80 岁去世老人的葬礼。

有关筷子的禁忌还有很多，因地区、民族而异。

（二）勺子的使用

勺子主要用于舀取菜肴或汤汁，在使用勺子时应注意以下礼仪规范：

（1）用勺子取食时不可取得过满，以免菜肴或汤汁溢出来弄脏餐桌或衣服；舀取食物后，应在原处停留片刻，待菜汁不再往下流时再取回来享用。

（2）若取用的食物过烫，应先将食物放到碗里，待其稍凉后再吃，而不能用勺子在食物中舀来荡去，也不能用嘴来回吹取回的食物。

（3）食用勺子里的食物时，不要将勺子和食物全部塞入口中，或者反复吮吸、舔食勺子。

（4）暂时不用勺子时，应将其放在自己的碟子上，而不可放在餐桌上或插在食物中。

（三）碗、碟的使用

碗主要用于盛放食物，碟主要用于暂放从菜盘里取回的菜肴，两者的功能大致相同。在使用碗、碟时应注意以下礼仪规范：

（1）不要用双手端起碗来进食；进食时，应以筷子、勺子从碗内取食，不能直接用手取用，更不能直接用嘴吸食或把食物往嘴里倒；不能舔食碗内的剩余食物。

（2）不要一次性取过多的食物堆放在碟子里，否则，不同的食物容易相互串味，且极不美观。

（3）不要将残渣、骨、刺吐在地上或桌上，而应用筷子将其夹取并轻放到碟子前端，但不要让其与碟内尚未食用的菜肴混在一起；如果碟子满了，可示意服务员更换一个。

（四）杯子的使用

杯子有酒杯和水杯之分，酒杯用于盛酒，水杯用于盛放清水、果汁、可乐等饮料，两者应分开使用。此外，应注意，不要倒扣杯子，不能将喝入口中的酒或饮料再吐回杯中。

（五）湿巾的使用

用餐前，每位用餐者面前的盘子里通常会备有一块湿巾。该湿巾只用来擦手，擦完后应放回盘子，由服务员拿走。有时，在用餐结束前，服务员会再端上一块湿巾，该湿巾只能用来擦嘴，而不能用来擦脸或擦汗。

（六）水盂的使用

水盂通常为铜盆、大瓷碗或水晶玻璃缸，用于盛放清水，供用餐者在用手取食前洗手。水盂中常漂有玫瑰花瓣或柠檬片，切勿当饮料饮用，否则将招致他人笑话。

在水盂里洗手时的礼貌做法如下：首先，轮流蘸湿两手的指尖；其次，轻轻涮洗双手，切勿乱甩乱抖。洗完后，将手置于餐桌之下，用餐巾或湿巾擦干。

（七）牙签的使用

使用牙签时应当注意以下事项：

(1) 用餐时，尽量不要当众剔牙，非剔不可时，应用一只手掩住口部进行。

(2) 剔出的东西不要当众观赏或再次入口，更不要随手乱弹。

(3) 不要长时间叼着牙签，更不能用剔过牙的牙签扎取食物。

三、中餐就餐礼仪

在中式宴请就餐时，商务人员应当注意以下七个礼仪细节：

(1) 进餐时，应等主人邀请、主宾动筷时再拿筷。

(2) 用餐过程中，应尽量取离自己较近的菜肴。取菜要适量，不要过量夹取符合自己口味的菜。

(3) 进餐时，应小口进食，动作优雅，不要大口狂塞，不要发出任何声音。若发出不由自主的声音（如打嗝、打喷嚏、肠鸣等），则应向同桌的客人表示歉意。

(4) 进餐的过程中，应适时地和左右两侧的就餐者交谈。交谈时，应注意选择愉快的话题。口内有食物时，应当避免说话；他人在咀嚼食物时，应避免与其交谈。

(5) 进餐时，不要当众修饰仪容，如梳理头发、补妆等。若确有必要，则应去化妆间或洗手间进行。

(6) 若为他人斟酒，通常应为其斟满。斟酒应做到对在座的就餐者一视同仁，不可挑拣着进行。斟酒可以按照先职位高者、后职位低者或先年长者、后年轻者进行，也可以从自己所坐之处依顺时针方向进行。

(7) 宾客应等主人用餐结束后再离席。离席时，应向主人表示感谢，并顺手将椅子放回原处。

第三节 西式宴请礼仪

在商务活动中，为了照顾外国客人的饮食习惯，有时也用西餐来招待客人。西餐是欧美地区菜点的统称，十分讲究礼仪。商务人员有必要学习西餐礼仪，具体包括西式宴请的桌次和座次礼仪、上菜礼仪、餐具使用礼仪和就餐礼仪。西餐的桌次和座次礼仪前文已介绍过，这里不再赘述。

一、西餐上菜礼仪

西餐上菜礼仪主要是指上菜的顺序。一般情况下，西式宴请中的上菜顺序如下：

1. 头盘

头盘也称“开胃菜”，有冷头盘和热头盘之分。常见的品种有鹅肝酱、鱼子酱、熏鲑鱼等，其味道以咸、酸为主，通常品精量少。

2. 汤

汤即西餐的第二道菜，常见的有海鲜汤、蘑菇汤、牛尾清汤、葱头汤等。

3. 副菜

副菜即水产类、蛋类、面包类、酥盒类菜肴的统称，因其鲜嫩易消化，所以放在主菜之前。其中，吃鱼类菜肴时，讲究使用专用的调味汁，如鞑靼汁、荷兰汁、酒店汁、白奶油汁、大主教汁、美国汁和水手鱼汁等。

4. 主菜

主菜即各种肉类、禽类菜肴。肉类菜肴的原料主要是牛、羊、猪等各个部位的肉，其中最有代表性的是牛排。肉类菜肴配用的调味汁主要有黑胡椒汁、浓烧洋葱汁、蘑菇汁等。禽类菜肴的原料主要是鸡肉、鸭肉、鹅肉等，常采用煮、炸、烤、焖等方法制作。禽类菜肴配用的调味汁主要有咖喱汁、奶油汁等。

5. 沙拉

沙拉即蔬菜类菜肴，可与主菜同时上桌，也可在主菜后上桌。沙拉一般由生菜、西红柿、黄瓜、芦笋等制作而成，其调味汁主要有油醋汁、乳酪沙拉汁等。

6. 甜品

甜品即在主菜之后食用的小点心，如布丁、饼干、冰淇淋、奶酪、水果等。

7. 热饮

热饮即咖啡或茶，二者选其一。饮咖啡时，一般应加糖和淡奶油；饮茶时，一般应加香桃片和糖。

二、西餐餐具摆放和使用礼仪

西餐餐具一般包括刀、叉、匙、盘、杯和餐巾。其中，刀分为肉刀、鱼刀、甜点刀、黄油刀等，叉分为肉叉、鱼叉、甜点叉、沙拉叉等，匙分为汤匙、甜品匙、茶匙或咖啡匙等，盘分为垫盘（用于切割或盛放食物的盘）和甜点盘，杯分为红酒杯、白酒杯和水杯。

（一）西餐餐具摆放礼仪

西餐餐具的种类和数量较多，摆放的位置也十分讲究。通常每套餐具的摆法如下：

垫盘放在餐位的正中间。垫盘的正中心放叠好的餐巾，其左侧纵向放叉，叉齿向上，右侧纵向放刀和汤匙，刀刃朝向垫盘，匙心向上；叉的左侧纵向放甜点盘和黄油刀，刀刃朝向垫盘；垫盘的正前方横向放甜品匙和甜点叉，匙柄朝右，叉柄朝左；垫盘的右前方斜向放 3 只杯子，通常杯子从右到左依次为白葡萄酒杯、红葡萄酒杯和水杯（有时也为香槟酒杯、葡萄酒杯和水杯）。

正式与非正式宴会西餐餐具的摆放见图 5-1 和图 5-2。

1—装饰盘；2—餐刀；3—鱼刀；4—汤匙；5—头盆刀；6—餐叉；7—鱼叉；
8—头盆叉；9—面包盘；10—奶油刀；11—水果刀；12—甜品叉；13—甜品匙；
14—水杯；15—红酒杯；16—白酒杯；17—餐巾。

图 5-1 正式宴会西餐餐具的摆放

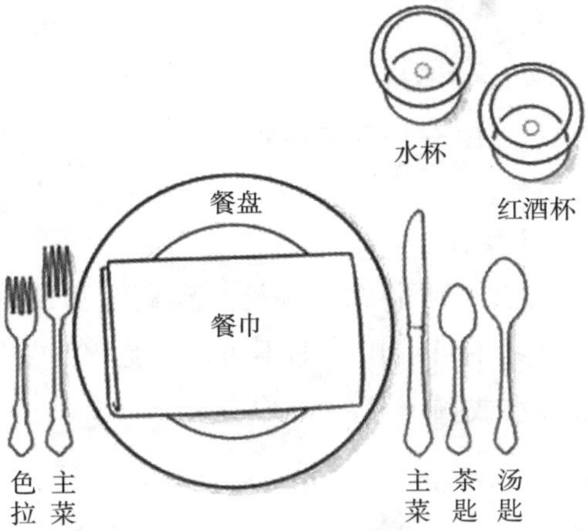

图 5-2 非正式宴会西餐餐具的摆放

（二）西餐餐具使用礼仪

用刀、叉进餐是西餐的重要特征之一。除此之外，西餐的主要餐具还有餐匙和餐巾，用法也有特殊之处。至于西餐桌上的盘、碟、杯、水、牙签等餐具，其基本用法同中餐相似，可参照之。

1. 刀叉的使用

（1）使用刀叉时，应从外侧向内侧取用，左手拿叉，叉齿向下，右手拿刀，刀刃向下。切割食物时，拿叉按住食物，用刀切成小块，被切成小块的食物应刚好适合一次性放入口中。在切割食物时，要双肘下沉，不要左右开弓，更不要弄出声响。

（2）在进餐途中需要休息时，可使叉在左，刀在右，叉齿向下，刀刃向内，两者呈“八”字形摆在餐盘中央，以表示此菜尚未用完。就餐完毕，叉齿向上，可将刀叉平行放在餐盘的同一侧。这时，即使盘里还有东西，服务员也会明白你已经用完餐了，会在适当的时候把盘子收走。

（3）进餐途中的任何时候，都不要将刀或叉的一端放在盘上，另一端放在桌上。

西餐餐具摆放的含义见图 5-3。

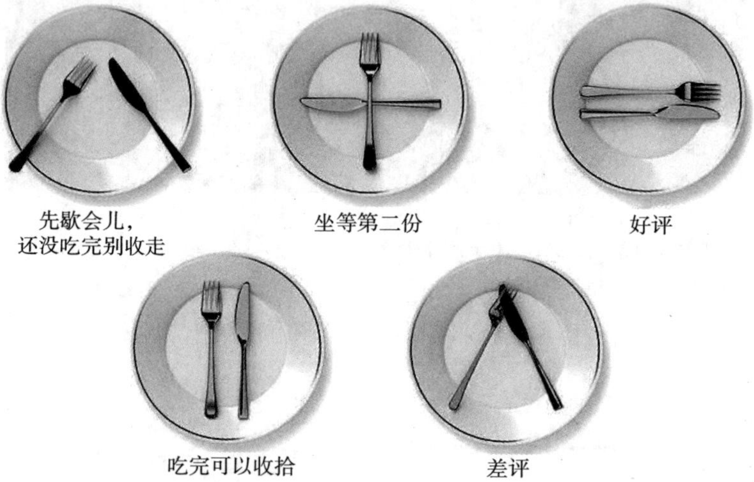

图 5-3　西餐餐具摆放的含义

2. 餐匙的使用

西餐中的餐匙主要指汤匙、甜品匙或茶匙。汤匙、甜品匙、茶匙分别用于饮汤、取甜品、搅拌茶或咖啡，三者不可混用，即不可用汤匙和甜品匙舀取其他任何主食或菜肴，也不可用茶匙舀取茶水或咖啡。

3. 餐巾的使用

用餐前，通常应将餐巾打开，沿对角线折成三角形或平行对折成长方形，平铺在双腿上，并将折口朝外，以便拿起来擦拭嘴巴。切勿将餐巾围在脖子上、掖在裤腰上或放在其他地方。不能用餐巾擦汗、擦脸或擦鼻涕，更不能用餐巾擦拭餐具或餐桌。

用餐期间暂时离席时，应将餐巾放在自己的座位上，以示稍后会继续用餐，切勿把餐巾揉成一团挂在椅背上或放在餐桌上。用餐结束后，可将餐巾放在餐桌上，以示停止用餐。

三、西餐就餐礼仪

商务人员在吃西餐时，应当注意以下礼仪。

（一）餐前的交流

在进餐之前，应尽可能与周围的人相互问候、介绍和交流，以联络感情或认识新朋友，切勿沉默不语。

（二）入座的顺序

当主人邀请入座时，在场的人员应按礼仪顺序入座。一般情况下的入座顺序为：女士、职位高者、长辈先入座，男士、职位低者、晚辈后入座。当女士入座时，男士通常应走上前去将她们的坐椅稍向后搬，待其将要坐下时，再将椅子稍向前推。

（三）进食方法

西餐菜肴和中餐菜肴的吃法有较大差异，下面简要介绍常见西餐菜肴的吃法。

1. 肉类的吃法

西餐中的肉类（如羊排、牛排、猪排等）一般都是大块的，吃肉时，应用叉将肉按住，用刀从肉的左侧开始，将其切成小块，边切边吃。切肉的时候不宜发出声响，也不宜一次性将肉全部切成小块，以免肉汁过早流出而影响口感。

2. 鱼类的吃法

吃全鱼时，宜先使用刀叉将鱼的头、尾、鳍切除，再吃鱼肉。吃鱼肉时，应从左到右边切边吃，切勿翻动鱼身。吃完鱼肉的上层后，用刀叉剔掉鱼骨，再吃下层。若口中有鱼骨或鱼刺，可用手从合拢的唇间取出放在盘中。

西餐中的鱼肉通常配有柠檬和调味酱。吃鱼肉时，可用刀轻压或用手轻捏柠檬切片，使柠檬汁渗入鱼肉，同时，可根据需要取用餐盘外侧的调味酱。

3. 汤的喝法

喝汤时，必须用汤匙舀起来喝，正确姿势为：左手扶住盘沿，右手持汤匙由汤盘内侧向外侧将汤舀起送到嘴边，身体略微前倾，将汤喝入。喝汤时不可发出声响，也不可频率过快。如果汤太烫，则应待其自然降温后再喝，切勿用嘴将其吹凉。

当盘中的汤不多时，可用手将盘略微倾斜后，再用汤匙取汤饮用，切勿端盘喝汤。

4. 面包的吃法

吃三明治和烤面包时，可用左手拿面包，用右手将其撕成小块、涂上奶油后再吃。吃硬面包时，则可先用刀将其切成两半，再用手撕成小块来吃。无论是哪种面包，都不可拿着一整块咬着吃，也不可用其蘸汤吃。

5. 酒的喝法

喝酒时，应先轻轻摇动酒杯，闻一闻酒的醇香，再倾斜酒杯小口轻轻喝，切勿吸着喝或者一饮而尽。喝酒时，应避免边喝边透过酒杯看人、边吃东西边喝酒或者拿着酒杯边说话边喝酒。

若要举杯庆祝，应由男主人提议，而不可由客人提议。喝酒干杯时，即使不喝，也应该将杯口在唇上碰一碰，以示敬意。与他人碰杯时，应当目视对方；与多人碰杯时，可以举杯示意，也可以与之一一碰杯，但应避免交叉碰杯。

敬酒时，可按照先职位高者、后职位低者的顺序进行，也可按照顺时针方向先近后远地进行。为他人斟酒时，应遵守“酒倒八分满”的原则；当他人为自己斟酒时，若不能再喝，则用手稍盖酒杯，以表谢绝。宾主双方均应量力而行，不要劝酒。

6. 水果的吃法

吃苹果、梨之类的水果甜点时，应首先用刀将其切成4~6片，其次去皮与核，最后用叉子取食，不要拿起整个水果用嘴咬着吃。吃香蕉时，应剥皮后将其放在盘中，用刀切成片，然后用叉一块一块地取食，不要整根拿着吃。

（四）用餐时的举止

吃西餐时，应坐姿端正，不可伸腿或跷起二郎腿，也不可将胳膊肘放到餐桌上，更不可频频晃动身体。用餐时，不能把刀叉伸进嘴里，也不能拿着刀叉挥舞或做手势。在用餐过程中，可以与周围的人相互交谈，但不可大声喧哗，也不可抽烟。

实际案例

西餐的学问

王凯是某贸易公司的业务经理，有一次他代表公司出席一家美国公司的周年庆典。庆典活动结束后，这家美国公司的总经理Joe邀请几位重要宾客到当地最好的星级饭店吃西餐。

用餐前，王凯为了显示自己在餐饮方面很讲究，就用餐盘上一块“很精致的布”仔细地擦了擦自己的刀叉。Joe看到这一幕后，先是一愣，随后马上叫来服务员，让其立即为王凯更换一套餐具。在使用更换的餐具用餐前，王凯又拿起那块“很精致的布”将刀叉擦了一遍，并迅速使用刀叉切割起盘里的菜肴来。Joe便没再说什么，只是脸上有种不悦的神情，但王凯并没注意到这一点。在用刀叉切割菜肴时，王凯总是使刀叉和餐盘碰出声响，显得费劲又辛苦。用餐结束后，王凯自我感觉很好，觉得总算没给公司丢脸，便用那块“很精致的布”擦了把脸上的汗，并随手将其挂在椅背上。事后经人提醒，王凯才意识到当天在西餐桌上出了丑，顿时感到无地自容。

案例思考

王凯在西餐桌上有哪些失礼的行为？

【参考答案】第一，他不理解“很精致的布”就是餐巾，而用“很精致的布”擦餐具这一举动会向宴会主办方传达“餐具不干净”或“我对你有意见”的意思。

第二，他在使用刀叉切割食物时，使刀叉和餐盘碰出声响，在西餐礼仪中，这是很不礼貌的行为。

第三，他用餐巾擦脸上的汗，并将其挂在椅背上，在西餐礼仪中，餐巾是不能用来擦汗的，应放置在餐桌上。

资料来源：柯晶莹，常静．商务礼仪［M］. 上海：上海交通大学出版社，2022：123。

第四节　酒水礼仪

用餐过程中用于佐餐的有各种酒水。酒水是一切含酒精的饮料和不含酒精的饮料的统称。通常我们把含酒精的饮料称为“酒”，把不含酒精的饮料称为“软饮料”。其中，软饮料包括乳饮料、碳酸饮料、果汁、茶、咖啡等。

本节主要介绍饮酒、饮茶、喝咖啡的礼仪。

一、酒的分类

（一）酒的整体分类

根据工艺不同，酒整体上分为酿造酒、蒸馏酒、配制酒和混配酒。

1. 酿造酒

酿造酒又称“原叶发酵酒”，是以富含糖质、淀粉质的果类、谷类等为主要原料，添加酵母菌或催化剂，经糖化、发酵而产生的含酒精的饮料。它的乙醇含量一般不超过 15%（V/V），酿造酒主要有以葡萄酒为代表的果酒、黄酒、清酒、啤酒等。

2. 蒸馏酒

蒸馏酒是将经过发酵的原酒，经过一次或多次蒸馏过程提取的高度酒精液。中国的白酒是典型的蒸馏酒。除此之外，白兰地、威士忌、朗姆酒、伏特加、特基拉、金酒是世界知名的蒸馏酒，也是鸡尾酒最常见的基酒。

3. 配制酒

配制酒又称“调制酒”，是酒类中一个特殊的品种，不属于哪个酒的类别，是混合的酒品。配制酒是一个比较复杂的酒品系列，它的诞生虽晚于其他单一酒品，发展却是很快的。

配制酒的基酒可以是原汁酒，也可以是蒸馏酒，还可以两者兼而用之。配制酒主要有三大类，分别是开胃酒（如味美思、苦酒、茴香酒等）、甜食酒（如波特酒、雪莉酒、马德拉、马加拉、玛萨拉等)、利口酒（经过调香、调色、甜化处理)。

4. 混配酒

混配酒就是通常所说的鸡尾酒，即以蒸馏酒或是葡萄酒为基酒，配上冰块、果汁、咖啡、糖等辅助材料而成的饮料。

（二）葡萄酒的分类

(1) 按照颜色，葡萄酒可以分为红葡萄酒、白葡萄酒、桃红葡萄酒（玫瑰红酒)。

(2) 按照含糖量，葡萄酒可以分为干葡萄酒、半干葡萄酒、半甜葡萄酒、甜葡萄酒。

(3) 按照状态，葡萄酒可以分为静止葡萄酒、起泡葡萄酒。起泡葡萄酒中最有名的是法国香槟酒。

二、葡萄酒饮酒礼仪

（一）佐菜

葡萄酒是西方人常用的佐餐饮料，所以一般都是先点菜，再根据菜的需要点酒。在西餐礼仪中，每上一道菜都会随菜再上一款与之搭配的葡萄酒。西餐有头盘（开胃冷盘)、汤、色拉、主菜、甜点等，口味由淡转浓，最后转至甜，酒也一样，一般先喝白葡萄酒，再喝红葡萄酒，先喝年份近的酒，再喝年份老的酒，先喝清淡的酒，再喝浓郁的酒，先喝不甜的酒，再喝甜的酒。

（二）选酒

作为主人，挑选一款适合招待客人的葡萄酒是十分重要的。主人完全可以根据客人的喜好来选择，但最重要的并不是酒的价格、产地等，而是要看它是否适合佐餐，能否给客人带来良好的口感。为了让客人知道酒的情况，酒瓶一定要放在篮中或餐桌酒架上，上面的标签也不能撕走。但忌用甜度较高的葡萄酒佐餐，因为甜味会影响人们的食欲并破坏食物原味。甜酒适合餐后饮用。如果在用餐过程中所喝的酒超过一种，最好为每一款酒都准备单独的酒杯。

（三）备酒

不同的葡萄酒有不同的最佳饮用温度。白葡萄酒在饮用前应该放入冰桶中冰镇一段时间，在 8~10 摄氏度时饮用，果香味会比较明显而且爽口，但是切勿往酒中加冰块，以免破坏酒质。在饮甜白酒或年份近的白酒时，温度可以更低一些。红葡萄酒适宜在室温下饮用，15~18 摄氏度最为理想。温度稍低比稍高好，这样酒香可通过口中较高的温度发挥出来。若温度太高，不论红酒还是白酒，都会因酒精味道过重而失去均衡感。如果酒直接从酒窖中取出，要注意保持酒瓶的清洁，防止灰尘沉积。饮用葡萄酒前，应先把瓶塞打开约 1 小时，让一些因年代较久产生的异味（如木塞的气味)

挥发掉，这样才能使应有的酒香与空气混合。如果家中有醒酒器（通常是水晶制成的），最好在开瓶之后把红酒从原来的酒瓶中缓缓地“转移”出来，一方面让酒与空气接触，另一方面可以把瓶底的沉淀物彻底分离出来。香槟和其他汽酒应该在7~8摄氏度饮用，以避免气泡因温度升高而快速消失，影响其清爽口感。

（四）开瓶

按照惯例，在开瓶前，应首先让客人阅读酒标，确认该酒在种类、年份等方面与所点的是否一致；其次看瓶盖封口处有无漏酒痕迹，酒标是否干净；最后开瓶。开瓶取出软木塞后，要让客人看看软木塞是否潮湿。若潮湿，证明这瓶酒采用了较为合理的保存方式；否则，很可能是因保存不当而变质。客人还可以闻闻软木塞有无异味或进行试喝，以进一步确认酒的品质。在确定无误后，才可以正式倒酒。有趣的是，即便在家中请客，主人也应该把第一小口酒倒在自己的杯子里。这不仅是为了尝酒，确保酒质未变，也是为了避免把可能漂浮在酒表面上的一层瓶塞碎末倒进客人的酒杯里。

（五）斟酒

给人斟酒时，应在离酒杯杯口适当的高度（一般5厘米左右即可），沿杯壁缓慢地将葡萄酒倒入酒杯中。不能将瓶颈放在酒杯杯口上倒酒，也不能将酒杯拿离桌面倒酒。请人斟酒时，客人将酒杯置于桌面即可。如果不想再续酒，只需用手轻摇杯沿或掩杯即可。在倒酒结束时，应先压住瓶底将瓶口抬起，再顺时针转动酒身，这样酒便不会沿瓶壁流下或滴在桌子上，最后用餐巾将瓶口擦干。需要注意的是，喝酒前应用餐巾抹去嘴角上油渍，以免有失得体，且影响对酒香味的感觉。给自己或别人倒酒绝不能把杯子倒得满满的，通常斟白葡萄酒不超过2/3，红葡萄酒不超过1/2，香槟等起泡酒不超过2/3。在客人进餐过程中，应经常为其斟酒，只要酒瓶中还有酒，就不能使顾客的酒杯空着。

（六）敬酒

西方各国的宴会敬酒一般选择在主菜吃完、甜品未上之间。敬酒时，应将杯子高举齐眼，并注视对方，且最少要喝一口酒，以示敬意。

（七）持杯

正确的持杯方法是持葡萄酒杯的脚而不是杯身，因为这样酒才能不受体温影响。

（八）品饮

与白酒不同，葡萄酒不提倡一饮而尽，而应慢慢品饮。

首先，观其色。观察杯中酒的色泽和澄清度，以及起泡葡萄酒的起泡情况。在光线良好的情况下，应避免日光直射，最好在白色背景前观察。色泽包括色调和色度，通过色泽可以了解酒龄、品种及其特点。年轻的红酒以紫红色为主，带有蓝色色调；陈酿红酒则是红色中带有黄微棕的色调。不同的红酒原料赋予红酒不同的红色色调。

优质产品呈现澄清透明的光亮感，富有光泽；色深的红葡萄酒虽不透明澄清，但同样富有光泽。

其次，闻其香。葡萄酒的香气具有复杂性和多样性，其中包括来源于品种自身的果香、来源于发酵的酒香及陈酿期间产生的醇香。分别在静止、摇动和剧烈摇晃的情况下，仔细嗅闻香气的种类、变化、优美感及浓郁程度。新鲜产品会散发出优雅、纯正且有明显品种香气的果香，陈酿型产品的香气以醇香为主。优质产品的香气会给人美好的感受。

最后，尝其味。欣赏了悦目的外观，闻到了沁人心脾的香气，之后轻啜一口，用味蕾品味其流体质感。葡萄酒中丰富的物质成分会在舌头的不同部位表现出酸、甜、苦、咸味，人们可以充分感受其浓淡程度、平衡性、骨肉感等。虽然品种、工艺、气候、土壤等因素不同，会使各种佳酿的风味及典型性不同，但是它们都能给人们带来美妙的享受。

三、白酒饮酒礼仪

（一）中国白酒的种类

按照香型，中国白酒可以分为以下五类：

1. 酱香型

酱香型又称“茅香型”，酒色微黄而透明，酱香、焦香、煳香配合协调，口味细腻、优雅，空杯留香持久。代表品牌：茅台、郎酒、武陵源酒。

2. 浓香型

浓香型又称“泸香型”，窖香浓郁，口味丰满，入口绵甜干净，纯正。代表品牌：以泸州特曲、五粮液、剑南春为代表的四川派，以洋河、双沟、古井贡酒为代表的纯浓派。

3. 清香型

清香型又称“汾香型”，清香纯正，酸甜柔和，诸味协调，后味很甜。代表品牌：汾酒。

4. 绵柔型

绵柔型酒香清柔、幽雅纯净、入口柔绵、回味怡畅，给人以朴实纯正的美感。代表品牌：桂林三花酒、冰峪庄园大米原浆酒。

5. 兼香型

兼香型又称“复香型”，兼有两种以上的主体香气。兼香型白酒具有一酒多香的风格，一般有自己独特的生产工艺。代表品牌：匀酒、西凤酒、井冈酒、董酒、太白酒、白云边酒等。

（二）饮用白酒的礼仪

1. 斟酒

通常酒水在饮用前斟入酒杯。有时，男主人为了表示对来宾的敬重、友好，还会亲自为其斟酒。

在侍者斟酒时，勿忘道谢，但不必拿起酒杯。在男主人亲自来斟酒时，则必须端起酒杯致谢，必要时，还需起身站立，或欠身点头为礼。有时，也可向其回敬以“叩指礼”，即以右手拇指、食指、中指捏在一起，指尖向下，轻叩几下桌面。这种方法适用于中餐宴会上，表示向对方致谢。

主人为来宾所斟的酒，应是本次宴会上最好的酒，并应当场启封。斟酒时要注意三点：第一，要面面俱到，一视同仁，不应有挑有拣，只为个别人斟酒。第二，要注意顺序。可以依顺时针方向，从自己所坐之处开始，也可以先为尊长、嘉宾斟酒。第三，斟酒要适量。白酒需斟满，但不可斟得过满而溢出。除主人与侍者外，其他宾客一般不宜为他人斟酒。

2. 敬酒

敬酒，也称“祝酒”，具体是指在正式宴会上，由男主人向来宾提议，为了某种事由而饮酒。在敬酒时，通常要讲一些祝愿、祝福之言。在正式的宴会上，主人与主宾还会郑重其事地发表一篇专门的祝酒词。因此，敬酒往往是酒宴必不可少的一道程序。

敬酒可以随时在饮酒的过程中进行。频频举杯祝酒，会使现场氛围热烈而欢快。不过，要是致正式的祝酒词的话，则应在特定的时间进行，并以不影响来宾用餐为首要考虑。

敬酒要分人。在应酬餐桌上敬酒的礼仪如下：

（1）敬陌生人要热情。常说的敬酒词：“希望以后有机会和您合作，我先干为敬，您随意就好。”

（2）敬领导要表达荣幸。常说的敬酒词：“很荣幸能和您一起喝酒。我先敬您。我干了，您注意身体，随意就行。”

（3）敬长辈要用敬意表达孝心。常说的敬酒词：“感谢您多年来的支持和照顾。祝您身体健康！长命百岁！”

（4）敬客人要体贴热情。常说的敬酒词：“感谢你们大驾光临。大家吃好喝好。有招待不周的地方，请多担待！”

3. 干杯

在干杯时，往往要喝干杯中之酒，故称“干杯”。有的时候，干杯者互相之间还要碰一下酒杯，所以它又被叫作“碰杯”。

在主人或他人提议干杯后，应当手持酒杯起身站立。即便滴酒不沾，也要拿起酒杯。在干杯时，应手举酒杯，至双眼高度，口道“干杯”之后，将酒一饮而尽，或饮去一半，或适当的量。然后，需手持酒杯与提议干杯者对视一下，这一过程方告结束。

4. 限量

在正式的酒宴上，特别要注意将饮酒量限制在自己平日酒量的一半以下，免得醉酒误事。

第五节　饮茶礼仪

一、茶的种类

按照加工工艺的不同，茶主要分为七种：绿茶、黄茶、白茶、青茶、红茶、黑茶、再加工茶。

（一）绿茶

绿茶是不经过发酵的茶，即将鲜叶经过摊晾后直接下到 100~200 摄氏度的热锅里炒制，以保持其绿色。知名的绿茶品种有龙井、碧螺春、黄山毛峰、庐山云雾、六安瓜片、蒙顶茶、太平猴魁、君山银针、信阳毛尖茶。

（二）黄茶

黄茶属于轻微发酵茶，制法类似绿茶，不过在制茶过程中，经过闷堆渥黄，会形成黄叶、黄汤。黄茶分黄芽茶、黄小茶、黄大茶三类。其中，黄芽茶以湖南洞庭湖的君山银芽，四川雅安、名山的蒙顶黄芽，安徽霍山的霍内芽为代表；黄小茶以湖南宁乡的沩山毛尖、浙江平阳的平阳黄汤、湖北远安的鹿苑为代表；黄大茶以广东的大叶青、安徽霍山的黄大茶为代表。

（三）白茶

白茶加工时不炒不揉，只将细嫩、叶背满茸毛的茶叶晒干或用文火烘干，而使白色茸毛完整地保留下来。白茶主要产于福建的福鼎、政和、松溪和建阳等县，有银针、白牡丹、贡眉、寿眉等品种，知名的白茶品种有白毫银针、白牡丹。

（四）青茶

青茶即乌龙茶，属半发酵茶，即制作时适当发酵，使叶片稍有红变，是介于绿茶与红茶之间的一种茶。它既有绿茶的鲜浓，又有红茶的甜醇。因其叶片中间为绿色，叶缘呈红色，故有“绿叶红镶边”之称。乌龙茶在六大类茶中工艺最为复杂费时，泡法也最讲究，工夫茶即指乌龙茶的冲泡。知名的青茶品种有武夷岩茶、铁观音、凤凰单丛、台湾乌龙茶。

（五）红茶

红茶是一种全发酵茶（发酵程度大于 80%），名字得自其汤色红。加工时不经杀青，而是经过萎凋，使鲜叶失去一部分水分，再揉捻，然后发酵，使所含的茶多酚氧化，变成红色的化合物。这种化合物一部分溶于水，一部分不溶于水而积累在叶片中，从而形成红汤、红叶。红茶主要有小种红茶、工夫红茶和红碎茶三大类。知名的红茶品种有祁红、滇红、英红。

（六）黑茶

黑茶属于发酵茶，原料粗老，加工时堆积发酵时间较长，使叶色呈暗褐色。云南的普洱茶就是其中一种。普洱茶是在已经制好的绿茶上浇上水，再经过发酵制成的，具有降脂、减肥和降血压的功效，在东南亚和日本等地区很普及。不过真要说减肥，效果最显著的还是乌龙茶。知名的黑茶品种有湖南黑茶，湖北老青茶，广西六堡茶，四川的西路边茶、南路边茶，云南的紧茶、扁茶、方茶和圆茶等。

（七）再加工茶

以各种毛茶或精制茶再加工制成的茶称为“再加工茶”，包括花茶、紧压茶、液体茶、速溶茶和药用茶等。

二、饮茶礼仪

（一）选好茶叶

喝茶的环境应该静谧、幽雅、洁净、舒适，让人有随遇而安的感觉。选茶也要因人而异，如北方人喜欢饮香味茶，江浙人喜欢饮清芬的绿茶，闽粤人则喜欢饮酽郁的乌龙茶、普洱茶等。茶具可以用精美独特的，也可以用简单质朴的。

（二）清洁茶具

客人进屋后，先让座，后备茶。冲茶之前，一定要把茶具洗干净，尤其是久置未用的茶具，难免沾上灰尘、污垢，更要细心地用清水洗刷一遍。在冲茶、倒茶之前，最好用开水烫一下茶壶、茶杯。

（三）沏茶

沏茶时茶水要适量。茶叶不宜过多，也不宜太少。从医学角度来讲，喝茶不要太浓，客人有特别要求则例外。以茶待客讲究上热茶，但水温不宜太高，以免客人不小心被烫伤。斟茶时，应注意“茶满欺客”，使茶水保持大约七分满即可。

（四）端茶

端茶要得法——双手端茶，但要注意不同茶杯端法不同。对有杯耳的茶杯，通常是用一只手抓住杯耳，另一只手托住杯底，把茶端给客人；对于玻璃杯，则右手端杯身，左手托杯底。指甲要保持干净，端茶的时候，手指不能碰到茶水。有两位以上的访客时，用茶盘端出的茶色要均匀，并要左手捧着茶盘底部，右手扶着茶盘的边缘。

摆放前，一定要轻声示意，避免对方无意碰撞，摆放时右进右出，顺时针斟倒或摆放（添水也同样），摆放位置为饮水者右手上方 5~10 厘米处，有柄的则将其转至饮水者右侧，便于取放。

如果有茶壶，应摆放在中间，便于大家取用。当然，有可能的话，应由服务人员亲自操作，此时则就近摆放在操作人员跟前；端茶给客人时，要双手捧送表示尊重，切忌单手握杯送茶。

（五）接茶

在商务活动中，当别人奉茶时，不要以手去接，以免增加奉茶者的困扰。但若是领导或长辈亲自奉茶，则要起身双手恭敬地迎接。受人招待奉茶时，如无法说感谢，要以和蔼的眼神回应奉茶者，绝不能视而不见、听而不闻，这是非常失礼的行为。如需调和糖与奶精，应在调好之后将茶匙横放在碟子上，再以右手端起杯子。

（六）喝茶

喝茶不需将杯垫一起端起，以单手端起茶杯，另一手轻扶杯垫，预防杯垫掉落即可。但若坐在矮茶几旁，则必须连同杯垫一起端起，以免不慎打翻。喝茶时不可出声，尤其是喝工夫茶时，不要因怕将茶叶喝入口中而用嘴滤茶。喝茶时发出声音是十分不雅的。女士喝茶前应先用化妆纸将口红轻轻擦掉些，以免口红印留在杯子上。

（七）品茶

品茶讲究小口品饮，一苦、二甘、三回味，其妙趣在于可意会而不可言传。另外，可适当称赞主人茶好。和别人说话的时候，最好别喝茶，即使要喝，礼貌的做法是小口地品尝。不要连茶叶一并吞进嘴里。万一把茶叶喝进嘴里，可用手从嘴里拿出来，或是吃掉，或是在其他地方吐掉。

（八）续茶礼仪

添水时，如果是有盖的杯子，则用右手中指和无名指将杯盖夹住，轻轻抬起，用大拇指、食指和小拇指将杯子取起，侧对客人，在客人右后侧方，用左手拿容器填满，再按照原位摆放即可。

在为客人续水斟茶时，不要妨碍对方。一手拿起茶杯，使茶杯远离客人身体、座位、桌子，另一只手把水续入；在杯中茶水到一半左右时，主人即应该续水。最好不在客人面前续水。

壶中茶叶可反复浸泡 3~4 次，客人杯中茶饮尽，主人可为其续茶，客人散去后，方可收茶。客人喝完茶，杯中留下少许茶为有礼貌。

第六节 咖啡礼仪

咖啡是采用经过烘焙的咖啡豆制作出来的饮料，通常为热饮，但也有作为冷饮的冰咖啡。咖啡是人类社会流行范围最广泛的饮料之一，与茶、可可并称为“世界三大饮料”。

人们日常饮用的咖啡是用咖啡豆配合各种不同的烹煮器具制作出来的，而咖啡豆是指咖啡树果实内的果仁，要用适当的烘焙方法烘焙。

一、知名咖啡品种

目前，世界著名的咖啡品种主要有以下七种：

（1）蓝山咖啡。蓝山咖啡采用生产于牙买加蓝山高海拔的咖啡豆，是一种微酸、柔顺、带甘、风味细腻的咖啡。纯蓝山咖啡香味较淡，但喝起来非常香醇精致，乃咖啡极品。

（2）哥伦比亚咖啡。哥伦比亚咖啡以 Supermo 最具特色，其咖啡柔软香醇，带微酸至中酸，其品质及香味稳定，属中度咖啡，是用以调配综合咖啡的上品。

（3）曼特宁咖啡。曼特宁咖啡风味香、浓、苦，口味相当强，但柔顺不带酸，是印度尼西亚生产的咖啡中品质最好的一种咖啡。

（4）炭烧咖啡。炭烧咖啡是一种重度烘焙的咖啡，味道焦、苦，不带酸，咖啡豆有出油的现象，极适合用于蒸气加压咖啡。

（5）圣多士咖啡。巴西是世界第一咖啡生产国，所产之圣多士咖啡香味温和、微酸、微苦，为中性咖啡之代表，是调配温和咖啡不可或缺的品种。

（6）肯亚咖啡。肯亚咖啡是非洲高地栽培的代表性咖啡。AA 代表其级数，也就是最高品级，其咖啡豆肉质厚呈圆形，味浓质佳，通常采用浅焙。清晨起来喝一杯肯亚咖啡，具有醒脑的效用。

（7）夏威夷咖啡。夏威夷咖啡口感较强，香味浓，带强酸，风味特殊。其品质相当稳定，是前往夏威夷的观光客必购土特产之一。

二、喝咖啡的礼仪

喝咖啡时，应遵循以下礼仪：

（1）在餐后饮用的咖啡，一般都是用袖珍型的杯子盛出。这种杯子的杯耳较小，手指无法穿出去。但即使用较大的杯子，也不要用手指穿过杯耳再端杯子。咖啡杯的正确拿法，是用拇指和食指捏住杯耳将杯子端起。

（2）给咖啡加糖时，砂糖可用咖啡匙舀取，直接加入杯内；也可先用糖夹子把方糖夹在咖啡碟的近身一侧，再用咖啡匙把方糖加在杯子里。如果直接用糖夹子或手把方糖放入杯内，可能会使咖啡溅出，从而弄脏衣服或台布。

（3）咖啡匙是专门用来搅拌咖啡的，饮用咖啡时应当把它取出来。不要用咖啡匙舀着咖啡一匙一匙地慢慢喝，也不要用咖啡匙来捣碎杯中的方糖。

（4）刚刚煮好的咖啡太热，可以用咖啡匙在杯中轻轻搅拌使之冷却，或者等待其自然冷却，然后再饮用。用嘴试图去把咖啡吹凉，是很不文雅的动作。

（5）盛放咖啡的杯碟都是特制的，应当放在饮用者的正面或者右侧，杯耳应指向右方。饮咖啡时，可以用右手拿着咖啡杯的杯耳，左手轻轻托着咖啡碟，慢慢地移向嘴边轻啜。不宜满把握杯、大口吞咽，也不宜俯首屈就咖啡杯。喝咖啡时，不要发出声响。添加咖啡时，不要把咖啡杯从咖啡碟中拿起来。

（6）有时饮咖啡可以吃一些点心，但不要一手端着咖啡杯，一手拿着点心，要吃一口喝一口地交替进行。饮咖啡时，应当放下点心；吃点心时，则应放下咖啡杯。

知识拓展

常见的花式咖啡种类

1. 浓缩咖啡（Espresso Coffee）

其原文是意大利语，有“立即为你煮”的意思，俗称“意大利特浓咖啡”。浓缩咖啡是利用高压，让沸水在短短几秒内迅速通过咖啡粉，得到约 1/4 盎司的咖啡，味苦而浓香。浓缩咖啡是其他花式咖啡的基础。

2. 玛奇朵（Espresso Macchiato）

其原文为意大利语，意为“印记、烙印”，发音为“玛奇雅朵”，但我们习惯称“玛奇朵”。玛奇朵是在浓咖啡上加上薄薄一层热奶泡以保持咖啡温度，细腻香甜的奶泡能缓冲浓缩咖啡带来的苦涩冲击感。想喝咖啡但又无法舍弃甜味的人，可以选择玛奇朵。

3. 美式咖啡（Americano Coffee）

美式咖啡是指使用滴滤式咖啡壶、虹吸壶、法压壶之类的器具制作出的黑咖啡，又或是在意大利浓缩咖啡中加入大量的水制成。它的口味比较淡，但因为萃取时间长，所以咖啡因含量高。

4. 白咖啡（Flat White Coffee）

马来西亚土特产，有 100 多年的历史。白咖啡并不是指咖啡的颜色是白色的，而是指采用特等咖啡豆及特级脱脂奶精原料，经特殊工艺加工后得到的咖啡。其味甘醇芳香且不伤肠胃，保留了咖啡原有的色泽和香味，颜色比普通咖啡更清淡柔和，故得名“白咖啡”。

5. 拿铁（Caffè Latte）

拿铁咖啡做法极其简单，就是在刚刚做好的意大利浓缩咖啡中倒入接近沸腾的牛奶。事实上，加入多少牛奶没有一定的规矩，可依个人口味自由调配。

6. 康宝蓝（Espresso Con Panna）

在意大利语中，Con 是搅拌，Panna 是生奶油，康宝蓝即意式浓缩咖啡加上鲜奶油。有一种说法是，正宗的康宝蓝要配一颗巧克力或太妃糖，即先将巧克力或太妃糖含在嘴里，再喝咖啡，让美味一起在口中绽放。

7. 布雷卫/半拿铁（Cafe Breve Coffee）

这种咖啡很像拿铁，不过加入的不是牛奶，而是半牛奶、半奶油的混合物，有时会再加少许奶泡。

8. 卡布奇诺（Cappuccino）

传统的卡布奇诺咖啡是1/3浓缩咖啡、1/3蒸汽牛奶和1/3泡沫牛奶。卡布奇诺分为干和湿两种。干卡布奇诺（Dry Cappuccino）是指奶泡较少、牛奶较少的调理法，喝起来咖啡味浓过奶香。湿卡布奇诺（Wet Cappuccino）则指奶泡较少、牛奶量较多的做法，奶香盖过浓郁的咖啡味，适合口味清淡者。

9. 摩卡（Caffè Mocha）

一种最古老的咖啡，得名于著名的摩卡港。摩卡是由意大利浓缩咖啡、巧克力糖浆、鲜奶油和牛奶混合而成的，是意式拿铁咖啡的变种。

10. 焦糖玛奇朵（Caramel Macchiato）

加了焦糖的玛奇朵，是在香浓热牛奶上加入浓缩咖啡、香草，最后淋上纯正焦糖而制成的饮品。其特点是在一杯饮品里可以喝到三种不同的口味。

11. 爱尔兰咖啡（Irish Coffee）

一种既像酒又像咖啡的咖啡，由热咖啡、爱尔兰威士忌、奶油、糖混合搅拌而成。

12. 维也纳咖啡（Viennese Coffee）

奥地利最著名的咖啡。在温热的咖啡杯底部撒上薄薄一层砂糖或细冰糖，接着向杯中倒入滚烫而且偏浓的黑咖啡，最后在咖啡表面装饰两勺冷的新鲜奶油，一杯维也纳咖啡就做好了。

资料来源：柯晶莹，常静．商务礼仪［M］．上海：上海交通大学出版社，2022：131-132。

第六章 商务仪式礼仪

我们常说，生活要有仪式感。仪式是指举行各种典礼活动的程序、形式等。在现实生活中，各种各样的仪式层出不穷。小到个人的生日庆典、结婚纪念，中到企业的开业庆典、工程奠基剪彩，大到国家的大型文艺晚会、反法西斯胜利七十周年大阅兵，都是仪式的体现。

第一节 开业仪式礼仪

在商界，任何一个单位的创建、开业或本单位经营的某个项目、工程的完工或落成，如公司建立、分店开业、写字楼落成、新路新桥通车、新船下水等，都是来之不易、可喜可贺的，故此备受重视。按照惯例，在这些情况下，当事者通常会特意举办一次典礼。

开业仪式，也称“开业典礼”，是指在单位创建、开业，项目完工、落成，某一建筑物正式启用，或是某项工程正式开始之际，为了表示庆贺或纪念，按照一定的程序举行的专门仪式。

一、开业仪式的功能

开业仪式在商界一直颇受人们的青睐，究其原因，是它对商家事业的发展裨益良多。一般认为，举行开业仪式至少可以发挥以下五个方面的作用：

第一，有助于塑造企业的良好形象，提高企业的知名度与美誉度。

第二，有助于扩大企业的社会影响力，吸引社会各界的重视与关心。

第三，有助于将企业的建立或成就“广而告之”，借以为自己招徕顾客。

第四，有助于让支持过、关注过企业的社会各界人士与企业分享成功的喜悦，进而为后续合作奠定良好的基础。

第五，有助于增强企业全体员工的自信心、自豪感与责任心，从而为企业创造一个良好的开端。

开业仪式礼仪，一般是指在开业仪式筹备与运作的具体过程中应当遵从的礼仪惯例，通常包括以下两项内容：第一，开业仪式的筹备；第二，开业仪式的具体运作。

二、开业仪式的筹备

尽管开业仪式进行的时间极其短暂，但是要在现场营造出热烈的气氛并取得成功，绝非一件易事。由于牵涉面广、影响较大，对于开业仪式，主办单位要给予高度重视，进行认真的筹备。

（一）筹备开业仪式应遵循的原则

筹备开业仪式应遵循热烈、节俭、缜密三条原则。

1. 热烈

所谓“热烈”，是要在开业仪式的过程中营造出一种欢快、喜庆、隆重、令人激动的氛围。有一位在商界叱咤多年的人士曾经说过：“开业仪式理应删繁就简，但不可以缺少热烈、隆重，与其平平淡淡、草草了事，或半途偃旗息鼓、灰溜溜地走一个过场，倒不如索性将其略去不搞。要搞，就要轰轰烈烈地搞。”

2. 节俭

所谓“节俭”，是指主办单位应勤俭节约，在举办开业仪式以及筹备工作的整个过程中，在经费的支出方面要量力而行，坚决反对铺张浪费。

3. 缜密

所谓“缜密”，是指主办单位在筹备开业仪式时，既要遵行礼仪惯例，又要具体情况具体分析，认真策划，注重细节，分工负责，一丝不苟，力求周密、细致，严防临场出错。

（二）筹备开业仪式的具体工作

在筹备开业仪式时，需要事先做好六个方面的工作安排，即舆论宣传、约请来宾、场地布置、接待服务、礼品馈赠和拟定程序。

1. 舆论宣传

既然举办开业仪式的主旨在于塑造企业的良好形象，那么就要进行宣传，以吸引社会各界的注意，争取社会公众的认可或接受。要做的常规工作包括：第一，选择有效的大众传播媒介，进行集中的广告宣传，宣传内容多为开业仪式举行的时间、开业仪式举行的地点、开业之际对顾客的优惠、开业企业的经营特色等；第二，邀请有关的大众传播界人士在开业仪式举行之时到场进行采访、报道，以便对方对企业进行进一步的正面宣传。

2. 约请来宾

开业仪式影响的大小，往往取决于来宾身份的高低与数量的多少。在力所能及的条件下，要力争多邀请一些来宾参加开业仪式。地方领导、上级主管部门与地方职能管理部门的领导、合作单位与同行单位的领导、社会团体的负责人、媒体人员，都是邀请时应予以优先考虑的。为慎重起见，用以邀请来宾的请柬应认真书写，并装入印制精美的信封，由专人提前送到对方手中，以便对方早做安排。

3. 场地布置

开业仪式多在开业现场举行，其场地可以是正门外的广场，也可以是正门内的大厅。按照惯例，举行开业仪式时宾主应一律站立，故一般不布置主席台或座椅。为显示隆重与敬客，可在来宾尤其是贵宾站立之处铺设红色地毯，并在场地四周悬挂横幅、标语、气球、彩带等。此外，还应在醒目之处摆放来宾赠送的花篮、牌匾。来宾的签到簿、企业的宣传材料、待客的饮品等，也需提前备好。音响、照明设备及其他用具、设备等，必须事先认真进行检查、调试，以防在使用时出现故障。

4. 接待服务

在举行开业仪式的现场，一定要有专人负责来宾的接待服务工作。除要求企业的全体员工都以主人翁的身份热情待客、主动相助之外，更重要的是要分工负责、各尽其职。接待贵宾，需由本单位主要负责人亲自出面。接待其他来宾，可由本单位的礼仪人员负责。若来宾较多，则要为来宾准备专用的停车场、休息室，并为其安排饮食。

5. 礼品馈赠

举行开业仪式时赠予来宾的礼品，一般属于宣传性传播媒介的范畴，若选择得当，必定产生良好的效果。根据常规，向来宾赠送的礼品应具有以下四个特征：

第一，宣传性。礼品既可选用本单位的产品，也可在礼品袋内装入本单位产品或主打产品的介绍等。

第二，纪念性。要使礼品具有一定的纪念意义，这样拥有者才会珍惜、重视它，或为之感到光荣和自豪。

第三，独特性。礼品应当与众不同，具有本单位的鲜明特色，使人一目了然，过目不忘。

第四，便携性。一般而言，开业仪式上赠送人的礼品应体积较小、不易破损，并且易于携带。

6. 拟定程序

开业仪式大多由开场、过程、结尾三大基本程序构成。开场，即奏乐，邀请来宾就位，宣布仪式正式开始，介绍主要来宾。过程，是开业仪式的核心内容，通常包括本单位负责人讲话、来宾代表致辞、启动某项开业标志等。结尾，包括开业仪式结束后宾主一道进行现场参观、联欢、座谈等，是开业仪式必不可少的尾声。为使开业仪式顺利进行，筹备时必须认真草拟具体的程序，并选择合适的仪式主持人。

三、开业仪式的具体运作

从仪式礼仪的角度来看，“开业仪式”只是一个统称。实际上，在不同的场合，会采用一些更具体的名称，如开幕仪式、开工仪式、奠基仪式、破土仪式、竣工仪式、下水仪式、通车仪式、通航仪式等。它们的共性是要以热烈而隆重的仪式为本单位的发展创造一个良好的开端。它们的个性则表现为在仪式具体运作上的一些差异。

下面从仪式运作方面来介绍八种常见的开业仪式。

（一）开幕仪式

在各种开业仪式中，商界人士接触最多的大概就是开幕仪式了。正因如此，在不少人的认识里，开业仪式与开幕仪式往往被画上了等号。严格地讲，开幕仪式仅仅是开业仪式的具体形式之一。通常开幕仪式是指在公司、企业、宾馆、商店、银行正式启用之前，或在各类商品的展示会、博览会、订货会正式开始之前举行的相关仪式。开幕仪式后，公司、企业、宾馆、商店、银行将正式营业，有关商品的展示会、博览会、订货会将正式接待顾客与观众。图 6-1 为中法音乐节（夏至音乐日）开幕式。

图 6-1　中法音乐节（夏至音乐日）开幕式

依照常规，举行开幕仪式需要较为宽敞的活动空间。门前广场、展厅门前、室内大厅等处，均可作为开幕仪式的举行地点。

开幕仪式的主要程序有以下六项：

第一项，宣布仪式开始，全体肃立，介绍来宾。

第二项，邀请专人揭幕或剪彩。揭幕的具体做法是，揭幕人行至彩幕前恭立，礼仪小姐双手将开启彩幕的彩索递交对方。揭幕人随之目视彩幕，双手拉启彩索，令其展开。全场目视彩幕，鼓掌并奏乐。

第三项，在主人的亲自引导下，全体到场者依次进入幕门。

第四项，主人致辞答谢。

第五项，来宾代表发言祝贺。

第六项，主人陪同来宾进行参观。开始正式接待顾客或观众，对外营业或对外展览宣告开始。

（二）开工仪式

开工仪式，实际上是在工厂准备正式开始生产产品、矿山准备正式开采矿石时专门举行的庆祝性、纪念性活动。为使出席开工仪式的全体人员均能耳濡目染、感同身受，比照惯例，开工仪式大都讲究在生产现场举行，即以工厂的主要生产车间、矿山的主要矿井等处作为举行开工仪式的场所。图 6-2 为中交巫家坝 36 号地块开工仪式。

图 6-2　中交巫家坝 36 号地块开工仪式

除司仪人员按照惯例应着礼仪性服装之外，东道主一方的全体职工均应着干净而整洁的工作服出席仪式。

开工仪式的常规程序，主要包括以下五项：

第一项，宣布仪式开始，全体起立，介绍各位来宾，奏乐。

第二项，在司仪的引导下，本单位的主要负责人陪同来宾行至开工现场，如机器开关或电闸附近，全场肃立。

第三项，正式开工。届时，应请本单位职工代表或来宾代表到机器开关或电闸旁，首先对其躬身施礼，其次动手启动机器、合上电闸。此刻全体人员应鼓掌祝贺，并奏乐。

第四项，全体职工各就各位，上岗进行操作。

第五项，在主人的带领下，全体来宾参观生产现场。

（三）奠基仪式

奠基仪式，通常是指一些重要的建筑物，如大厦、场馆、园林、纪念碑等，在动工修建之初正式举行的庆贺性活动。

奠基仪式现场的选择与布置，通常都有一些独特的规矩。奠基仪式举行的地点，一般应选择在动工修筑建筑物的施工现场。奠基的具体地点，按常规应选择在建筑物正门的右侧。一般情况下，用以奠基的奠基石为一块完整无损、外观精美的长方形石料。在奠基石上，通常文字应当竖写，在其右上款应刻有建筑物的正式名称，中间刻有“奠基”两个大字，在其左下款则应刻有奠基单位的全称以及举行奠基仪式的具体时间。奠基石上的文字，大都讲究以楷体字刻写，最好是白底金字或黑字。在奠基石的下方或一侧，还应安放一只密闭完好的铁盒，内装与该建筑物相关的各项资料以及奠基人的姓名。届时，它将同奠基石一道被奠基人等培土掩埋于地下，以示纪念。

通常，奠基仪式的举行现场应设立彩棚，安放该建筑物的模型或设计图、效果图，并使各种建筑机械就位待命。

奠基仪式的程序，大体上包括以下五项：

第一项，仪式正式开始，介绍来宾，全体起立。

第二项，奏国歌。

第三项，主人对该建筑物的功能以及规划设计进行简要介绍。

第四项，来宾致辞祝贺。

第五项，正式进行奠基。此时，应锣鼓喧天，或演奏喜庆乐曲。首先，由奠基人双手持握系有红绸的新锹为奠基石培土。其次，由主人与其他嘉宾依次为之培土，直至将其埋没为止。

（四）破土仪式

破土仪式，也称“破土动工”，是指在道路、河道、水库、桥梁、电站、厂房、机场、码头、车站等正式开工之际专门举行的仪式。

破土仪式举行的地点，大多选择在工地的中央或某一侧。举行仪式的现场，务必事先进行认真的清扫、平整、装饰，最低限度也要防止出现道路坎坷、泥泞、飞沙走石或者蚊蝇扑面的状况。倘若来宾较多，尤其是高龄来宾较多时，最好在现场附近临时搭建一些供休息的帐篷或活动房屋，使来宾免受风吹、日晒、雨淋，并可稍事休息。

破土仪式的具体程序，包括以下五项：

第一项，宣布仪式开始，介绍来宾，全体肃立。

第二项，奏国歌。

第三项，主人致辞，以介绍和感谢为发言重点。

第四项，来宾致辞祝贺。

第五项，正式破土动工。首先，众人环绕在动工场地周围肃立，并目视破土者以示尊重。其次，破土者双手执系有红绸的新锹垦土三次，以示良好的开端。最后，全体在场者一道鼓掌，并演奏喜庆音乐或燃放鞭炮。

一般而言，奠基仪式与破土仪式在具体程序上大同小异，适用范围也相近。因此，这两种仪式不宜同时在一处举行。

（五）竣工仪式

竣工仪式，有时也称“落成仪式”或“建成仪式”，是指本单位所属的某一建筑物或某项设施建设、安装工作完成之后，某一纪念性、标志性建筑物如纪念碑、纪念塔、纪念堂、纪念像、纪念雕塑等建成之后，某种意义特别重大的产品生产成功之后专门举行的庆贺性活动。

举行竣工仪式的地点，一般以现场为第一选择，如新建成的厂区内、新落成的建筑物外，以及刚刚建成的纪念碑、纪念塔、纪念堂、纪念像、纪念雕塑的旁边。

应予以重视的是，在竣工仪式举行时，全体出席者的情绪应与仪式的具体内容相适应。例如，在庆贺工厂、大厦落成或重要产品生产成功时，应表现得欢快而喜悦；在庆祝纪念碑、纪念塔、纪念堂、纪念像、纪念雕塑建成时，需表现得庄严而肃穆。

竣工仪式的基本程序，通常包括以下七项：

第一项，宣布仪式开始，介绍来宾，全体起立。

第二项，奏国歌，并演奏本单位标志性歌曲。

第三项，本单位负责人发言，以介绍、回顾、感谢等为主要内容。

第四项，进行揭幕或剪彩。

第五项，全体人员向竣工仪式的“主角”——刚刚竣工或落成的建筑物——行注目礼。

第六项，来宾代表致辞。

第七项，进行参观。

（六）下水仪式

所谓下水仪式，是指在新船建成下水时专门举行的仪式。准确地讲，下水仪式是造船厂在吨位较大的轮船建造完成、验收完毕、交付使用之际，为其正式下水起航特意举行的庆祝性活动。

按照国际上目前通行的做法，下水仪式要在新船码头上举行。在举行仪式前，应对现场进行一定程度的美化。例如，在船坞门口与干道两侧，应装饰彩旗、彩带；在新船所在的码头附近，应设置专供来宾观礼或休息用的彩棚。对下水仪式的主角——新船，也需认真进行装扮。一般的讲究是，在船头扎上由红绸结成的红花，并在新船的两侧船舷上扎上彩旗，系上彩带。图 6-3 为“安然号”游艇下水仪式。

下水仪式的主要程序包含以下五项：

第一项，宣布仪式开始，介绍来宾，全体起立，乐队奏乐，或锣鼓齐奏。

第二项，奏国歌。

图 6-3 “安然号”游艇下水仪式

第三项，由主人介绍新船的基本状况，如船名、吨位、马力、长度、高度、吃水量、载重、用途、工价等。

第四项，由特邀掷瓶人行掷瓶礼。砍断缆绳，新船正式下水。

第五项，来宾代表致辞祝贺。

行掷瓶礼是下水仪式中独具特色的一个环节。它在国外由来已久，并已传入我国。它的目的是渲染喜庆的气氛。它的做法是由身着礼服的特邀嘉宾双手持握一瓶正宗的香槟酒，用力将瓶身向新船的船头投掷，使瓶破之后酒香四溢，酒沫飞溅。在嘉宾掷瓶以后，全体到场者需面向新船行注目礼，随即热烈鼓掌。此时，还可在现场再度奏乐或敲打锣鼓，释放气球，放飞信鸽，并在新船上撒彩花、抛彩带。

（七）通车仪式

通车仪式，是指在重要的交通工程完工并验收合格之后正式举行的启用仪式。公路、铁路、地铁以及重要的桥梁、隧道等，在正式交付使用前均会举行一次以示庆祝的通车仪式。有时，通车仪式也叫“开通仪式”。

举行通车仪式的地点，通常为公路、铁路、地铁新线路的某一端，新建桥梁的某一头，或新建隧道的某一侧。在举行仪式的现场附近以及沿线两旁，应适量地插上彩旗、系上彩带。必要时，还应设置彩色牌楼并悬挂横幅。通车仪式装饰的重点应是用以进行“处女航”的汽车、火车或地铁列车。在车头上，一般应系上红花。在车身两侧，可酌情插上彩旗、系上彩带，并悬挂上醒目的大幅宣传性标语。

通车仪式的主要程序包括以下六项：

第一项，宣布仪式开始，介绍来宾，全体起立。

第二项，奏国歌。

第三项，主人致辞。致辞的主要内容是介绍即将通车的新线路、新桥梁或新隧道的基本情况，并向有关方面表达谢意。

第四项，来宾代表致辞祝贺。

第五项，正式剪彩。

第六项，首次正式通行车辆。届时，宾主及群众代表应一起登车而行。有时，还需由主人所乘坐的车辆行进在最前方开路。

（八）通航仪式

通航仪式，又称“首航仪式”，是指飞机或轮船在正式开通某一条新航线之际举行的庆祝性活动。一般而言，通航仪式除了主角为飞机或轮船之外，在其他方面，尤其是在具体程序的操作上，与通车仪式大同小异，这里不再赘述。

第二节　剪彩仪式礼仪

剪彩仪式源于美国的一个小镇。20 世纪初，小镇上有一家商店即将开业，店主为了阻挡拥挤的人群涌入店内，在门前拉了一条布带子。在顾客迫不及待地要拥入店内采购货物的时候，店主的小女儿牵着一条小狗突然从店里跑了出来，那条“不谙世事”的可爱的小狗若无其事地把店门上拴着的布带子碰落。等候在店外的顾客以为是店主搞的“新花样”，便一拥而入，争相抢购。从此，小店顾客盈门，财源滚滚。店主从这次偶发的事件中得到启发，在后来的几家连锁店开张时如法炮制。于是，人们纷纷模仿，并赋予它一个美妙的名称——“剪彩”。

剪彩仪式是指为了庆贺公司的设立、企业的开工、宾馆的落成、商店的开张、银行的开业、大型建筑物的启用、道路或航线的开通、展销会或博览会的开幕等隆重举行的礼仪性庆贺活动。剪彩仪式的主要内容是邀请专人使用剪刀剪断被称为“彩”的红色缎带，故被人们称为“剪彩”。剪彩仪式可以在开业典礼中进行，也可以单独举行，最终目的是树立良好的企业形象，引起社会各界的关注。

剪彩长盛不衰并被业内人士看好，主要有以下三个方面的原因：第一，剪彩活动热热闹闹、轰轰烈烈，既能给主人带来喜悦，又能令人产生吉祥如意之感；第二，剪彩不仅是对主人既往成绩的肯定和庆贺，而且可以对其进行鞭策和激励，促使其再接再厉，继续进取；第三，可借剪彩这一活动良机向社会各界通报自己的“问世”，引起人们的关注。

在各式各样的开业仪式中，剪彩是一项极其重要的、不可或缺的程序。尽管它可以被分离出来独立成项，但在更多的时候，它附属于各种开业和庆典仪式。这是剪彩仪式的重要特征之一。

剪彩仪式上有许多惯例、规则必须遵守，对其具体程序也有一定的要求。剪彩的礼仪就是对此进行的基本规范。从操作的层面来看，目前通行的剪彩礼仪主要包括剪彩的准备、剪彩的人员、剪彩的程序、剪彩的操作方法四个方面的内容。

一、剪彩的准备

与举行其他仪式一样，剪彩仪式也有大量的准备工作要做，主要涉及场地布置、环境卫生、灯光与音响的准备、媒体的邀请、人员的培训等。在准备时，必须认真细致、精益求精。除此之外，对剪彩仪式上使用的某些特殊用具，如红色缎带、新剪刀、白纱手套、大托盘及红色地毯等，应仔细地进行选择与准备。

1. 红色缎带

红色缎带，即剪彩仪式中的“彩”，作为主角，它自然是万众瞩目之处。按照传统做法，它应由一整匹未曾使用过的红色绸缎，在中间结成数朵花团而成。为了厉行节约，可代之以长度为 2 米左右的细窄的红色缎带，或以红布条、红线绳、红纸条作为其变通。

一般来说，红色缎带上所结的花团不仅要生动、硕大、醒目，而且具体数目往往同现场剪彩者的人数直接相关。依照惯例，红色缎带上所结花团的具体数目有两种模式可依：一是花团的数目比现场剪彩者的人数多一个；二是花团的数目比现场剪彩者的人数少一个。前者可以使每位剪彩者总是处于两朵花团之间，尤显正式。后者则不同常规，也有新意。

2. 新剪刀

新剪刀，专供剪彩者在剪彩仪式上正式剪彩时使用。现场剪彩者必须人手一把新剪刀，而且必须崭新、锋利、顺手。事先一定要逐把检查将被用以剪彩的剪刀是否已经开刃，是否好用。要确保剪彩者在正式剪彩时可以一举成功，切勿令其在剪彩时一再补刀。

剪彩仪式结束后，主办方可以将每位剪彩者使用过的剪刀经过包装后送给对方做纪念。

3. 白纱手套

白纱手套是专为剪彩者准备的。在正式的剪彩仪式上，剪彩者在剪彩时最好每人戴上一副白色薄纱手套，以示郑重其事。在准备白纱手套时，除了要确保数量充足外，还需使之大小合适、崭新平整、洁白无瑕。有时，也可不准备白纱手套。

4. 大托盘

在剪彩仪式上，礼仪小姐会将大托盘托在手中，用于盛放红色缎带、剪刀、白色薄纱手套等物品。剪彩仪式上所使用的托盘，最好是崭新的、洁净的，通常首选银色的不锈钢制品。为显示正规，使用时可在它的上面铺上红色绒布或绸布。就数量而言，在剪彩时，既可以用一只托盘依次向各位剪彩者提供剪刀与手套，并同时盛放红色缎带；也可以为每一位剪彩者专门配置一只托盘，并使红色缎带专由一只托盘盛放。后一种做法往往显得更加正式一些。

5. 红色地毯

红色地毯，主要铺设在剪彩者正式剪彩时的站立之处。其长度可视剪彩者人数的多寡而定，宽度则不应少于 1 米。

在剪彩现场铺设红色地毯，主要是为了提升档次，并营造喜庆的气氛。有时，也可不予铺设。

二、剪彩的人员

在剪彩仪式上，最为活跃的自然是人。对剪彩人员，必须认真进行选择并事先进行必要的培训。

除主持人外，剪彩人员主要由剪彩者和助剪者两类人员构成。

1. 剪彩者

剪彩者，即在剪彩仪式上持剪刀剪彩之人。在剪彩仪式上担任剪彩者是一种很高的荣誉，而剪彩仪式档次的高低往往也同剪彩者的身份密切相关。因此，剪彩仪式最重要的就是把剪彩者选择好。

根据惯例，剪彩者可以是一个人，也可以是几个人，但一般人数不宜过多。通常剪彩者由上级领导、合作伙伴、社会名流、员工代表或客户代表担任。

确定剪彩者名单，必须是在剪彩仪式正式举行之前。名单一经确定，即应尽早告知对方，使其有所准备。一般情况下，确定剪彩者时必须尊重对方的意见，切勿勉强对方。需要由数人同时担任剪彩者时，应分别告知每位剪彩者届时他将与何人同担此任。这样做是对剪彩者的一种尊重。千万不要“临阵磨枪”，在剪彩开始前强拉硬拽，临时找人凑数。必要时，可在剪彩仪式举行前将剪彩者集中在一起，告知对方有关注意事项，并稍作排练。按照常规，剪彩者应着套装、套裙或制服，并将头发梳理整齐，不允许戴帽子、戴墨镜，也不允许穿便装、便鞋。

若剪彩者仅为一人，则其剪彩时居中而立即可；若剪彩者不止一人，则必须对上场剪彩时位次的尊卑予以重视。一般地，排列位次的方法是中间高于两侧，右侧高于左侧，距离中间站立者越远位次越低。其中，最重要的是主剪者应居于中央位置。需要说明的是，剪彩者的位次“右侧高于左侧”，是一项国际惯例，剪彩仪式理当遵守。

2. 助剪者

助剪者是指在剪彩者剪彩的一系列过程中在旁为其提供帮助的人员。一般而言，助剪者多由东道主一方的女职员担任。现在，人们对她们的常规称呼是“礼仪小姐”。

在剪彩仪式上服务的礼仪小姐可以分为迎宾者、引导者、服务者、拉彩者、捧花者、托盘者等。迎宾者的任务，是在活动现场负责迎来送往；引导者的任务，是在进行剪彩时带领剪彩者登台或退场；服务者的任务，是为来宾尤其是剪彩者提供饮料，安排休息之处；拉彩者的任务，是在剪彩时展开、拉直红色缎带；捧花者的任务，是在剪彩时手托花团；托盘者的任务，是为剪彩者提供剪刀、手套等剪彩用品。

在一般情况下，迎宾者与服务者应不止一人。引导者既可以是一人，也可以为每位剪彩者配一人。拉彩者通常应为两人。捧花者的人数需要视花团的具体数目而定，一般应为一花一人。托盘者可为一人，也可为每位剪彩者各配一人。有时，礼仪小姐也可身兼数职。

对礼仪小姐的基本要求：相貌姣好、身材颀长、年轻健康、气质高雅、音色甜美、反应敏捷、机智灵活、善于交际。礼仪小姐的最佳装束：化淡妆，盘起头发，穿款式、面料、色彩统一的单色旗袍，配肉色连裤丝袜、黑色高跟皮鞋，除戒指、耳钉外，不宜佩戴其他首饰。有时，礼仪小姐身穿深色或单色的套裙也可以。但是，她们的穿着打扮必须尽可能地整齐统一。必要时，也可向外单位临时聘请礼仪小姐。

三、剪彩的程序

在正常情况下，剪彩仪式应在行将启用的建筑、工程或者展销会、博览会的现场举行。正门外的广场、正门内的大厅，都是优先考虑的地点。在活动现场，可以略做装饰。在剪彩之处，应悬挂写有剪彩仪式具体名称的大型横幅。

一般来说，剪彩仪式宜紧凑，忌拖沓，所耗时间越短越好，短则 15 分钟即可，长则不宜超过 1 个小时。

按照惯例，剪彩既可以是开业仪式中的一项具体程序，也可以独立出来，由其自身的一系列程序组成。通常剪彩包括以下六项基本程序：

1. 来宾就位

在剪彩仪式上，通常只为剪彩者、来宾和本单位的负责人安排座席。在剪彩仪式开始时，应请大家在已排好顺序的座位上就座。一般情况下，剪彩者应就座于前排。当剪彩者不止一人时，应使之按照剪彩时的具体顺序就座。

2. 宣布开始

在主持人宣布仪式开始后，乐队应演奏音乐，现场可以燃放鞭炮，全体到场者应热烈鼓掌。此后，主持人应向全体到场者介绍到场的重要来宾。

3. 演奏国歌

此刻需全场起立。必要时，也可随之演奏本单位的标志性歌曲。

4. 宾主发言

发言者依次应为：东道主单位代表、上级主管部门代表、地方政府代表、合作单位代表以及重要来宾代表。发言内容应言简意赅，每人不超过 3 分钟，重点应为介绍、道谢与致贺。

5. 开始剪彩

此刻，全体应热烈鼓掌，必要时还可以奏乐或燃放鞭炮。在剪彩前，主持人需向全体到场者介绍剪彩者。

6. 进行参观

剪完彩后，主人应陪同来宾参观被剪彩之物。仪式至此，即宣告结束。随后，东道主单位可向来宾赠送纪念性礼品，并以自助餐等款待全体来宾。

四、剪彩的操作方法

进行正式剪彩时，剪彩者与助剪者的具体操作方法必须合乎规范，否则会使剪彩效果受到影响。

1. 上场

当主持人宣布进行剪彩之后，礼仪小姐应率先登场。在上场时，礼仪小姐应排成一列行进。从两侧同时登台，或从右侧登台。登台之后，拉彩者与捧花者应站成一行。拉彩者应处于两端拉直红色缎带，捧花者则应双手捧好一朵花团。托盘者此刻需站立在拉彩者与捧花者身后 1 米左右，并自成一行。

当剪彩者登台时，引导者应在其左前方进行引导，使之各就各位。剪彩者登台时，宜从右侧出场。当剪彩者到达既定位置后，托盘者应前行一步，到达剪彩者的右后侧，以便为其递上剪刀、手套。

若剪彩者不止一人，在其登台时也应列成一行，并使主剪者行进在前。在主持人向全体到场者介绍剪彩者时，剪彩者应面带微笑向大家欠身或点头致意。剪彩者行至既定位置后，应向拉彩者、捧花者含笑致意。当托盘者递上剪刀、手套时，剪彩者应微笑着向对方道谢。

2. 剪彩

在正式剪彩前，剪彩者应首先向拉彩者、捧花者示意，待其有所准备后再集中精力，右手持剪，表情庄重地将红色缎带一刀剪断。若多名剪彩者同时剪彩，其他剪彩者应注意主剪者的动作，并与其保持一致，力求大家同时将红色缎带剪断。

按照惯例，剪彩以后，红色花团应准确无误地落入托盘者手中的托盘里，切勿使之坠地。为此，需要捧花者与托盘者相互配合。剪彩者在剪彩成功后可右手举起剪刀，面向全体到场者致意，然后将剪刀、手套置于托盘内并举手鼓掌。接下来，则可依次与主人握手道喜，并在引导者的引导下退场。退场时，一般宜从原先上台的方向下台。

3. 退场

待剪彩者退场后，礼仪小姐方可列队由右侧退场。

不论剪彩者还是助剪者，在上、下场时都要注意前后顺序、步履稳健、神态自然，在剪彩过程中更要表现得不卑不亢、落落大方。

拓展阅读

公园剪彩博民心

红梅公园是目前江苏常州市城区最大的综合性公园，建园40余年来，以其优美的自然环境、丰富的文化内涵和完善的功能设施为广大市民和游客提供了一个游憩休闲、亲近自然的理想场所，一度成为常州地域性的象征。2006年9月28日上午8时，红梅公园开园仪式尚未举行，就自发地涌进两万多名对公园饱含期待和热情的常州市民。

此次剪彩者很特别，他们是一群常州市普通市民：武进某电子厂任出纳的吴××，他是一位来自基层的人大代表，是当初红梅公园敞开扩建的积极进言者；《常州日报》印刷厂工人尤××，他的家在解放初期就与红梅公园为邻，这一次红梅公园敞开扩建时，他是第一个主动搬迁的人；园林绿化工作者陈××，他日夜奔波在红梅公园的扩建工地上，2005年10月以来就没有休息过一天，被大家戏称为“黑脸机器人”；退休老党员陈××，他领头发起了文笔塔社区老年护绿队，常年在附近街道义务巡逻，守护绿色家园；日本友人今市××，他是常州的“荣誉市民”，回国后，仍然十分留恋曾辛勤工作过的这片土地，在红梅公园种植了价值两万多元的樱花树和桂花树。除此之外，还有年届八旬的红梅公园的老游客，戴着红领巾的绿色小卫士，以及这次公园改造的设计者代表。由他们为公园剪彩，博得了现场市民的热烈掌声。

常州红梅公园的开园剪彩获得了良好的社会反响，应归功于在剪彩活动中选择了具有代表性的普通市民作为剪彩嘉宾。这次剪彩充分体现了常州红梅公园“尊重百姓、贴近百姓、服务百姓”的办园宗旨，所以既获得了全体市民的认可，又受到了媒体的关注。

资料来源：柯晶莹，常静．商务礼仪［M］．上海：上海交通大学出版社，2022：166。

第三节　庆典仪式礼仪

庆典，是各种庆祝仪式的统称。

就内容而论，商界举行的庆祝仪式大致可以分为以下四类：

第一，成立周年庆典。这种庆典通常是逢五年、逢十年举行，即在本单位成立五周年、十周年以及它们的倍数时举行。

第二，荣获某项荣誉的庆典。在单位荣获了某项荣誉称号、单位的“拳头产品”在国内外重大展评中获奖之后，通常会举行此类庆典。

第三，取得重大业绩的庆典。例如，千日无生产事故、生产某种产品的数量突破10万台、经销某种商品的销售额达到1亿元等来之不易的成绩往往是要进行庆祝的。

第四，取得显著发展的庆典。当本单位建立集团、确定新的合作伙伴、兼并其他单位、成立分公司或连锁店时，自然值得庆祝。

商界各单位举行的庆祝仪式有一个共同点，即务实而不务虚。若能通过仪式增强本单位全体员工的凝聚力与荣誉感，并使社会各界对本单位刮目相看，那么大张旗鼓地举行庆典，多投入一些人、财、物，任何理智、精明的商家都会愿意为之。反之，若对宣传本单位的新形象、增强本单位全体员工的自豪感无益，那么举行一次庆典即使成本不高，也完全没有必要。

对商界人士来讲，在组织庆典与参加庆典时往往会有多方面的考虑。庆典仪式礼仪，由庆典的组织和庆典的参加两部分内容组成。

一、庆典的组织

筹备一次庆典，如同进行生产和销售一样，首先要为它制订一个总体的计划。商界人士如果受命完成这一任务，则需要重视两点：一是要体现庆典的特色；二是要安排好庆典的具体内容。

庆典既然是庆祝活动的一种形式，就应当以庆祝为中心，把每一项具体活动都尽可能组织得热烈、欢快而隆重。不论举行庆典的具体场合、庆典进行过程中的某个具体场面，还是全体出席者的情绪、表现，都要体现出红火、热闹、欢快、喜悦的气氛。唯有如此，庆典的宗旨——塑造本单位的形象，显示本单位的实力，扩大本单位的影响，才能够真正体现出来。

庆典具有的热烈、欢快、隆重等特色，应在其具体内容的安排上予以体现。

从组织者的角度考虑，庆典的内容安排要特别注意出席的人员、来宾的接待、现场的布置和庆典的程序四方面的问题。

（一）出席的人员

首先，应精心确定庆典的出席人员名单。庆典的出席者不应滥竽充数，或让对方为难。在确定庆典的出席者名单时，应始终以庆典的宗旨为指导思想。一般来说，庆典的出席者应当包括以下六类人士：

1. 上级领导

地方党政领导、上级主管部门的领导大多对单位的发展给予过支持、关心、指导，邀请他们参加，主要是为了表达感激之情。

2. 社会名流

根据公共关系学中的“名人效应”，社会各界的名人对公众具有较强的吸引力，能够请到他们，无疑有助于更好地提高本单位的知名度。

3. 大众传媒

在现代社会中，报纸、杂志、电视、广播、互联网等大众媒介被称为仅次于立法、行政、司法三权的社会“第四权力”，邀请媒体人士参加庆典并主动与其合作，将有助于对方公正地介绍本单位的成就，进而有助于加深社会各界对本单位的了解。

4. 合作伙伴

在商务活动中，合作伙伴之间通常是同呼吸、共命运的关系，请他们来与自己分享成功的喜悦，既是应该的，也是必要的。

5. 社区关系

社区关系，在此是指那些与本单位共居于同一区域、对本单位具有种种制约作用的社会实体，如本单位周围的居民委员会、街道办事处、医院、学校、幼儿园、养老院、商店，以及周边的其他单位等。请这些实体的有关人员参加本单位的庆典，会使对方进一步了解本单位、尊重本单位、支持本单位，或给予本单位更多的方便。

6. 单位员工

员工是本单位的主人，本单位每一项成就的取得都离不开他们兢兢业业的工作和努力奋斗，在组织庆典时，是绝不能对他们“置之不理”的。

出席人员的具体名单一旦确定，就要尽早发出邀请或通知。鉴于庆典的出席人员甚多、牵涉面广，若非万不得已，不能将庆典取消、改期或延期。

（二）来宾的接待

与一般商务交往中来宾的接待相比，对出席庆祝仪式的来宾的接待更应突出礼仪性，不但应当热心细致地照顾好全体来宾，而且应当通过主办方的接待工作使来宾感受到主人的尊重与敬意，要想方设法让每位来宾都心情舒畅。庆典一经决定举行，就要成立对此全权负责的筹备组。筹备组成员通常由各方面的有关人员组成，他们都应是能办事、会办事、办实事的人员。在庆典筹备组内，应根据具体需要设若干专项小组，在公关、礼宾、财务、会务、报道等方面“分兵把守”、各管一段，其中负责礼宾工作的接待小组不可缺少。

原则上，庆典的接待小组应由年轻、精干、外形较好、口头表达能力和应变能力较强的男女青年组成。

接待小组成员的具体工作，通常包括以下四项：

第一，来宾的迎送，即在举行庆祝仪式的现场迎接或送别来宾。

第二，来宾的引导，即由专人负责为来宾带路，将其送到既定的地点。

第三，来宾的陪同，即对某些年事已高或非常重要的来宾，应安排专人全程陪同，以表达关心和照顾。

第四，来宾的招待，即指派专人为来宾送饮料、上点心，以及提供其他方面的关照。

凡应邀出席庆典的来宾，绝大多数人对本单位都是关心和友好的，因此，当他们光临时，主人没有任何理由不让他们受到热情而合乎礼仪的接待。

（三）现场的布置

举行庆祝仪式的现场，是庆典活动的中心地点。对现场的安排、布置是否恰当，往往直接关系到庆典留给全体出席者印象的好坏。依据仪式礼仪的有关规范，在布置举行庆典的现场时需要注意以下具体问题：

1. 地点的选择

在选择具体地点时，应结合庆典的规模、影响力以及本单位的实际情况来决定。本单位的礼堂、会议厅，本单位内部或门前的广场，以及外界的大厅等，均可选择。在室外举行庆典时，切勿因地点选择不慎而制造噪声，妨碍交通或治安。

2. 环境的美化

在反对铺张浪费的同时，应当量力而行，着力美化庆典现场的环境。为烘托热烈、隆重的气氛，可在现场张灯结彩，张贴宣传标语，并悬挂标明庆典具体内容的大型横幅。如果有能力，还可以邀请本单位员工组成的乐队、锣鼓队演奏音乐或敲锣打鼓。但是，此类活动应当适度，不要因热闹过了头而“喧宾夺主”。

3. 场地的大小

在选择举行庆祝仪式的场地时，应牢记并非越大越好。从理论上说，场地的大小应与出席者人数的多少成正比。人少地方大，会让来宾对该单位产生“门前冷落鞍马稀”的印象。

4. 音响的调试

在举行庆典之前，务必把音响调试好，尤其是供来宾讲话时使用的麦克风和传声设备，决不允许出现问题。在庆典举行前后播放一些喜庆、欢快的乐曲，只要不抢占“主角”的位置，通常都是可以的。对于播放的乐曲，应提前进行审查，切勿随意播放背离庆典主题的乐曲。

（四）庆典的程序

一次庆典的成功与否，与其具体程序往往不无关系。仪式礼仪规定，在拟定庆典的程序时，有两条原则必须坚持：第一，时间宜短不宜长，一般以 1 个小时为极限。如此规定，既是为了确保良好的效果，也是为了尊重全体出席者，尤其是来宾。第二，程序宜少不宜多。程序过多不仅会加长时间，还会分散出席者的注意力，并给人庆典内容过于凌乱之感。

依照常规，一次庆典应包括以下六项程序：

第一项，宣布庆典正式开始，全体起立。

第二项，奏国歌，并奏、唱本单位歌曲。

第三项，本单位主要负责人致辞。致辞内容是对来宾表示感谢，或介绍此次庆典的缘由等，重点是报捷以及庆典的可“庆”之处。

第四项，嘉宾讲话。出席庆典的上级主要领导、协作单位及社区关系单位均应有代表讲话或致贺词。讲话或致贺词应当提前约定好，不宜临时安排，更不能当众推来推去。对外来的贺电、贺信不必一一宣读，但对其署名单位或个人应当公布。进行公布时，可以依照“先来后到”的顺序，也可按照其具体名称汉字笔画的多少进行排序。

第五项，文艺演出。此项程序可有可无。如果安排，应慎选内容，注意不要有悖于庆典的主旨。

第六项，邀请来宾进行参观。如有可能，可安排来宾参观本单位的有关展览或车间等。此项程序有时也可省略。

在以上六项程序中，前四项必不可少，后两项可酌情省去。

二、庆典的参加

参加庆典时，不论是主办单位的人员还是外单位的人员，都应注意自己的临场表现。其中，主办单位人员的表现显得尤为重要。

（一）主办单位人员

在举行庆祝仪式之前，主办单位应对本单位全体员工进行必要的礼仪教育。此外，对本单位出席庆典的人员需规定好有关的注意事项，并要求大家在临场之时务必严格遵守。在此问题上，单位的负责人，尤其是出面迎送来宾和上主席台的人士，要保持最好的精神状态，绝不允许有任何意外发生。在庆祝仪式上，真正令人瞩目的就是东道主方面的出席人员，假如这些人精神不佳、行为举止失当，是很容易对单位的形象产生“负面宣传”的。

按照仪式礼仪的规范，作为东道主的商界人士在出席庆典时，应严格注意的问题主要涉及以下七点：

1. 仪容整洁

所有出席本单位庆典的人员，事先都要洗澡、理发，男士还应剃去胡须。无论如何，都不允许本单位的人员蓬头垢面、胡子拉碴、浑身臭汗，有意无意地给本单位的形象“抹黑”。

2. 服饰规范

拥有制服的单位，应要求以制服作为本单位人士的庆典着装；无制服的单位，则应规定出席庆典的本单位人员必须穿着礼仪性服装，即男士应穿深色的中山装套装，或穿深色西装套装，配白色衬衫、素色领带、黑色鞋袜；女士应穿深色西装套裙，配长筒肉色丝袜、黑色高跟鞋，或穿深色的套裤、花色素雅的连衣裙。绝不允许在服饰方面随心所欲，把一场庄严隆重的庆典搞得像一场时装或休闲装的“博览会”。如果有可能，将本单位出席者的服饰统一起来是最好的。

3. 遵守时间

遵守时间，是最基本的商务礼仪之一。本单位庆典的出席者要特别重视这一问题。上到本单位的最高负责人，下到级别最低的员工，都不得迟到，更不得无故缺席或中途退场。如果庆典的起止时间已有规定，则应准时开始、准时结束。

4. 表情庄重

在庆典举行期间，不允许嬉皮笑脸、嘻嘻哈哈，或愁眉苦脸、唉声叹气，否则会给来宾留下不好的印象。在举行庆典的过程中，要表情庄重、全神贯注、聚精会神。如果庆典中安排了升国旗、奏国歌、唱“厂歌”等程序，一定要依礼行事：起立，脱帽，立正，面向国旗或主席台行注目礼，并认认真真、表情庄严肃穆地和大家一起唱。此刻，不允许不起立、不脱帽、东张西望、不唱或乱唱国歌与“厂歌”。在起立或坐下时把座椅搞得乱响，一边脱帽一边梳头，或在此期间走动、交头接耳，都被视为损害本单位形象的极其严重的事件。

5. 态度友好

态度友好，在此所指的主要是对来宾态度要友善、亲切。遇到来宾，要主动热情地问好。对来宾提出的问题，要立即予以友善的答复。不要围观、指点来宾，更不能对来宾表现出敌意。当来宾在庆典上发表贺词或随后进行参观时，要主动鼓掌表示欢迎或感谢。在鼓掌时，不要在对象上“挑三拣四”，不要“欺生”或是“杀熟”。即使个别来宾在庆典中表现得对主人不太友善，也不应当场“仗势欺人”，或是非要跟对方“讨一个说法”。不论来宾在台上、台下说了什么话，主方人员都应当保持克制，不要吹口哨、“鼓倒掌”、敲打桌椅、胡乱起哄。不允许打断来宾的讲话，向其提出挑衅性质疑，与其进行大辩论，或对其进行人身攻击。

6. 行为自律

既然参加了本单位的庆典，主方人员就有义务以自己的实际行动确保它的顺利与成功。至少，不应当因为自己的举止失当而使来宾对庆典做出不好的评价。在出席庆典时，主方人员在行为举止方面应注意：不要想来就来、想走就走，或在庆典举行期间到处乱走乱转；不要跟周围的人说悄悄话、开玩笑，或朝自己的“邻居”甚至是主席台上的人挤眉弄眼、做出怪样子；不要有意无意地做出对庆典毫无兴趣的姿态，如看报纸、读小说、听音乐、拨手机、发短信、打扑克、做游戏、打瞌睡等；不要让别人觉得主方人员心不在焉，如探头探脑，东张西望，一再看手表，或向别人打听时间。当本单位的会务人员有所要求时，需要“有则改之，无则加勉”。

7. 发言简短

如果有幸在本单位的庆典中发言，则须谨记以下四点：

第一，沉着冷静。上下场时应不慌不忙，不要急奔过去，或慢吞吞地“起驾”。在开口讲话前，应平心静气，不要气喘吁吁、面红耳赤、满脸是汗，急得讲不出话来。

第二，讲究礼貌。在发言开始时，勿忘说一句“大家好”或“各位好”。在提及感谢对象时，应目视对方。在表示感谢时，应郑重地欠身施礼。对大家的鼓掌，应以自己的掌声来回礼。在讲话结束时，应当说一声“谢谢大家”。

第三，限时结束。发言一定要在规定的时间内结束，而且宁短勿长，不要随意发挥、信口开河。

第四，少做手势。对含义不明的手势，在发言时应当忌用。

（二）外单位人员

外单位人员在参加庆典时，同样有必要“既来之，则安之”，以自己最佳的临场表现表达对主人的敬意和对庆典本身的重视。倘若此时表现欠佳，绝对是对主人的一大伤害。因此，宁肯坚持不去，也绝不可去而失礼。

外单位人员在参加庆典时，如果以所在单位代表的身份，而并非仅仅代表自己，则更应注意自己的临场表现，不可以对自己的所作所为自由放任、听之任之。

第四节 签约仪式礼仪

签约，即合同的签署。在商务交往中，签约被视为一项标志着有关各方之间关系取得了更大进展，以及为消除彼此间的误会或抵触而达成一致性见解的重大成果。因此，签约备受商界人士的重视。

在商务交往的实践中，尽管口头承诺也能在一定程度上发挥作用，但能够更有效地取信于人、让交往对象心安的还是“立字为据”的文字性合同。商务合同，通常是指有关各方之间在进行某种商务合作时，为确定各自的权利和义务而正式依法订立、经过公证、必须共同遵守的条文。在许多情况下，合同往往又被叫作“合约”。有些时候，人们所说的合约是指条文比较简单的合同。在商务往来中，带有先决条件的合同，如等待律师审查、有待正式签字、需要落实许可证的合同，又被叫作“准合同”。严格地说，准合同是合同的前身，也是最终达成合作的一个步骤。在一般场合，商界人士往往将合同、合约与准合同合到一起统称为“合同”。这样做虽不太精确，但有助于大家“删繁就简”、减少麻烦。

对签署合同这类称得上是有关各方关系发展史上“里程碑”式的重大事件，应严格依照规范来讲究礼仪、应用礼仪。为了郑重其事，在具体签署合同之际，往往会依例举行一系列程式化的活动，即签约仪式。在具体操作时，它又分为草拟合同和签署合同两部分。

一、草拟合同

在现实生活中，商界人士接触的商务合同种类繁多。其中，比较常见的有购销合同、借贷合同、租赁合同、协作合同、加工合同、基建合同、仓保合同、保险合同、货运合同、责任合同等。以下介绍草拟合同的正规做法。

从格式上讲，合同的拟定有一定的规矩，即目的要明确、内容要具体、用词要标准、数据要精确、项目要完整、书面要整洁。违反了上述要求中的任何一项，都有可能给自己带来严重后果。

从具体的拟定方法来说，合同大体上有条款式和表格式两类。所谓条款式合同，是指以条款形式出现的合同。所谓表格式合同，是指以表格形式出现的合同。条款式合同与表格式合同在写法上有各自的具体规范，对此在实践中只能遵守。标的、费用和期限被称为合同内容的“三大要素”。在任何一份合同中，都应当三者齐备、缺一不可。从具体的条款来说，一份合同至少需要具备标的数量，质量，价款或酬金，履约的期限、地点和方式，违约责任五大基本内容。对这些规范，商界人士必须自觉地遵照执行。

在草拟合同时，除了在格式上要标准、规范外，还必须注意遵守法律、符合惯例、合乎常识、照顾对方四个方面的关键问题。

（一）遵守法律

在商务交往中，所有正式的合同都具有法律约束力。一旦合同订立，则任何一方不可擅自变更或解除。因此，商界人士必须熟悉国家的有关法律与法规，以便充分运用法律维护自身的正当权益。从操作中的实际情况来看，商界人士在拟定合同时必须遵守有关法律、法规涉及的商品生产、技术管理、外汇管制、税收政策和商检科目五个方面的规定。

在草拟涉外商务合同时，还必须遵守我国法律和国际条法。遵守我国法律，是尊重国家主权原则的体现，也是为了不损害我国的社会公共利益。遵守国际条法，则是为了在对外交往中更好地与国际社会接轨，在国际经济合作中少走弯路。

（二）符合惯例

在草拟合同时，必须优先遵守法律、法规，尤其是要优先遵守我国的法律、法规。遇到有关法律、法规尚未规定的，则可采用国际惯例。所谓商务交往中的国际惯例，是指那些为国际社会普遍接受的、行之有效的、约定俗成的常规做法。例如，在商务交往中，政治与经济应当分开，不允许借商务往来之便干涉他国的内部事务，或是伺机影响他方的内政。又如，买方在签署合同后，应按照合同规定的期限向银行开立信用证。开立信用证，首先，应填写申请书。当银行同意接受后，将会依照交易金额向客户收取一定比例的开证费，并根据客户的资信收取一定数额的押金。其次，应按进口方的要求向出口方开出信用证，信用证一经开出，对方往往会要求进行某种程度的改动。此时，只有确系开证时的疏漏之处方可同意修改，否则不宜贸然应允。

一般而言，国际惯例是维持商务交往正常的一大基石，因此商界人士在草拟合同时，应根据它来调整自己的行为。对此不甚了解而贸然行事的商界人士，到头来必定会吃大亏。

（三）合乎常识

在草拟合同时，商界人士有必要使合同的一切条款合乎常识，一定要避免犯常识性错误。

商界人士在草拟合同时应当具备的常识，是指与其业务有关的专业技术方面的基本知识，包括商品知识、金融知识、运输知识、保险知识和商业知识等。商品知识，其实是一个整体性的概念，包括有关产品的生产过程和管理方面的知识，以及产品本身的一切知识。金融知识，是指与货币发行、流通、回笼有关的一切知识。具体来说，金融知识主要是指货币、汇率、信贷等方面的知识。运输知识，包括运输具体方式的选择、运输中商品形态的具体要求、运输的特殊条件以及运输的责任方等方面的知识。它们与仓储一样，是必须考虑的。保险知识，包括险别、选择以及办理程序等方面的知识。保险对商务交易来说是一种意义重大的保证。商业知识，是指与商品流通各环节有关的知识，对合同的草拟有一定的帮助。

具备上述各方面的常识，有助于商界人士在工作中得心应手，并获得交往对象的敬重。在商务交往中，没有知识就等于没有实力。

（四）照顾对方

正式合同的一大特征，是有关各方必须协商一致，心甘情愿。如果一方恃强凌弱、仗势欺人，把自己的意志强加于他方，强迫他人与自己订立“城下之盟”，那么合同即使勉强签署，事后也必定会不断地发生纠纷，那样对各方都没有好处。因此，商界人士在草拟合同的具体条款时，既要“以我为中心”，优先考虑自己的切身利益，又要替他方着想，顾全他方的体面，并尽可能照顾他方的利益，这是促使合同为他方接受的最佳途径。在进行与合同有关的谈判时，商界人士在具体条款上不仅要讲究原则性，而且要讲究灵活性。在坚持根本利益的前提下，可以灵活地变通，适当地让步。

二、签署合同

在正常情况下，合同的成立和生效都需要履行一定的手续。依照我国有关法律的规定，当事人就合同条款的书面形式达成协议并签字，即为合同成立。假如通过信函、邮件、电报、传真、电传等方式达成了协议，一方当事人要求签订确认书的，则签订确认书时方为合同成立。此项规定实际上具有双重含义：一方面，我国只承认书面的合同；另一方面，唯有经过有关当事人正式签字，合同才正式成立并生效。由此可见，签字好比一个人的出生证明，是正式合同不能缺少的“批准书”。

签署合同为什么要举行仪式？因为这种仪式意味着签约各方必须重视合同、遵守合同。

（一）准备工作

在商务交往中，人们在签署合同之前，一般需要做好四个方面的准备工作。

1. 布置签字厅

签字厅既有常设专用的，也有临时以会议厅、会客室来代替的。布置它的总原则是庄重、整洁、清静。一间标准的签字厅，室内应铺地毯。除必要的签字用桌椅外，其他一切陈设都不需要。正规的签字桌应为长桌，其上最好铺设深绿色的台呢。按照仪式礼仪要求，签字桌应横放于室内。在其后，可摆放适量的座椅。签署双边合同时，可放置两把座椅，供签字人就座。签署多边合同时，可仅放一把座椅，供各方签字人签字时轮流就座，也可为每位签字人提供座椅。签字人就座时，一般应面对正门。在签字桌上，按照惯例，应事先放好待签的合同文本，以及签字笔、吸墨器等签字时所用的文具。与外商签署涉外商务合同时，还需在签字桌上插放有关方的国旗。插放国旗时，在位置与顺序上必须按照礼宾序列而行。例如，签署双边涉外商务合同时，有关方的国旗需插放在该方签字人座椅的正前方。

知识拓展

国旗的悬挂

国旗是国家的象征和标志，每个公民和组织都应当尊重和爱护国旗。

外国国家元首和副元首、政府首脑和副首脑、议长和副议长、外交部部长和国防部部长、总司令或总参谋长、率领政府代表团的正部长、国家元首或政府首脑派遣的特使、重要政府间国际和地区组织的主要负责人以公职身份来华进行正式访问时应当升挂国旗或组织旗。

接待外国国家元首（含副元首）和政府首脑时，在重大礼仪活动场所，如欢迎仪式、正式会谈、签字仪式、欢迎宴会等，升挂中国国旗和来访国国旗。外国国家元首如有特制元首旗，可以按对方意愿和习惯做法，在其下榻的住地升挂、在其乘坐的交通工具上悬挂元首旗。

国际条约和重要协定的签字仪式可以悬挂中国国旗和有关签约国国旗或政府间国际和地区组织旗；国际会议、国际军事合作活动、文化体育活动、展览会、博览会等，可以升挂中国国旗和有关国家的国旗或政府间国际和地区组织旗。

升挂国旗时，旗应升至杆顶。遇需下半旗志哀，应当先将国旗升至杆顶，然后降至旗顶与杆顶之间的距离为旗杆全长的三分之一处。举办双边活动需要升挂中国国旗和外国国旗时，凡中方主办的活动，外国国旗置于上首；对方举办的活动，中国国旗置于上首。有特殊规定或特殊情况的除外。

悬挂国旗一般应以旗的正面面向观众，不要随意交叉悬挂或竖挂，更不得倒挂。

有必要竖挂或者使用国旗反面时，必须按照有关国家的规定办理。

中国国旗与外国国旗、政府间国际和地区组织旗并挂时，有关旗帜应当按照有关国家、组织规定的比例制作，尽量做到旗的面积大体相等。

资料来源：https：//www. mfa. gov. cn/web/ziliao_ 674904/lbzs_ 674975/200705/t20070524_ 7949246. shtml。

2. 安排签字时的座次

在正式签署合同时，各方代表对给予己方的礼遇均会非常在意。因此，商界人士对在签字仪式上最能体现礼遇高低的座次问题应认真对待，详见前文“位次礼仪”。

3. 预备待签的合同文本

依照商界的习惯，在正式签署合同前，应由举行签字仪式的主方负责准备待签合同的正式文本。举行签字仪式是一件严肃而庄重的大事，因此决不能将“半成品”交付使用，也决不能临近签字时，有关各方还在为某些细节纠缠不休。在决定正式签署合同时，就应拟定好合同的最终文本，它应当是正式的、不再进行任何更改的标准文本。

负责为签字仪式提供待签合同文本的主方，应会同有关各方一道指定专人负责合同的校对、定稿、印刷与装订。按照常规，应为在合同上正式签字的有关方各提供一份待签的合同文本。必要时，可再提供一份副本。在签署涉外商务合同时，比照国际惯例，待签的合同文本应同时使用有关各方法定的官方语言，或使用国际上通行的英文、法文。此外，也可并用有关各方法定的官方语言与英文或法文。在使用外文撰写合同时，应反复推敲、字斟句酌，不要乱用词汇。待签的合同文本应以精美的白纸印制，按大八开的规格装订成册，并以高档质料，如真皮、金属、软木等，作为其封面。

4. 规范签字人员的服饰

按照规定，签字人、助签人以及随员在出席签字仪式时，应穿着具有礼服性质的深色西装套装、中山装套装或西装套裙，并搭配白色衬衫和深色皮鞋。男士还必须系上单色领带以示正规。在签字仪式上露面的礼仪人员、接待人员，可以穿自己的工作制服或是旗袍一类的礼仪性服装。

（二）签字程序

签字仪式是签署合同的高潮。它虽然持续时间不长，但是程序要求规范、庄重而热烈。

签字仪式的正式程序通常分为四项：

1. 宣布签字仪式开始

此时，有关各方人员进入签字厅，在既定的位次上各就各位。

2. 正式签署合同文本

通常的做法是，先签署己方保存的合同文本，再签署他方保存的合同文本。商务礼仪规定：每一位签字人在由己方所保留的合同文本上签字时，按照惯例应当名列首位。因此，每一位签字人均首先签署己方保存的合同文本，再交由他方签字人签字。此种做法，在礼仪上称为“轮换制”。它的含义：在位次排列上，轮流使有关各方均有机会居于首位一次，以显示机会均等、各方平等。

3. 签字人交换已经由各方正式签署的合同文本

此刻，各方签字人应热烈握手，互致祝贺，并相互交换各自一方刚才使用过的签字笔，以示纪念，全场人员应鼓掌表示祝贺。

4. 共饮香槟酒道贺

交换已签字的合同文本后，有关人员，尤其是签字人当场喝上一杯香槟酒，是国际上通行的增添喜庆色彩的做法。一般情况下，商务合同在正式签署后，还应提交有关方面进行公证，之后才算正式生效。

第七章 商务会议礼仪

第一节　一般商务会议礼仪

一、商务会议的类型

商务会议的类型很多，不同类型的会议有不同的礼仪要求。商务会议主要有四种类型。

1. 行政型会议

行政型会议是指组织召开的工作性、执行性会议，包括行政会、汇报会、董事会等。

2. 业务型会议

业务型会议是指组织召开的专业性、技术性会议，包括洽谈会、供货会、调研会等。

3. 社交型会议

社交型会议是指组织为扩大知名度和交际面召开的会议，包括新闻发布会、参观活动、茶话会、联欢会等。

4. 群体型会议

群体型会议是指组织内部群众团体、群众组织召开的非行政型、非业务型会议。

二、商务会议的准备工作

计划周密且落实到位的会议准备工作，是会议成功举办的有力保障。因此，不论举办何种商务会议，都应切实做好会前的准备工作。具体来说，会议的准备工作包括十四项内容。

1. 成立组织机构

为了保证会议顺利召开，会议主办方应成立一个会议组织机构，主要包括会务组、宣传组、秘书组、文件组、接待组、保卫组等。

2. 确定会议主题

会议必须有鲜明的主题，并围绕主题设置议题。只有明确了主题，才能明确会议召开的必要性，进而做好会议的组织工作。

3. 确定会议名称

会议名称一般由“单位+内容+类型”构成，应根据会议的议题或主题来确定。

4. 确定会议规模

本着精简效能的原则，会议的规模有大型、中型、小型三类；会议的规格有高档、中档和低档三种。

5. 确定会议时间

确定会议召开的最佳时间，应考虑主要领导能否出席；确定会期的长短，应与会议内容紧密联系。

实际案例

三星会议的三原则

韩国三星集团曾经出过一本书——《开会就要学三星》。这本书中提到三星有三个最基本的会议原则。第一个原则：周三不开会。对许多公司而言，一般是不会考虑哪天不宜开会的。在三星，确定了周三不开会的原则。因为这一天，无论是员工的工作状态还是业务情况，都处于最高潮，一定要抓住这个良好的状态继续工作。第二个原则：会议时长1小时，最长不超过5小时。召开会议时，三星还会将一个定量为1小时的沙漏放置在会议室中，为严格遵守时间施加了无形的压力。三星这么做，是有充分科学依据的。专家称，一个成年人集中精力的时间，不超过2小时。为了避免闲谈或因无关的事浪费会议时间，三星还采用了可使效率提高两倍的站立式会议形式。据说人的大脑活动最活跃的时间是在站立的状态下，并且是确定好了结束时间的时候。第三个原则：将会议内容整理成一张纸。有时会议结束后，对于谈了什么、结果是什么、必须实施的内容是什么，很多人根本记不清楚。因此，三星规定：会议内容要由专人整理好，发给参会者和相关人员，同时，这份记录一定是内容简洁的一张纸。为了开会这样的“小事”，三星竟然出了整整一本书，这反映了三星的文化，对会议的重视是优质管理的一个体现，也是支撑管理的一个重要部分。

资料来源：梁子宁．早上3分钟，掌控有效会议管理［M]．北京：北京理工大学出版社，2011。

6. 确定会议地点

一般来说，召开会议的地点应根据会议的规模、规格和内容等来确定，有时也要考虑政治、经济、环境等因素。

7. 确定人员名单

与会人员名单的确定与会议主题密切相关。与会人员应该是会议主题的解答者、接受者，或者是对会议主题感兴趣的人。

8. 会议议程与日程安排

会议议程与日程安排是指在一定时间内对会议各项活动按先后顺序做出的具体安排，应冠以序号将其清晰地表达出来。

9. 制发会议通知

会议通知的内容包括会议名称、时间、地点、与会人员、议题及要求等。会议通知的种类有书信式和柬帖式，会议通知有正式通知和非正式通知之分，会议通知的方式有书面、口头、电话及邮件。

10. 准备会议资料

会议资料应在会前准备好，主要包括议程表和日程表、会场座位分区表和主席台及会场座次表、主题报告、领导讲话稿、其他发言材料、开幕词和闭幕词、其他会议材料等。这些材料应在会前装入文件袋，以便分发给与会人员。

知识拓展

思维导图

思维导图（Mindmap）由英国的托尼巴赞发明，最开始是一种创新性的笔记方法。思维导图和传统的直线记录方法完全不同。它看上去就像一个人的神经网络图。通过使用思维导图，人们不再被动地设法记下发言人的每句话和看一串长长的句子，而是积极地对关键字进行加工、分析和整理，并和演讲者积极地对话。现在思维导图已经成为人们工作与学习中广泛应用的一种思维辅助工具，它不仅可以用于做笔记，也被许多企业用来做计划和制定营销策略，还可以进行会议的组织和管理。

据报道，波音公司在设计波音747飞机的时候就使用了思维导图。根据波音公司的介绍，如果使用普通的方法，设计波音747飞机这样一个大型的项目要花费6年的时间。但是，通过使用思维导图，他们的工程师只用了6个月的时间就完成了波音747飞机的设计！

绘制思维导图可以用传统的纸和笔，也可以利用相关的软件。随着计算机软件技术的发展，绘制思维导图的应用软件越来越多，在介绍软件之前，先来学一下徒手画思维导图。

第一步，把主题画在纸的中央，主题可以用关键字和图像来表示。所谓关键字，是表达核心意思的字或词，可以是名词或动词。关键字应该是具体的、有意义的。这样，有助于我们进行回忆。

第二步，考虑“次主题”，也就是在上一层主题下的延伸。在使用“次主题”后，就要罗列更细节的要点了。这个时候要注意的是，不要追求一定的顺序或结构来罗列要点，只需要将发言人的观点尽可能自然地用关键字表达出来，并把它和相关的“次主题”连接起来。当然，如果你希望把这些要求用一定顺序表现出来的话，可以在完成思维导图后，再用阿拉伯数字把它们标记出来。

第三步，讨论完毕，转化成文字汇总到会议记录或报告里，开会的时候，可从参会人员中选出一人（通常是会议的组织者或秘书），把整个讨论在白板上用思维导图画出来。对于每一项新的主张或新的观点，由组织者或参会者决定应该加在哪一个分支的下面。这样做的好处是：使每个观点都可以体现在图上，继而可以根据它的位置来判断其重要性，使大家可以明显地看出会议正在向哪个方向发展。这样，可以鼓励参会者把注意力集中在主题上而避免跑题。

接下来，我们再来了解一些相关的软件。

- XMind。XMind 是一款顶级商业品质的思维导图和头脑风暴（Brainstorm）软件。它采用 Java 语言开发，基于 Eclipse RCP 体系结构，可以运行于 Windows/Mac/Linux 平台。XMind 的界面美观，绘制出的思维导图比较精美，功能也更加丰富，加上它兼容 FreeMind 和 MindManager 数据格式，不仅可以绘制思维导图，还能绘制鱼骨图、二维图、树形图、逻辑图和组织结构图。
- FreeMind。FreeMind 是一款跨平台的、基于 GPL 协议的免费软件，用 Java 编写，是一个用来绘制思维导图的软件。该软件产生的文件格式后缀为 .mm，可用来做笔记、脑图记录、脑力激荡等。FreeMind 具有快捷的一键展开和关闭节点功能，其缺陷在于无法进行多个思维中心点展开，而且部分中文输入法无法在 FreeMind 输入。
- MindManager。MindManager 由美国 Mindjet 公司开发，有着直观、友好的用户界面和丰富的功能，有助于使用者有序地安排思维、资源和项目进度，同时它是高效的项目管理软件，能很好地提高项目组的工作效率和小组成员间的协作性。MindManager 与同类思维导图软件相比的最大优势就是与 Microsoft 软件无缝集成，能快速将数据导入或导出到 Microsoft Word、PowerPoint、Excel、Outlook、Project 和 Visio 中，从而受到越来越多职场人士的青睐。

资料来源：梁子宁．早上 3 分钟，掌控有效会议管理［M］．北京：北京理工大学出版社，2011。

11. 制作会议证件

有些会议还需要制作会议证件。会议证件的内容包括会议名称、与会者单位、姓名、职务、证件号码等。有些重要证件还应贴上与会者本人照片，并加盖印章。

12. 确定会议用品

召开会议所需的用品和设备分为必备用品和特殊用品。必备用品是指各类会议都需要的用品和设备，包括签到表、文具、桌椅、茶具、扩音设备、照明设备、空调设备、投影和音像设备等；特殊用品是指一些特殊类型的会议，如谈判会议、庆典会议、展览会议等所需的用品和设备。

13. 安排会议座次

会议座次的安排和会场的布置应根据实际情况而定。为给予某些与会者必要的尊重，需按照一定的惯例和规则进行座次的排列，会前应准备好名签，并在会议开始前摆放好，以便相关人员按名签对号就座。

14. 做好接待工作

为了保证会议成功举办，会议举办方还应做好接待工作，如接待与会人员的车辆安排、与会人员的食宿安排等。

三、商务会议参与者的礼仪

商务会议是一个严肃的场合，会议参与者应遵守会议礼仪规范，维护自身及所在单位的形象。

（一）会议参加者的礼仪

（1）会议参加者应衣着整洁规范，仪容仪表合乎礼仪要求，举止大方自然，待人彬彬有礼。

（2）树立正确的时间观念，一般要比规定开会的时间早到 5～10 分钟，不迟到、不早退。进出有序，依照会议安排落座。

（3）遵守会议各项准则和要求，尽力参与。

（4）开会时应认真听，不要私下交头接耳、低头瞌睡、接打电话、来回走动等。虚心听取别人发言，不随便打断别人的谈话，不得已插话时，应文明有礼貌。

（5）发言人发言结束时，应鼓掌致意。

（6）中途退场应轻手轻脚，不影响他人。

（二）会议发言人的礼仪

会议发言有正式发言和自由发言两种。正式发言一般是领导做报告，自由发言一般是讨论发言。

正式发言者应衣着整齐，走上主席台时应步态自然、稳健有力，体现一种成竹在胸、自信自强的风度与气质。发言时应口齿清晰、讲究逻辑、简明扼要。如果是书面发言，则要时常抬头扫视一下会场，不能低头读稿，旁若无人。发言完毕，应对听众的倾听表示谢意。

自由发言则较随意，但要注意发言的顺序和秩序，不能争抢发言；发言应简短，观点应明确；在与他人有分歧时，应以理服人，态度平和，听从主持人的指挥，不能我行我素。

如果有会议参加者对发言人提问，应礼貌作答，对不能回答的问题应机智而礼貌地说明理由，对提问者的批评和意见应认真听取，即使提问者的批评是错误的，也不应失态。

（三）会议主持人的礼仪

各种会议的主持人一般由具有一定职位的人来担任，其礼仪表现对会议能否圆满成功有着重要的影响。

（1）主持人应衣着整洁，大方庄重，精神饱满，切忌不修边幅。

（2）主持人走上主席台时步伐应稳健有力，行走的速度因会议性质而定，一般而言，欢快、热烈的会议步伐应较慢。

（3）入席后，如果是站立主持，应双腿并拢，腰背挺直。持稿时，右手持稿的底中部，左手五指并拢自然下垂。双手持稿时，应与胸齐高。坐姿主持时，应身体挺直，双臂前伸。

（4）主持人的言谈应口齿清晰，思维敏捷，简明扼要。

（5）主持人应根据会议性质调节会议气氛，或庄重，或幽默，或沉稳，或活泼。

（6）主持人对会场上的熟人不能打招呼，更不能寒暄闲谈。会议开始前或会议休息时间可点头、微笑致意。

四、商务会议会后礼仪

在会议结束之后，还应注意以下四点细节，才能体现出良好的礼仪素质及会议效果：一是要形成文字结果，哪怕没有文字结果，也要形成阶段性的决议，落实到纸面上，还应该有专人负责相关事项的跟进；二是要向参会人员赠送公司的纪念品；三是要做好组织参观工作，如参观公司或厂房等；四是要合影留念。

实际案例

四川某投资公司财务经理培训会策划方案

一、方案总览

企业培训组织工作的优劣，直接关系到培训能否达到预期效果。

某投资公司财务经理培训是2009年度公司培训计划的一个重要部分，以提高受训人员的专业技能为直接目标；同时，市场情况的急剧变化也对这次培训提出了迫切要求。所以，会议的组织必须按照团结、有序、高效的要求进行。

1. 会址选择

地点：成都××大酒店。

位置：成都市三洞桥。

入住日期：2009 年 6 月 15 日。

离店日期：2009 年 6 月 20 日。

人数：50~60 人。

会议服务情况：10 楼大会议室容量 80 人，面积 90 平方米；10 楼小会议室容量 30 人，面积 40 平方米。

可提供设施：空调、屏幕、麦克风、投影仪、电脑、写字板、讲台、幻灯机、电视机等。

2. 行程安排

6 月 15 日，代表自行抵达，由专人接待，入住××大酒店。

6 月 16—18 日，酒店会议。

6 月 19 日，8：30 赴都江堰，游览世界文化遗产——都江堰水利工程，游离堆、二王庙、安澜索桥。下午，攀登青城山，游览上清宫、天师洞、月城湖等。

6 月 20 日，早餐后送代表赴机场。

3. 与会期间餐饮

早餐自助餐，午餐、晚餐为中式围席。

4. 会议室

××大酒店 10 楼大会议室，3 天。

人数：50~60 人。

摆台：课桌式。

免费提供：空调、麦克风、写字板、讲台、幻灯机、电视机、纸笔、音响系统、投影仪及会议间茶水服务。

5. 用车

金龙满天星 29 座 1 辆、丰田柯斯特 19 座 1 辆、别克商务车 1 辆、别克轿车 1 辆。

线路：机场—酒店—市内活动—都江堰—机场。

二、项目可行性分析

1. 选址可行

针对企业培训要求，成都具有良好的文化背景与社会环境，会议酒店拥有丰富的接待经验和良好的设施。

2. 行程可行

培训与奖励旅游结合进行，专业会议接待与专业旅游服务相辅相成。前三天紧张培训提高员工专业技能，最后一天集体活动加强员工之间的交流，增进团队友谊，增强员工荣誉感。

3. 价值可行

整体安排目标明确，功能突出，能达到预期效果。

4. 经济可行

凭借本公司拥有的资源优势，酒店费用、交通费用等大大低于市场价格，同时专业的接待水准与丰富的会务经验能使各方省心、省时、省力，真正做到物超所值。

三、财务计划（按照人民币标准核算）

标准间房价：××大酒店优惠价 320 元/（间·天）。

自助早餐标准：20 元/人。

中式午餐标准：40 元/人（每桌 10 人）。

中式晚餐标准：50 元/人（每桌 10 人）。

会议室租金：1800 元/天。

租车费用：全程总费用 8500 元。

其他费用：都江堰、青城山门票索道 126 元/人，保险费 10 元/人。

其他服务（附送）：

（1）纪念影集，全程记录此次活动。

（2）可获得维金商务资讯网络管理资讯培训机会。

资料来源：葛红岩，施剑南．会议组织与服务［M］．上海：上海财经大学出版社，2007。

第二节 洽谈会/商谈会/谈判会礼仪

商界人士在其商务交往中都有过参加商务洽谈的经历。对其中一些人而言，他们在犹如战场的商场上从商的成败得失，往往更直接地取决于能否通过洽谈为自己开辟一条成功之路。商界人士进行的洽谈，通常称“商务谈判”，属于重要的商务活动。

洽谈是指在商务交往中存在着某种关系的各方，为保持接触、建立联系、进行合作、达成交易、拟定协议、签署合同、要求索赔，或是为了处理争端、消除分歧而坐在一起进行面对面的讨论与协商，以求达成某种程度上的妥协。因洽谈而举行的有关各方的会晤，一般被称为“洽谈会”。

大凡正式的洽谈会，都很注重礼仪。绝大多数正式的商务洽谈本身，就是按照一系列约定俗成的礼仪进行的庄重的会晤。在商务洽谈中，正确的态度是既要讲谋略，又要讲礼仪。倘若只讲谋略而不讲礼仪，或是只讲礼仪而不讲谋略，都无助于洽谈的成功。以下将从商务礼仪，尤其是会务礼仪的角度，具体讨论洽谈会的有关事项。一般来说，洽谈会礼仪主要体现在洽谈的筹划与洽谈的方针两方面，它们互为表里、不可分割，共同决定着洽谈会的成功。

一、洽谈的筹划

在现实生活中，洽谈的具体形式可谓多种多样。不论商界人士面对的是何种形式的洽谈，都有必要做好准备，以求有备无患。准备的重点应放在技术性准备和礼仪性准备上。

（一）技术性准备

为商务洽谈进行技术性准备，是指洽谈者应事先充分掌握有关各方的情况，了解洽谈的“谋篇布局”，并就此构思、酝酿正确的洽谈手法和洽谈策略。如果不做好准备，商界人士在洽谈中就可能“两眼一抹黑”、目标不明、方法不当、顾此失彼、功败垂成。

1. 基本原则

商界人士在准备商务洽谈时，应谨记以下四项具体原则：

第一，客观的原则。所谓客观，即在准备洽谈时，有关商界人士不仅掌握的资料要客观，决策时的态度也必须客观。掌握的资料客观，是要求洽谈者尽可能地取得真实而准确的资料，不要以道听途说或是对方有意散布的虚假情报作为决策时的依据。决策时的态度客观，则要求洽谈者在决策时头脑清醒而冷静，不要为感情左右，或是意气用事。

第二，预审的原则。所谓预审，具体有两层含义：第一，指准备洽谈的商界人士应对自己的方案预先反复审核、精益求精。第二，指准备洽谈的商界人士应将自己提出的方案预先报请上级主管部门或主管人士审查、批准。虽说负责洽谈的商界人士拥有一定的授权，在某些特殊的情况下可“先斩后奏”，但这并不等于说洽谈者就可以忘乎所以、一意孤行。在洽谈之前对自己的方案进行预审，既可以减少差错，又可以群策群力、集思广益，使方案更加完美。

第三，自主的原则。所谓自主，是指商界人士在准备洽谈时以及在洽谈进行中，务必发挥自己的主观能动性，务必相信自己、依靠自己、鼓励自己、鞭策自己，在合乎规范与惯例的前提下，力争“以我为中心”。坚持自主原则有两大好处：第一，可以调动有关人士的积极性，使其有更好的表现；第二，可以争取主动权，或是变被动为主动，在洽谈中为自己争取有利的位置。

第四，兼顾的原则。所谓兼顾，是指商界人士在准备洽谈时以及洽谈过程中，在不损害自身根本利益的前提下，尽可能地替洽谈对手着想，主动为对方保留一定的利益。有经验的商界人士都清楚，最理想的洽谈结局不应当是“你死我活”“鱼死网破”，而应当是有关各方的利益与要求都得到一定程度的照顾，即彼此达成妥协。在洽谈中，给对手留有余地、不“赶尽杀绝”，不但有助于保持与对手的正常关系，而且会赢得良好的口碑。

2. 准备工作

在技术上，为洽谈进行准备的时候，洽谈者一般应做好以下三个方面的具体工作：

第一，知己知彼。孙子曰："知己知彼，百战不殆。"他的这句至理名言，对洽谈者准备洽谈也具有一定的教益。如能在洽谈前就对对手有所了解并有所准备，在洽谈中就能够扬长避短。对洽谈对手的了解应集中在以下方面：在洽谈对手中，谁是真正的决策者或负责人；洽谈对手的个人资讯、谈判风格和谈判经历；洽谈对手在政治、经济以及人际关系方面的相关情况；洽谈对手的谈判方案；洽谈对手的主要商务伙伴、对手，以及他们彼此间关系的演化等。

第二，熟悉程序。谈判桌不比战场，"从战争中学习战争"那一套对洽谈来讲是行不通的。虽说洽谈的经验需要积累，但因为洽谈事关重大，所以人们往往不会在"只知其一，不知其二"的情况下仓促上阵。

从理论上来讲，洽谈的过程是由"七部曲"一环扣一环，一气呵成的。这七步就是探询、准备、磋商、小结、再磋商、终结和洽谈的重建。在每一个洽谈的具体步骤上，都有其特殊的"起、承、转、合"，都有一系列台前与幕后的准备工作要做，需要当事人具体问题具体分析，以"随机应变"。

在准备洽谈时，一定要多下苦功夫，多做案头的准备工作，尤其是要精心细致地研究洽谈的常规程序及其变化，以便在洽谈中做到胸有成竹、处变不惊。

第三，运用策略。尽管商界人士在进行洽谈时总的指导思想是平等、互利，但这并不排斥努力捍卫或争取己方的利益。事实上，任何一方在洽谈中的成功都不仅要凭借实力，更要依靠对洽谈策略的灵活运用。

在商务洽谈中，对诸如以弱为强、制造竞争、趁热打铁、出奇制胜、利用时限、声东击西等具体策略，任何行家都不会不清楚，但更关键的是"活学活用"。例如，在洽谈时，应当何时报价就是一个策略性极强的大问题。如果想先入为主、赢得主动权，那么率先出价是可行的。若想后发制人，则不妨后于对手报价。单纯地讲先报价好还是后报价正确没有任何实际意义，只有就事论事，才可以分出优劣。

（二）礼仪性准备

洽谈的礼仪性准备，在此是指洽谈者在安排或准备洽谈会时应注重自己的仪表、预备好洽谈的场所、布置好洽谈的座次，并以此来显示己方对洽谈的重视以及对洽谈对象的尊重。在准备洽谈时，礼仪性准备的收效虽然一时难以预计，但它是必不可少的，与技术性准备同等重要。

1. 仪表

对己方正式出席洽谈会的人员，在仪表上务必有严格的要求和统一的规定。男士一律应理发、剃须、吹头发，不准蓬头垢面，不应蓄胡子或留大鬓角；女士则应选择端庄、素雅的发型，并化淡妆，但不能做过于时尚的发型，不应染彩色头发，不应化艳妆或使用香气过于浓烈的化妆品。

在仪表方面，出席洽谈会的商界人士最重视的是服装。由于洽谈会关系大局，商界人士在此种场合理应穿着传统、简约、高雅、规范的最正式的礼仪服装。可能的话，男士应穿深色三件套西装和白色衬衫，打素色或条纹式领带，配深色袜子和黑色系带皮鞋；女士则应穿深色西装套裙和白色衬衫，配肉色长筒或连裤式丝袜，穿黑色高跟或半高跟皮鞋。

在谈判中，不同的坐姿传递着不同的信息：挺着腰笔直的坐姿，表示对对方或对谈话有兴趣，同时也是对人尊重的一种表示；弯腰曲背的坐姿，是对谈话不感兴趣或感到厌烦的表示；斜着身体坐，表示心情愉快或自感优越；双手放在跷起的腿上，是一种等待、试探的表示；一边坐着一边双手摆弄手中的东西，表示一种漫不经心的心理状态。

2. 地点

根据商务洽谈举行的地点不同，可将其分为客座洽谈、主座洽谈、客主座轮流洽谈和第三地点洽谈。客座洽谈，即在洽谈对手所在地进行的洽谈；主座洽谈，即在己方所在地进行的洽谈；客主座轮流洽谈，即在洽谈双方所在地轮流进行的洽谈；第三地点洽谈，即在不属于洽谈双方任何一方的地点进行的洽谈。以上四种洽谈会的具体地点，应通过各方协商来定。倘若由己方担任东道主安排洽谈，则一定要在各方面打好礼仪这张“王牌”。人们常说“礼多人不怪”，其实在洽谈会中又何尝不是如此呢？在洽谈会的台前幕后恰如其分地运用礼仪，迎送、款待、照顾对手，就可以赢得信赖，获得理解与尊重。从这个层面上，完全可以说在洽谈会上主随客便、主应客求，与依“礼”服务实际上是一回事。

3. 座次

在洽谈会上，如果己方为东道主，那么不仅应做好洽谈室的环境布置，预备好相关的用品，还应当特别重视礼仪性很强的座次问题。只有在某些小规模洽谈会或预备性洽谈会的进行过程中，座次问题才可以不必拘泥。在举行正式洽谈会时，尤其要重视座次的安排，这既反映着洽谈者对规范的尊重，也是洽谈者给予对方的礼遇。详见前文“位次礼仪”。

二、洽谈的方针

在洽谈的过程中，双方人员的态度、心理、手势等，均对洽谈具有重大影响。

商务礼仪规定：商界人士在参加洽谈会时，首先需要更新意识，树立正确的指导思想，并以此指导自己的洽谈，即所谓的洽谈方针。洽谈方针的核心是要求洽谈者以礼待人，尊重别人，理解别人。

（一）礼敬对方

礼敬对方，就是要求洽谈者在洽谈会的整个进程中排除一切干扰，始终如一地对自己的洽谈对象讲究礼貌，时时、处处、事事都表现出对对方不失真诚的敬意。在洽谈过程中，不论发生什么情况，都应坚持礼敬对方，这无疑能给对方留下良好的印象，而且能在进一步的商务交往中发挥潜移默化的功效，即所谓的“你敬我一尺，我敬你一丈”。

调查结果表明，在洽谈中面带微笑、态度友好、语言文明礼貌、举止彬彬有礼，有助于消除对方的反感、漠视和抵触心理。在洽谈桌上，保持“绅士风度”或“淑女风范”，有助于赢得对方的尊重与好感。因此，从某种程度上可以说，有礼即有理，讲礼易成功。与此相反，假如在洽谈中举止粗鲁、态度刁蛮、表情冷漠、语言失礼，不知道尊重和体谅对方，就会在无形中伤害或得罪对方，从而大大增强对方的防卫性或攻击性，无形中为双方的合作增添阻力与障碍。

（二）依法办事

在商务洽谈中，利益始终是各方关注的焦点。对任何一方而言，大家讲究的都是“趋利避害”。在迫不得已的情况下，才会“两利相权取其大，两害相权取其轻”。尽管如此，商界人士在洽谈会上既要为利益而争，也要谨记依法办事。所谓在商务洽谈中依法办事，是要求商界人士自觉地树立法治观念，在洽谈的过程中提倡法律至尊。洽谈者进行的一切活动，都必须依照国家的法律办事。唯其如此，才能确保通过洽谈获得的利益。侥幸心理、铤而走险、目无法纪，只会害人、害己，得不偿失。

有一些人在实际洽谈中喜欢加入人情关系。如果只是注重处理与对方的人际关系，争取促进双方间的理解与尊重，那么是可取的。但如果是想在洽谈中搞“人情公关”，即对对方吹吹打打，与对方称兄道弟，向对方施以小恩小惠，就是非常错误的。实际上，这样往往无济于事。人情归人情、生意归生意，任何有经验的商界人士都不会在洽谈会上让情感战胜理智。在洽谈中过多地附加人情，甚至以此为重点，只会误入歧途。

（三）平等协商

洽谈是什么？从本质上说，洽谈就是有关各方在合理、合法的情况下进行讨价还价。洽谈实际上是观点各异的各方经过种种努力，达成某种程度上的共识或一致的过程。换言之，洽谈只会进行于观点各异的有关各方之间，假如离开了平等协商，成功的洽谈便难以实现。在洽谈中坚持平等协商，要重点关注两个方面的问题：第一，洽谈各方在地位上要平等，且应相互尊重。不允许仗势欺人、以大欺小。如果谈判一开始有关各方在地位上便不平等，那么是很难达成让各方都心悦诚服的协议的。第二，洽谈各方在洽谈中要通过协商，即相互商量来求得谅解，而不是通过强制、欺骗来达成一致。要想在洽谈会上做到平等协商，就要以理服人，要以理评理、坚持说理。这样做，比较容易“自成一说”，进而说服对方。

（四）求同存异

有一位驰名世界的谈判大师说过：“所谓洽谈，就是一连串的不断地要求和一个又一个不断地妥协。”这句话有助于商界人士深化对洽谈本质的理解。在任何一次正常的洽谈中，都没有绝对的胜利者和绝对的失败者。有关各方通过洽谈，多多少少会维护一些自身的利益。也就是说，大家会在某种程度上达成妥协。有经验的商界人士都很清楚，有关各方既然同意坐下来进行洽谈，那么在洽谈时就绝对不能坚持“一口价”，一成不变、一意孤行，否则就是作茧自缚。原因十分简单，既然是洽谈，那么有关的一切议题都是大可一谈的。在洽谈会上，好的结果是通过有关各方的相互让步来实现的。所谓相互让步，即有关各方均有所退让，但是这种让步并不等于有关各方的对等让步。在实践中，真正的对等让步是很难出现的。在洽谈会上达成的妥协，只要当事的各方认为是公平、合理的，尽最大可能维护或争取了己方的利益，就是可以接受的。

（五）互利互惠

最理想的洽谈结局是有关各方达成彼此都能够接受的妥协，说到底就是实现互利互惠。在商务交往中，洽谈一直被视为一种合作或为合作而进行的准备。商务洽谈最讲究利益均沾、共同胜利。如果把商务洽谈视为“一次性买卖”，主张赢得越多越好，甚至要与对手拼个“你死我活”，以自己的大获全胜和对方的彻底失败作为最终目的，则必将危及己方与对方的进一步合作，并容易使己方给人留下“心狠手辣”“不能容人”的不良印象。因此，商界人士在参加洽谈会时，必须争取的结局应当是既利己又利人的。在现代社会，最讲究的就是伙伴、对手之间同舟共济，要讲竞争，更要讲合作，自己获得的利益不应当建立在有害于对手或伙伴的基础上，而是应当努力寻求双赢或多赢。对这种商界的公德，商界人士在洽谈中应自觉遵守。

（六）人事分开

在洽谈会上，洽谈者在处理己方与对手间的相互关系时，必须做到人与事相分离，各自分别而论。要将对手的人与事分开，即要求商界人士在与对方相处时，务必切记朋友归朋友、洽谈归洽谈，两者的界限不能混淆。也就是说，在洽谈中，既不要指望对手中的老朋友能够“不忘旧情”“良心发现”，对自己“手下留情”或是“里通外国”，也不要责怪对方“见利忘义”“不够朋友”。

商务洽谈并不是一场你死我活的战争，因此商界人士应当就事论事，不要让自己对洽谈对手主观上的好恶妨碍自己解决现实问题。商界人士在洽谈中应当理解洽谈对手的实际处境，不要对对方提出不切实际的要求，或一厢情愿地渴望对方向自己施舍或回报感情。同理，商界人士在洽谈会上对“事”要严肃，对“人”则要友善。对“事”不可以不争，对“人”则不可以不敬。

在商界，通常讲究“君子求财不求气”。它告诫各位：意气用事，在商务交往中的任何场合，包括洽谈会在内，都是弊大于利的。“君子爱财，取之有道。”要想在商务洽谈中尽可能地维护己方的利益，减少己方的损失，就应在洽谈的方针、策略、技巧上下功夫，从而名正言顺地获得成功。若把心思用到了其他地方，甚至指望以见不得光的邪门歪道出奇制胜，即便不是痴心妄想，也是自欺欺人。

实际案例

××电力公司与美国 PALID 公司的不愉快合作

××电力公司与美国 PALID 公司在多次谈判后达成协议，准备在 10 月 15 日正式签字。××电力公司负责签字仪式的现场准备工作，将公司总部 10 楼的大会议室作为签字现场，在会议室摆放了鲜花，长方形签字桌上临时铺设了深绿色的台呢布，摆放了中、美两国的国旗，美国国旗放在签字桌左侧，中国国旗放在右侧，签字文本一式两份放在黑色的文件夹内，签字笔、吸墨器等文具分别放在两边，会议室空调温度控制在 20 摄氏度。办公室陈主任检查了签字现场，觉得一切安排妥当，就让工作人员张××通知董事长、总经理等己方签字人员到会议室等待，自己到楼下准备迎接客商。

9：00，美方总经理一行乘坐一辆高级轿车，来到××电力公司总部办公楼，司机熟练地将车平稳地停在楼前，陈主任在门口迎候，见副驾驶座上是一位女宾，便以娴熟优雅的姿势为前排女宾打开车门，并做好护顶姿势，同时礼貌地问候对方。紧接着，陈主任迅速走到右后门，准备以同样的动作迎接后排客人。不料，前排女宾已经先于他打开了后门，迎候后排男宾。陈主任急忙上前问候，但明显感觉女宾和后排男宾有不悦之色。陈主任一边引导客人进入大厅来到电梯口，一边告知客人董事长在会议室等待。电梯到达 10 楼后，陈主任按住电梯控制开关，请客商先出，自己后出，然后引导客人到会议室。在会议室等待的××电力公司的签字人员在客人进入会议室时，马上起立鼓掌欢迎，董事长也急忙从座位上站起，主动与客人握手。美方客人在扫视了会议室后，似乎非常不满，不肯就座，好像临时改变了主意，不想签字了。

资料来源：柯晶莹，常静．商务礼仪［M］．上海：上海交通大学出版社，2022：197-198。

案例思考

1. 电力公司安排的这次签字活动有不当之处吗？请对其进行评判。
2. 陈主任在迎接礼仪的安排和自己的迎送过程中是否有不周到之处？
3. 外方客人不悦和临时变卦的主要原因是什么？

第三节　新闻发布会礼仪

新闻发布会，简称“发布会”，有时又称“记者招待会”。它是一种主动传播各类有关信息，谋求新闻界对某一社会组织或某一活动、事件进行客观而公正报道的有效沟通方式。在商界，举办新闻发布会是企业联络感情、协调与新闻媒介间关系的一种重要手段。

新闻发布会的常规形式是由某一单位或几个相关单位出面，将有关新闻界人士邀请到一起，在特定的时间、特定的地点举行会议，宣布某一消息、说明某一活动或解释某一事件，争取新闻界对此进行客观而公正的报道，并尽可能地争取扩大信息的传播范围。按照惯例，主办单位在新闻发布会上进行完主题发言后，应允许与会的新闻界人士在既定时间内围绕发布会的主题进行提问，主办单位则必须安排专人回答此类提问。简而言之，新闻发布会就是以发布新闻为主要内容的会议。

发布会礼仪，一般是指举行新闻发布会的相关规范。在商界，发布会礼仪至少应当包括会议的筹备、媒体的邀请、现场的应酬、善后的事宜四个方面的内容。

一、会议筹备

筹备新闻发布会要做的工作很多，其中最重要的是做好主题的确定、时空的选择、人员的安排、材料的准备四项具体工作。

（一）主题的确定

一旦决定召开一次新闻发布会，即应确定主题。新闻发布会的主题是指新闻发布会的中心议题。主题确定得是否得当，往往直接关系到预期目标能否实现。一般而言，新闻发布会的主题有三类：一是发布某一消息，二是说明某一活动，三是解释某一事件。具体而言，组织开业、扩建、合并或者关闭，组织创立的周年纪念日，组织的经营方针发生改变，新举措、新产品、新技术、新服务面世，组织的首脑或高级管理人员发生变动，组织遭遇重大事故，组织遭到社会的误解或者批评等，都是新闻发布会的常规主题。

（二）时空的选择

新闻发布会的时空选择，通常是指时间与地点的选择。对这两个具体问题如不加以重视，即便主题再好，新闻发布会也往往难以奏效。

1. 时间的选择

一般来说，一次新闻发布会的时间应限制在 2 小时以内。具体而言，在选定举行新闻发布会的时间时，需注意以下四个细节：一是避开节假日，二是避开本地的重大社会活动，三是避开其他单位的新闻发布会，四是避开与新闻界的宣传报道重点撞车或相左。只讲紧迫性、时效性，而忽略上述问题，只会使自己劳而无功。

通常认为，举行新闻发布会的最佳时间是周一至周四的9：00—11：00，或15：00—17：00。在此时间内，绝大多数人是方便参会的。之所以将周五排除在外，主要是因为周末随之而至，人心涣散，对新闻报道往往不太重视。

2. 地点的选择

在选择新闻发布会的举行地点时，除了考虑本单位本部门所在地、活动或事件所在地之外，还可优先考虑首都或其他影响较大的中心城市。必要时，可在不同地点举行内容相似的新闻发布会。举行新闻发布会的现场，应交通方便、条件舒适、环境幽雅、面积适中，如本单位的会议厅、宾馆的多功能厅、当地最有影响力的建筑物等，均可酌情选择。

（三）人员的安排

在准备新闻发布会时，主办者一方必须精心做好有关人员的安排。与其他会议有所不同的是，新闻发布会的主持人、发言人选择是否得当，往往直接关系到新闻发布会的成败。因此，在安排新闻发布会的人员时，首先要选好主持人和发言人。

1. 主持人

按照常规，新闻发布会的主持人应当由主办单位的公关部部长、办公室主任或秘书长担任。主持人应具备的基本条件是外形较好，年富力强，见多识广，反应灵敏，语言风趣，善于把握大局，长于引导提问，并具有丰富的主持会议经验。

2. 发言人

一般情况下，新闻发布会的发言人是会议的主角，因此通常由本单位的主要负责人担任。有些单位往往还设有专职的新闻发言人。除在社会上口碑较好，与新闻界关系较为融洽之外，发言人还应恪尽职守、修养良好、学识渊博、思维敏捷、反应迅速、记忆力强、善解人意、能言善辩、彬彬有礼。

除了要慎选主持人、发言人之外，还需精选一些本单位的员工负责会议现场的接待工作。依照惯例，最好选择品行良好、相貌端正、工作负责、善于交际的年轻女性负责接待工作。为了宾主两便，主办单位所有正式出席新闻发布会的人员，均需在会上正式佩戴事先统一制作的姓名胸卡，其内容包括姓名、单位、部门与职务等。

（四）材料的准备

在准备新闻发布会时，主办单位通常需要事先委托专人准备好以下四个方面的具体材料：

1. 发言提纲

发言提纲是发言人在新闻发布会上进行正式发言时的提要。对发言提纲的总要求是，既要紧扣主题，又要全面、准确、生动、真实。

2. 问答提纲

为了使发言人在现场正式回答问题时心中有数、表现自如，事先可对有可能被提问的问题进行预测，并预备好相应的答案。

3. 宣传提纲

为了方便新闻界人士在进行报道时抓住重点、资讯翔实，主办单位可事先精心准备一份以有关数据、图片、资料为主的宣传提纲，并打印出来，在新闻发布会上提供给每一位外来的与会者。在宣传提纲上，通常应列出本单位名称及联络电话、传真号码，以供新闻界人士核实之用。有自己网站的单位，还可同时列出本单位的网址。

4. 辅助材料

假如条件允许，可在新闻发布会举办现场预备一些能够强化会议效果的形象化视听资料，如图表、照片、实物、模型、沙盘、录音、录像、影片、幻灯片、投影、书刊等。在会前或会后，也可安排与会者进行一些必要的现场参观或展览、陈列参观。但安排此类活动时应注意，切勿弄虚作假、泄露商业秘密。

二、媒体邀请

在新闻发布会上，主办单位的交往对象以新闻界人士为主，但在考虑邀请新闻界人士时，必须有所选择、有所侧重，不然就难以确保新闻发布会真正取得成功。一般而言，应认真考虑三个方面的问题：

（一）举办发布会的必要性

一家务实的单位，并非天天都要依靠炒卖新闻而自抬身价。举办新闻发布会，首先要看有无必要性。即使存在一定的必要性，也要多加论证，因为召开发布会讲究少而精。

众所周知，商界向社会各界主动传播信息的方式并非只有举行新闻发布会一种，发送新闻稿、邀请参观现场也可以取得相同的效果。假如采用后两种方式即可达到预期的效果，那么新闻发布会往往是可以不举办的。如果“新闻”不新，或新闻界人士毫无兴趣，而仍然一意孤行地坚持召开新闻发布会，弄得无人到场，会有损企业形象。

（二）新闻界人士的邀请

一旦决定召开新闻发布会，邀请哪些新闻界人士与会就显得十分重要。要解决这个问题，需从以下两个方面着手：

1. 充分了解大众传媒的特点

目前，新闻媒介大体上可以分为电视、报纸、广播、杂志、网络五种。它们各有所长，也各有所短。电视的优点是受众广泛，真实感强，传播迅速；缺点是受时空限制，不容易保存。报纸的优点是信息容量大，易储存查阅，覆盖面广；缺点是感染力差，不够精美。广播的优点是传播速度快，鼓动性极强，受限制较少；缺点是稍纵即逝，选择性差。杂志的优点是印刷精美，系统性强，形式多样；缺点是出版周期较长，读者相对较少。网络的优点是资讯丰富，时效性强，涉及广泛；缺点是良莠不齐，真伪难分。只有充分了解上述各种新闻媒体的优缺点，并在对新闻界人士进行邀请时认真加以考虑，才不至于走弯路。

2. 邀请新闻界人士时要有所侧重

邀请新闻单位的具体数量，要结合自身的实际需求来确定：在宣布某一消息，尤其是想扩大影响、提高本单位知名度时，邀请的新闻单位通常多多益善；而在说明某一活动、解释某一事件，特别是当本单位处于守势时，邀请新闻单位的覆盖面则不宜过于宽泛。不论是邀请一家还是数家新闻单位参加新闻发布会，主办单位都要尽可能地优先邀请那些影响较大、报道公正、口碑良好或对本单位较为友善的新闻单位派员到场。此外，还应根据新闻发布会的具体性质，确定是要邀请全国性新闻单位、地方性新闻单位、行业性新闻单位同时到场，还是只邀请其中的某一家或几家。如果打算邀请国外新闻单位到会，除要考虑有无实际需要外，还需遵守有关的外事纪律，并事先报批。

（三）协调与新闻界人士的关系

如前所述，新闻界人士是新闻发布会上的主宾。主办单位如果想让自己的新闻发布会开得成功，就必须求得对方的配合，并与之协调好关系。主办单位，特别是主办单位的主要负责人和公关人员，在与新闻界人士打交道时，一定要注意以下五点：

（1）把新闻界人士当作真正的朋友对待，对对方既要友好，又要坦诚。

（2）对所有与会的新闻界人士一视同仁，不要有亲有疏、厚此薄彼。

（3）尽量向新闻界人士提供对方需要的信息。要注重信息的准确性、真实性和时效性，不要弄虚作假。

（4）尊重新闻界人士的自我判断。不要有意拉拢、收买对方，更不要左右对方。

（5）与新闻界人士保持联络。要注意经常与对方互通信息、常来常往，争取建立双方的持久关系。

三、现场应酬

在新闻发布会正式举行的过程中，往往会出现这样或那样的确定或不确定的问题。有时，甚至会有难以预料的情况或变故出现。要应对此类难题，确保新闻发布会的顺利进行，除要求主办单位的全体人员齐心协力、密切配合之外，最重要的是要求代表主办单位出面应对来宾的主持人、发言人善于应变，把握全局。为此，特别要求主持人、发言人在新闻发布会举行之际牢记三个要点，即维护形象、相互配合、注意分寸。

（一）维护形象

毫无疑问，在新闻发布会上，代表主办单位出场的主持人、发言人肯定会被新闻界人士视为主办单位的代表人。在新闻发布会召开之后，他们更有可能在不少新闻媒体上出镜亮相。在社会公众眼里，他们通常会与其所在单位的整体形象画上等号，甚至决定了社会公众对主办单位的态度和评价。鉴于此，主持人、发言人对自己的外表，尤其是仪容、服饰、举止，一定要事先进行认真的修饰。

按照惯例，主持人、发言人需要进行必要的化妆，并以化淡妆为宜。其发型应当庄重而大方。男士宜穿深色西装套装、白色衬衫、黑袜、黑鞋，并打领带。女士宜穿单色套裙、肉色丝袜，着黑色高跟皮鞋。他们的服装必须干净、挺括，一般不宜佩戴首饰。在面对新闻界人士时，主持人、发言人要做到举止自然大方，面带微笑，目光炯炯，表情放松，坐姿端正。一定要克服某些有损个人形象的不良举止，如抓搔头皮、紧咬嘴唇、眼皮上翻、东张西望、不看听众、以手捧头、双脚乱抖、反复起立、交头接耳、表情呆滞等。

（二）相互配合

不论主持人还是发言人，在新闻发布会上都是一家人，因此两者间的默契配合是必不可少的。两者要真正做好相互配合，一是要分工明确，二是要彼此支持。

在新闻发布会上，主持人与发言人分工有所不同，因此必须各尽其职，才有配合可言。不允许越俎代庖、替人代劳。主持人要做的，主要是主持会议、引导提问；发言人要做的，主要是主旨发言、答复提问。有时，在重要的新闻发布会上，为了慎重起见，主办单位往往会安排数名发言人同时出场。若发言人不止一人，事先必须进行内部分工，并各管一段；否则，人多了，话反而没有人说，或大家抢着说，都会影响企业形象。一般来讲，发言人的现场发言分为两个部分，即主旨发言和回答提问。当有数名发言人到场时，只需一人进行主旨发言即可。

主持人、发言人的互相支持，在新闻发布会上通常极其重要。在新闻发布会进行期间，主持人与发言人必须保持口径一致，不允许公开顶牛、相互拆台。当新闻界人士提出的某些问题过于尖锐或难于回答时，主持人要想方设法转移话题，不使发言人难堪。在主持人邀请某位新闻记者提问后，发言人一般也要给对方适当的机会。

（三）注意分寸

在新闻发布会上，主持人、发言人的一言一语都代表着主办单位。因此，主持人与发言人都必须注意讲话的分寸。

1. 简明扼要

不论发言还是回答问题，都要条理清楚、重点集中，让人一听就懂、难以忘怀。必须牢记：要言不烦。在新闻发布会上有意卖弄口才、口若悬河，往往是不讨好的。

2. 提供新闻

举办新闻发布会，需要有新闻可以发布。实际上，新闻界人士正是特意为此而来的。在不违法、不泄密的前提下，要善于满足对方在这方面的要求。至少，也要善于在讲话中表达自己的独到见解，并杜绝以旧闻、谎言搪塞媒体与公众。

3. 生动灵活

在新闻发布会上，有关人员的语言是否生动、话题是否有趣，往往会直接影响现场的气氛。面对冷场或者冲突爆发在即，有关人员生动而有趣的话语往往可以缓和气氛。因此，当场采用一些幽默风趣的语言、巧妙的典故也是必不可少的。

4. 温文尔雅

新闻记者大多见多识广，加之又是有备而来，所以他们在新闻发布会上经常会提出一些尖锐的问题。在遇到这种情况时，发言人应能答则答，不能回答则巧妙地进行闪避，或直接告知无可奉告，无论如何，都不能对对方恶语相加，甚至粗暴地打断对方的提问。当然，吞吞吐吐、张口结舌也不会给人留下好的印象。唯有语言谦恭敬人、高雅脱俗，才会不辱使命。

四、善后事宜

在新闻发布会举行完毕后，主办单位还需对其进行一次认真的评估善后工作。一般而言，需要认真处理的事情有以下三项：

（一）了解新闻界的反应

新闻发布会结束后，应对照现场使用的来宾签到簿与来宾邀请名单，核查新闻界人士的到会情况。据此，可大致推断出新闻界对本单位的重视程度。此外，还有两件事必做不可：第一，了解与会者对此次新闻发布会的意见或建议，并尽快找出自己的缺陷与不足；第二，了解与会新闻界人士中有多少人为此次新闻发布会发表了新闻稿。

（二）整理保存会议资料

整理保存新闻发布会的有关资料，不仅有助于全面评估会议效果，而且可为此后举行同一类型的会议提供借鉴。需要主办单位认真整理保存的新闻发布会的有关资料，大致上可以分为两类：第一类，会议相关的图、文、声像资料，包括会议进行过程中使用的一切文件、图表、录音、录像等。第二类，媒体有关会议报道的资料。主要包括在电视、报纸、广播、杂志、网络上公开发表的涉及此次新闻发布会的消息、通讯、评论、图片等。此类资料又可以细分为有利报道、不利报道和中性报道三类。

（三）酌情采取补救措施

在听取了与会者的意见、建议，总结了会议的举办经验，收集、研究了新闻界对会议的相关报道之后，对失误、过错或误导应主动采取必要的措施。对在新闻发布会之后出现的不利报道，特别要注意具体问题具体分析。

不利报道大致可以分为三类：一是事实准确的批评性报道，二是因误解而出现的失实性报道，三是有意歪曲事实的敌视性报道。对批评性报道，主办单位应当闻过即改，虚心接受；对失实性报道，主办单位应通过适当途径加以解释，消除误解；对敌视性报道，主办单位应在讲究策略、方式的前提下据理力争，尽量为本单位挽回声誉。

第四节 展览会/博览会礼仪

所谓展览会，特指有关方面为了介绍本单位的业绩，展示本单位的成果，推销本单位的产品、技术或专利，而以集中陈列实物、模型、文字、图表、影像资料供人参观了解的形式组织的宣传性聚会。有时，人们也将其称为“展览”“展会”“展示”“展示会”。

在商务交往中，展览会往往发挥着重大的作用。它不仅具有极强的说服力、感染力，可以现身说法打动观众，使主办单位广交朋友，而且可以借助个体传播、群体传播、大众传播等形式，使主办单位的信息广为传播，提高名气与声誉。正因如此，大多数商界单位对展览会非常重视，并踊跃参加。

展览会礼仪，通常是指商界单位在组织、参加展览会时应当遵循的规范与惯例。一般情况下，展览会礼仪涉及展览会的分类、展览会的组织和展览会的参加三个具体方面。

一、展览会的分类

严格地讲，展览会是一个覆盖面甚广的基本概念。具体而言，它又可以分为许多不尽相同的具体类型。因此，若要举办好一次展览会，首先必须确定其具体类型，其次要进行相应的定位。从不同的角度看待展览会，往往可以对其进行不同的划分。

（一）按照展览会的目的划分

这是划分展览会类型最基本的标准。依照这一标准，展览会可分为宣传型展览会和销售型展览会。

1. 宣传型展览会

宣传型展览会，显然意在向外界宣传、介绍参展单位的成就、实力、历史和理念，所以又被称作“陈列会”。

2. 销售型展览会

销售型展览会主要是通过展示参展单位的产品、技术和专利招徕顾客，以促进产品的生产和销售。通常，人们又将销售型展览会直截了当地称为“展销会”或“交易会”。

（二）按照展览品的种类划分

在一次展览会上，展览品具体种类的多少，往往会直接导致展览会性质的不同。

根据展览品具体种类的不同，可将展览会划分为单一型展览会和综合型展览会。

1. 单一型展览会

单一型展览会，往往只展示某一大的门类的产品、技术或专利，只不过具体的品牌、型号、功能有所不同，如化妆品、汽车等。人们经常会以具体展示的某一门类的产品、技术或专利的名称来对单一型展览会直接进行冠名，如上面提到的两种产品的展示可称为“化妆品展览会”“汽车展览会”。在一般情况下，单一型展览会的参展单位是同一行业的竞争对手，因而此种类型的展览会不仅会使行业竞争更为激烈，而且对所有参展单位而言是一场公平的市场考试。

2. 综合型展览会

综合型展览会，也称“混合型展览会”，是一种包罗万象的，同时展示多种门类产品、技术或专利的大型展览会。与单一型展览会相比，综合型展览会侧重的是参展单位的综合实力。

（三）按照展览会的规模划分

根据具体规模的大小，展览会有大型展览会、小型展览会和微型展览会之分。

1. 大型展览会

大型展览会，通常由社会上的专门机构出面承办，由于参展单位众多、参展项目广泛，其规模较大。举办此类展览会，要求具备一定的操作技巧，因其档次高、影响大，展览单位必须经过申请、审核、批准等一系列程序，有时还需支付一定的费用。

2. 小型展览会

小型展览会，一般由某一单位自行举办，其规模相对较小。小型展览会主要展示主办单位最新的产品、技术或专利。

3. 微型展览会

微型展览会，是小型展览会的进一步微缩。它提取了小型展览会的精华，一般不在社会上进行商业性展示，而是将其安排陈列于本单位的展览室或荣誉室内，主要用于教育本单位的员工和供来宾参观。

（四）按照参展者的区域划分

根据参展单位所处地理区域的不同，可以将展览会划分为国际性展览会、洲际性展览会、全国性展览会、全省性展览会和本地性展览会。规模较大的国际性展览会、洲际性展览会和全国性展览会，往往被人们称为“博览会”。应当注意的是，组织展览会不一定非要大而全。展览会最忌讳虚张声势、名不副实，动辄以“世界”“全球”“全国”名之。此外，若根据参展单位所属行业的不同进行划分，展览会又可分为行业性展览会和跨行业展览会。

（五）按照展览会的场地划分

既然举办展览会，就免不了要占用一定面积的场地。若以所占场地的不同而论，展览会有室内展览会和露天展览会之别。

1. 室内展览会

室内展览会大多安排在专门的展览场馆、宾馆或本单位的展览厅、展览室内。此类展览会大多设计考究、布置精美、陈列有序、安全防盗、不易受损，并可以不受天气的制约，显得隆重而有档次，但所需费用往往偏高。在展示价值昂贵、制作精美、忌晒忌雨、易于失盗的展品时，室内展览会是首选。

2. 露天展览会

露天展览会大多安排在室外露天之处进行。它可以提供较大的场地，花费较小，而且不必为设计、布置费力过多。展示大型展品或需要以自然界为其背景的展品时，此种选择最佳。通常，展示花卉、农产品、工程机械、大型设备时，人们会选择露天展览会。露天展览会受天气等自然条件影响较大，并且极易出现展品丢失或受损的问题。

（六）按照展览会的时间划分

举办展览会需要的时间长短，也被称为“展期”。根据展期的不同，可把展览会划分为长期展览会、定期展览会和临时展览会。

1. 长期展览会

长期展览会大多常年举行，展览场所固定，展品变动不大。

2. 定期展览会

定期展览会的展期一般固定为每隔一段时间之后，在某一特定时间内举行，如每三年举行一次或每年春季举行一次。定期展览会的主题大多既定不变，但允许变动展览场所或展品内容。定期展览会往往会呈现连续性、系列性的特征。

3. 临时展览会

临时展览会随时都可根据需要和可能举办。它选择的展览场所、展品内容乃至展览主题往往不尽相同，但展期大多不长。

二、展览会的组织

一般的展览会，既可由参展单位自行组织，也可由社会上的专门机构出面组织。不论组织者由谁担任，都必须认真做好具体工作，力求使展览会取得完美的效果。

根据惯例，展览会的组织者需要重点进行的工作主要包括参展单位的确定、展览内容的宣传、展示位置的分配、安全保卫的事项、辅助服务的项目等。

（一）参展单位的确定

一旦决定举办展览会，由什么单位来参加的问题就变得非常重要。在具体考虑参展单位的时候，必须注意两相情愿，不得勉强。按照商务礼仪的要求，单位事先应以适当的方式向拟参展的单位发出正式邀请或召集。

邀请或召集参展单位的主要方式有刊登广告、寄发邀请函、召开新闻发布会。不论采用哪种方式，均须同时将展览会的宗旨、展出的主要项目、参展单位的范围和条件、举办展览会的时间和地点、报名参展的具体时间和地点、咨询有关问题的联络方法、主办单位拟提供的辅助服务项目、参展单位应负担的基本费用等，一并如实地告知参展单位，以便对方据此加以定夺。对报名参展的单位，主办单位应根据展览会的主题和具体条件进行必要的审核，切勿良莠不分、来者不拒。参展单位的正式名单确定之后，主办单位应及时地以专函进行通知，令被批准的参展单位尽早有所准备。

（二）展览内容的宣传

为引起社会各界对展览会的重视，并尽量扩大影响，主办单位有必要对展览会进行宣传。宣传的重点应是展览的内容，即展览会上的展示陈列之物，因为只有它们才能真正吸引各界人士的目光。对展览会，尤其是对展览内容进行宣传，主要可以采用以下八种方式：第一，举办新闻发布会；第二，邀请新闻界人士到场进行采访；第三，发表有关展览会的新闻稿；第四，公开刊发广告；第五，张贴有关展览会的宣传画；第六，在展览会现场散发宣传性材料和纪念品；第七，在举办地悬挂彩旗、彩带或横幅；第八，利用升空的彩色气球和飞艇进行宣传。

以上八种方式，既可以只择其一，也可以多种同时采用。在具体进行选择时，一定要量力行事，并严守法纪、注意安全。

为了搞好宣传工作，在举办大型展览会时，主办单位还应专门成立对外进行宣传的组织机构，其正式名称通常为新闻组，也可以是宣传办公室。

（三）展示位置的分配

对展览会的组织者而言，展览现场的规划和布置通常是其重要职责。布置展览现场的基本要求是展示陈列的各种展品要围绕既定主题，进行互为衬托的合理组合与搭配，要在整体上显得井然有序、浑然一体。显然，所有参展单位都希望自己能够在展览会上拥有一个理想的位置。展品在展览会上进行展示陈列的具体位置，称为“展位”。大凡理想的展位，除收费合理之外，还应面积适当、客流较多，处于展览会上较为醒目之处，且设施齐备，采光、水电供给良好。

一般情况下，展览会的组织者应尽可能地满足参展单位关于展位的合理要求。假如参展单位较多，对较为理想展位的竞争较为激烈，则展览会的组织者可依照展览会的惯例，采用下列方法之一对展位进行合理分配：

1. 对展位进行竞拍

对展位进行竞拍，即由组织者根据展位的不同，制定不同的收费标准，然后组织一场拍卖会，由参展者在会上自由进行角逐，最后出价高者获得自己中意的展位。

2. 对展位进行投标

对展位进行投标，即由参展单位依照组织者公告的招标标准和具体条件进行报价，并据此填具标单，然后由组织者按照“就高不就低”的常规将展位分配给报价高者。

3. 对展位进行抽签

对展位进行抽签，即将展位编号，然后将号码写在纸签上，由参展单位的代表在公证人员的监督下，每人各取一个，以此来确定各自的具体展位。

4. 按“先来后到”的原则分配

所谓“先来后到”，即以参展单位正式报名的先后为序，谁先报名，谁便有权优先选择自己看中的展位。

无论采用上述何种方法，组织者都应事先广而告之，以便参展单位早做准备，选择称心如意的展位。

（四）安全保卫的事项

无论展览会举办地的社会治安如何，组织者对有关的安全保卫事项均应认真对待，以免由于事前考虑不周而麻烦丛生。在举办展览会前，必须依法履行常规的报批手续。此外，组织者还须主动将展览会的举办详情向当地公安部门进行通报，以求得其理解、支持与配合。在举办规模较大的展览会时，最好从合法的保安公司聘请一定数量的保安人员，将展览会的保安工作全权交予对方负责。为预防天灾人祸等不测发生，应向声誉良好的保险公司进行数额合理的投保，以便利用社会力量为自己分忧。

在展览会入口处或展览会的门票上，应将参观的具体注意事项正式成文列出，使观众做到心中有数，以减少纠纷。展览会组织单位的全体工作人员，均应自觉树立良好的防灾、防盗、防火、防水、防破坏等安全意识，为展览会的平安进行竭尽一己之力。按照常规，有关安全保卫事项，在必要时最好由有关各方正式签订合约或协议，并经公证处公证，这样万一出了事情，大家也好“亲兄弟，明算账”。

（五）辅助的服务项目

主办单位作为展览会的组织者，有义务为参展单位提供一切必要的辅助性服务项目，否则不但会影响自己的声誉，而且会授人以柄。由展览会的组织者为参展单位提供的各项辅助性服务项目最好有言在先，并对有关费用的支付进行详尽的说明。具体而言，为参展单位提供的辅助性服务通常包括以下八项：第一，展品的运输与安装；第二，车票、船票、机票的订购；第三，与海关、商检、防疫部门的协调；第四，跨国参展时有关证件、证明的办理；第五，电话、传真、计算机、复印机等现代化通信设备的配备；第六，举行洽谈会、发布会等商务会议或休息时使用的适当场所；第七，餐饮以及展览时使用的零配件的提供；第八，供参展单位选用的礼仪、讲解、翻译、推销等方面的工作人员。

三、展览会的参加

参展单位在正式参加展览会时，必须要求自己的全部派出人员齐心协力、全力以赴。在整体形象、礼貌待人、解说技巧三个主要方面，参展单位尤其要予以重视。

（一）维护整体形象

在参与展览时，参展单位的整体形象是最直观的，对参展成败影响极大。参展单位的整体形象，主要由展示物的形象和工作人员的形象两个部分构成，对两者要给予同等的重视。

1. 展示物的形象

展示物的形象，主要由展品的外观、质量、陈列，展位的布置，发放的资料等构成。展览会上的展品，在外观上要力求完美无缺，在质量上要优中选优，在陈列上要既整齐美观又讲究主次。展位的布置要兼顾主题的突出和观众的注意力。在展览会上向观众直接散发的有关资料，要印刷精美、图文并茂、资讯丰富，并注有参展单位的主要联络方式，如公关部门与销售部门的电话、电报、传真、电子邮箱等。

2. 工作人员的形象

工作人员的形象，主要是指在展览会上直接代表参展单位露面的人员的穿着打扮。一般情况下，在展位上工作的人员应当统一着装，最佳的选择是身着本单位的制服，或特意为本次展览会统一制作的会务装或深色的西装、套裙。在大型展览会上，参展单位若安排专人迎送宾客，最好请其身穿色彩鲜艳的单色旗袍，并胸披写有参展单位或其主打展品名称的大红色绶带。为说明各自的身份，全体工作人员皆应在左胸佩戴标明本人单位、职务、姓名的胸卡，唯有礼仪小姐可以例外。按照惯例，工作人员不应佩戴首饰，男士应剃须，女士最好化淡妆。

（二）始终礼貌待人

不论是宣传型展览会还是销售型展览会，参展单位的工作人员都必须真正认识到观众是上帝，为其热情而竭诚地服务是自己的天职。为此，全体工作人员都要将礼貌待人放在心上，并将其落实在行动上。展览会一旦正式开始，全体参展单位的工作人员就要各就各位，站立迎宾，不允许迟到、早退、无故脱岗、东游西逛，更不允许在观众到来之时坐、卧不起，怠慢对方。

当观众走近自己的展位时，不论对方是否向自己打了招呼，工作人员都应面带微笑，主动地和对方打招呼：“您好！欢迎光临！”必要时还应面向对方，稍许欠身，伸出右手，掌心向上，指尖直指展台，并邀请对方参观。当观众在本单位的展位上参观时，工作人员可随行其后，以备对方向自己进行咨询，也可以请其自便，不加干扰。假如观众较多，尤其是在接待组团而来的观众时，工作人员也可以在左前方引导对方进行参观。对观众提出的问题，工作人员要认真做出回答，不允许置之不理或以不礼貌的言行对待对方。当观众离去时，工作人员应真诚地向对方欠身施礼，并道以“谢谢光临”或“再见”。

在任何情况下，工作人员均不得对观众恶语相加或讥讽嘲弄。对极个别不守展览会规则而乱摸乱动、乱拿展品的观众，须以礼相劝，必要时可请保安人员协助，绝对不可擅自动粗，对对方进行打骂、扣留或者非法搜身。

（三）运用解说技巧

这里的解说技巧，主要是指参展单位的工作人员在向观众介绍或说明展品时应掌握的基本方法和技能。具体而言，在宣传型展览会和销售型展览会上，解说技巧既有共性可循，又有各自的不同。

1. 共性的技巧

在宣传型展览会和销售型展览会上，解说技巧的共性是要因人而异，使解说具有针对性。与此同时，要突出自己展品的特色。在实事求是的前提下，要注意对其扬长避短，强调产品的“人无我有”“人有我优”“人优我新”之处。必要时，可邀请观众亲自动手操作，由工作人员为其进行现场示范。此外，可安排观众观看与展品相关的影视片，并向其提供说明材料和单位名片。通常，说明材料和单位名片应备于展台上，由观众自取。

2. 个性的技巧

宣传型展览会和销售型展览会的解说技巧也有一些不同之处：

第一，宣传型展览会的解说技巧。在宣传型展览会上，解说的重点应放在推广参展单位的形象上。要使解说围绕参展单位与公众的双向沟通进行，时时刻刻大力宣传参展单位的成就和理念，以使公众认可参展单位。

第二，销售型展览会的解说技巧。在销售型展览会上，解说的重点必须放在主要展品的介绍和推销上。按照国外的常规说法，解说时一定要注意FABE并重。这四个英文字母是四个英文单词的首字母，其中F（Feature）指展品特征、A（Advantage）指展品优点、B（Benefit）指客户利益、E（Evidence）指可资证明的证据。要求工作人员向观众进行解说时注意FABE，就是要求解说以客户利益为重，在提供有利证据的前提下，着重强调自己所介绍、推销展品的主要特征和主要优点，以使客户乐于接受。不过，争抢观众、尾随观众兜售展品、弄虚作假或强行向观众推介展品都是不可取的做法。

第五节　茶话会礼仪

与前几节所讲述的商务性会议相比，茶话会恐怕是社交色彩最为浓重而商务色彩最为淡薄的一种会议类型，因此有人将其称为“商界务虚会”。

所谓茶话会，在商界主要是指意在联络老朋友、结交新朋友，具有对外联络和招待性质的社交性集会。因其以参加者不拘形式地自由发言为主，并且备有茶点，故称为“茶话会”。有时候，也有人将其简称为“茶会”。从表面上看，茶话会主要是以茶待客、以茶会友，实际上它的重点往往不在“茶”而在“话”，即意在借此机会与社会各界沟通信息、交流观点、听取批评、增进联络，为本单位实现“内求团结、外求发展”这一公关目标创造良好的外部环境。从这个意义上讲，茶话会在所有的商务性会议中并不是无足轻重的。

茶话会礼仪在商务礼仪中特指有关商界单位召开茶话会时应遵守的礼仪规范。茶话会礼仪主要涉及会议的主题、来宾的确定、时间和地点的确定、座次的安排、茶点的准备、会议的议程和现场的发言七个方面。

一、会议主题

茶话会的主题指茶话会的中心议题。一般情况下，商界召开的茶话会的主题分为以下三种：

1. 以联谊为主题

以联谊为主题的茶话会是平日所见最多的茶话会，其主题是联络主办单位同应邀与会的社会各界人士的感情。在这类茶话会上，宾主通过叙旧与答谢，往往可以增进相互间的了解，密切彼此间的关系。除此之外，它还为与会的社会各界人士提供了一个扩大社交圈的良好契机。

2. 以娱乐为主题

以娱乐为主题的茶话会是指在茶话会上安排一些文娱节目或文娱活动，并且以此作为茶话会的主要内容。这一主题的茶话会，主要是为了活跃现场气氛，调动与会者参与的积极性。与联欢会不同的是，以娱乐为主题的茶话会安排的文娱节目或文娱活动，往往不需要事前进行专门的安排和排练，而是以现场的自由参加和即兴表演为主。这类节目或活动不刻意追求表演水平的一鸣惊人，而是强调参与，意在让每一位与会者高兴。

3. 以专题为主题

以专题为主题的茶话会是指在某一特定的时刻或为了某些专门的问题而召开的茶话会。它的主要内容是主办单位就某一专门问题，听取某些专业人士的见解，或者同某些与本单位存在特定关系的人士进行对话。召开此类茶话会时，尽管主题既定，仍需倡导与会者畅所欲言。为了促使会议进行得轻松而活跃，有些时候，茶话会的专题允许宽泛一些。

二、来宾确定

邀请哪些方面的人士参加茶话会，往往与其主题有着直接的因果关系。因此，主办单位在筹办茶话会时，必须围绕其主题邀请来宾，尤其是确定好主要的与会者。

一般情况下，茶话会的与会者有以下五种：

1. 本单位人士

以本单位人士为主要与会者的茶话会，主要是邀请本单位各方面的代表参加，意在沟通信息、通报情况、听取建议、嘉勉先进、总结工作。这类茶话会也可邀请本单位的全体员工或某一部门、某一阶层的人士参加。有时，它也叫作“内部茶话会”。

2. 本单位顾问

以本单位顾问为主要与会者的茶话会，意在表达对有助于本单位发展的各位专家、学者、教授的敬意。同时，特意邀请他们与会，既表示了对他们的尊敬与重视，也可以直接向其咨询，并听取其建议。

3. 社会贤达

所谓社会贤达，是指拥有一定社会声望的各界人士。作为知名人士，他们不仅在社会上具有一定的影响力、号召力和社会威望，而且往往是某一方面的代言人。以社会贤达为主要与会者的茶话会，可使本单位与社会贤达直接进行交流，加深社会贤达对本单位的了解，并且倾听社会各界对本单位的意见或反映。

4. 合作中的伙伴

合作中的伙伴在此特指在商务活动中与本单位存在一定联系的单位或个人。除了本单位的协作者之外，还应包括与本单位存在供、产、销等关系的单位或个人。以合作中的伙伴为主要与会者的茶话会，重在向与会者表达谢意，加深彼此间的理解与信任。这种茶话会，有时也称“联谊会”。

5. 各方面人士

有些茶话会，会邀请各行各业、各个方面的人士参加，这种茶话会，通常叫作“综合茶话会”。以各方面人士为主要与会者的茶话会，除了可供主办单位传递必要的信息外，主要是为与会者创造一个扩大个人交际面的社交机会。

茶话会的与会者名单一经确定，就要立即以请柬的形式向对方发出正式邀请。按照惯例，茶话会的请柬应在半个月之前送达或寄达被邀请者，但对方对此可以不做答复。

三、时间和地点的确定

一次茶话会要取得成功，其时间、地点的选择是主办单位必须认真对待的事情。

举行茶话会的时间问题又可以分成三个具体的、相互影响的小问题，即举行的时机、举行的时间和时间的长度。

在举行茶话会的时间问题上，举行的时机是头等重要的。唯有时机选择得当，茶话会才会产生应有的效果。通常认为，辞旧迎新之时、周年庆典之际、重大决策前后、遭遇危难挫折之时等，是商界单位召开茶话会的良机。

茶话会举行的时间是指茶话会具体于何时举行。根据国际惯例，举行茶话会的最佳时间是16：00左右，有时也可安排在10：00左右。需要说明的是，在具体进行操作时，不必墨守成规，应以与会者尤其是主要与会者的方便与否以及当地人的生活习惯为准。

对于一次茶话会到底举行多久，可由主持人在会上随机应变，灵活掌握。也就是说，茶话会是可长可短的，关键要看现场有多少人发言，发言是否踊跃。不过，一般情况下，一次成功的茶话会讲究适可而止，将时间限定在1~2小时，效果会比较好。

举行茶话会的地点，按照惯例大致有以下几个选择：主办单位的会议厅、宾馆的多功能厅、主办单位负责人的私家客厅、主办单位负责人的私家庭院或露天花园、包场高档的营业性茶楼或茶室。餐厅、歌厅、舞厅、酒吧等不宜用来举办茶话会。

在选择举办茶话会的具体场地时，需综合考虑与会人数、费用、周边环境、交通安全、服务质量等因素。

四、座次安排

同其他正式的工作会、报告会、纪念会、庆祝会、表彰会、代表会相比，茶话会的座次安排具有自身的特点。从总体上讲，在安排茶话会与会者的具体座次时，必须使之与茶话会的主题相适应，而不应令各方相互抵触。

根据约定俗成的惯例，在安排茶话会与会者的具体座次时，可采用以下四种办法：

1. 环绕式

环绕式排位是指不设立主席台，而将座椅、沙发、茶几摆放在会场的四周，不明确座次的具体尊卑，而听任与会者在入场之后自由就座。这一安排座次的方式与茶话会的主题最相符，因而在当前最为流行。

2. 散座式

散座式排位多见于在室外举行的茶话会，座椅、沙发、茶几的摆放散乱无序，四处自由地组合，甚至可由与会者根据个人要求自行调节、随意安置，其目的就是创造一种宽松、舒适、惬意的社交环境。

3. 圆桌式

圆桌式排位是指在会场上摆放圆桌，请与会者在其周围自由就座的一种安排座次的方式。在茶话会上，圆桌式排位通常又分为两种具体的方式：一是仅在会场中央安放一张大型的椭圆形会议桌，请全体与会者在其周围就座；二是在会场上安放数张圆桌，请与会者自由组合，在其周围就座。当与会者人数较少时，可采用前者；当与会者人数较多时，可采用后者。

4. 主席式

在茶话会上，主席式排位并不意味着要在会场上摆放一目了然的主席台，而是指在会场上，主持人、主人与主宾应被有意识地安排在一起就座，并且按照常规，居于上座之处，如中央、前排、会标之下或是面对正门之处。

为了使与会者畅所欲言，并且便于大家进行交际，茶话会上的座次安排，尊卑不宜过于明显。不排座次，允许自由活动，不摆与会者的名签，是茶话会的常规做法。

五、茶点准备

茶话会，顾名思义，有别于正式的宴会，因此，它不上主食、热茶，不安排品酒，而是只向与会者提供一些茶点。不论是主办单位还是与会者，大家都应当明白，茶话会是重“说”不重“吃”的，所以没有必要在吃的方面过多地下功夫。

商务礼仪规定，在茶话会上，为与会者提供的茶点应当被定位为配角。即便如此，在进行具体准备时也需注意：对于用以待客的茶叶与茶具，务必精心进行准备；选择茶叶时，在力所能及的情况下，应尽力挑选上等品，切勿滥竽充数；要注意与会者的不同口味。

在选择茶具时，最好选用陶瓷器皿，并且讲究茶杯、茶碗、茶壶成套，千万不要采用玻璃杯、塑料杯、搪瓷杯、不锈钢杯，也不要用热水瓶来代替茶壶。所有的茶具一定要清洗干净，并且完整无损，没有污垢。

除主要供应茶水之外，在茶话会上还可以为与会者略备一些点心、水果或是地方风味小吃。需要注意的是，在茶话会上为与会者准备的点心、水果或地方风味小吃品种要适当、数量要充足，并且要便于取食。为此，最好同时将擦手巾一并送上。按照惯例，在茶话会举行之后，主办单位通常不再为与会者备餐。

六、会议议程

相对其他会议而言，茶话会的会议议程在各类正式的商务性会议中可以称得上是最简单不过的。在正常情况下，商界举办的茶话会主要有以下四项议程：

1. 主持人宣布茶话会正式开始

在宣布会议正式开始之前，主持人应当提请与会者各就各位，并且保持安静。在宣布会议正式开始之后，主持人还可以对主要的与会者略加介绍。

2. 主办单位的主要负责人讲话

讲话应以阐明此次茶话会的主题为中心内容。除此之外，还可以代表主办单位，对全体与会者的到来表示欢迎和感谢，并且恳请大家今后一如既往地给予本单位更多的理解、更大的支持。

3. 与会者发言

根据惯例，与会者的发言在任何情况下都是茶话会的重心所在。为了确保与会者在发言中直言不讳、畅所欲言，通常主办单位事先不对发言者进行指定和排序，也不限制发言的具体时间，而是提倡与会者自由地进行即兴发言。有时，与会者在同一次茶话会上，还可以多次进行发言，以不断补充、完善自己的见解和主张。

4. 主持人略做总结

在所有发言结束后，主持人应略做总结，之后即可宣布茶话会结束。

七、现场发言

与会者的现场发言，在茶话会上举足轻重。在一次茶话会上没有人踊跃发言，或者与会者的发言严重脱题，都会导致茶话会的失败。

根据会务礼仪的规范，茶话会的现场发言要想真正取得成功，重点在于主持人的引导得法和与会者的发言得体。

在茶话会上，主持人起的作用不只是主持会议，更重要的是能够在现场审时度势、因势利导地引导与会者的发言，并且有力地控制会议的全局。在众人争相发言时，应由主持人决定孰先孰后。当无人发言时，应由主持人引出新的话题或恳请某位与会者发言。当与会者之间发生争执时，应由主持人出面劝阻。在每位与会者发言之前，可由主持人对其略做介绍。在与会者发言的前后，应由主持人带头鼓掌致意。如果与会者的发言严重跑题或言辞不当，还应由主持人发言来转换话题。

与会者在茶话会上发言时，表现必须得体。在要求发言时，可举手示意，但同时也要注意与其他人相互谦让，不要与人争抢。不论自己有何高见，打断他人的发言都是失当的行为。在进行发言的过程中，不论所谈何事，都要使自己语速适中，口齿清晰，神态自然，用语文明。在肯定成绩时，一定要实事求是，力戒阿谀奉承；在提出批评时，态度要友善，切勿夸大事实、含沙射影、讽刺挖苦。在与其他发言者意见不合时，一定要注意倾听，并且保持风度，切勿当场对其表示不满，或是在私下里对对方进行人身攻击。

参考文献

[1] 吴清伙，陈乐群，梁传波．商务礼仪［M］．西安：西北工业大学出版社，2021.

[2] 吴波虹，庄小将．商务礼仪［M］．长春：吉林大学出版社，2017.

[3] 文章．北大国学课［M］．北京：北京联合出版公司，2015.

[4] 徐辉．商务礼仪［M］．北京：清华大学出版社，2016.

[5] 张南南．商务礼仪［M］．长春：东北师范大学出版社，2014.

[6] 魏凯林．商务礼仪［M］．北京：清华大学出版社，2017.

[7] 杜明汉，刘巧兰．商务礼仪［M］．2 版．北京：高等教育出版社，2014.

[8] 柯晶莹，常静．商务礼仪［M］．上海：上海交通大学出版社，2022.

[9] 庞海芍，礼仪文化与有效沟通［EB/OL］．https：//article. xuexi. cn/articles/video/index. html？ art_ id = 17691360155443909787&part_ id = 16539684104699476640&study_ style_ id=video_ default&showmenu=false&source=share&share_ to=dd.